기록의 분류·기술과 검색도구

이해영 저

선인

기록의 분류 · 기술과 검색도구

초판 1쇄 발행 2020년 8월 31일
      2쇄 발행 2021년 8월 13일
2판 1쇄 발행 2024년 1월 30일

지 음 ㅣ 이해영
발행인 ㅣ 윤관백
발행처 ㅣ 선인

등록 ㅣ 제5−77호(1998.11.4)
주소 ㅣ 서울시 양천구 남부순환로 48길 1(신월동 163-1)
전화 ㅣ 02)718−6252 / 6257
팩스 ㅣ 02)718−6253
E-mail ㅣ suninbook@naver.com

정가 21,000원
ISBN 979-11-6068-863-4 93020

· 잘못된 책은 바꿔 드립니다.

　2013년에 한국국가기록연구원 교육총서의 하나로 기록조직론을 낼 당시에는, 서둘러 출판을 하느라 부족한 부분들이 많았습니다. 그래서 2-3년 후부터 개정판을 내겠다고 조금씩 수정해왔으나, 바쁘다는 핑계로 미루다보니 어느새 7년이라는 시간이 지나버렸습니다. 그사이 ICA에서는 통합기술 표준인 RiC(Records in Context)이 나왔고, 작년 12월에는 수정판까지 나왔습니다. 또 ISO 15489-1 표준도 2016년 개정판이 나왔고, 부분 수정이긴 해도 ISO 23081-1 표준도 2017년 개정판이 나와버렸습니다. 아직도 부족한 부분이 많지만, 이제 더 늦어지면 안 되겠다는 결심에서 개정판을 출판하게 되었습니다.

　이 책에서는 기록학 영역에서 가장 핵심적인 분야 중의 하나인 기록의 분류, 정리, 메타데이터와 기술, 그리고 관련 검색도구들에 대해 다루었습니다. 오랫동안 기록은 보존의 대상으로서 인식되어왔지만, 최근 들어 기록의 활용과 서비스가 주목을 받게 되었습니다. 그러면서 이용자들이 기록을 잘 이용하도록 하기 위해서는 기록을 잘 분류하고 기록에 대한 정보를 이해하기 쉽게 제공하는 것이 그 바탕이 된다는 인식도 커지게 되었습니다. 이에 따라 기록을 분류하거나 정리하고, 메타데이터를 작성하고 기술을 하며, 그 활용을 돕는 다양한 도구들을 잘 준비하여 제공하는 것이 중요하다는 사실에도 공감대가 커졌습니다.

　이 책은 관련 법령과 다양한 표준과 그간 출판된 논문들과 저서들의 내용을 반영하여 체계적으로 정리한 것임을 밝힙니다. 따라서 본문의 내용을 인용할 때에는 원전 논문과 저서들을 인용해주시기 바랍니다. 또한 이 책에는 국가기록원에서 제시하였던 기록전문가가 가져야 할 직무능력과 그 지식의 범주에 대한 연구 결과를 반영하고자 노력하였습니다.

　여전히 개론서 외에는 기록 분류 기술에 대해 다룬 다른 책이 없는 현실에서 중요한 내용이 빠진 게 없는지, 몇 년에 걸쳐 개정판을 준비하는 동안 업데이트된 부분은 다 반영이 되었는지 여전히 확신을 못한 상태에서 출판하게 되었습니다. 미흡한 부분은 본인의 부족함에 기인한 것이니 넓은 혜량을 바랄 뿐입니다. 이제 몇 년 후면 퇴임이라 개정판을 더 내긴 어려울 것 같아, 이후에 후학이 더 훌륭한 저서를 출판해 줄 것을 기대합니다.

  기록조직론의 서문에서 인사드렸던 분들께 다시 한번 감사드립니다. 특히 초안을 보시고 좋은 의견 주셨던 부산대 설문원 교수님과 이화여대 김지현 교수님께 감사드립니다. 아울러 이 책의 초안 작성과 검토에 도움을 주었던 서효선, 황선도, 임지민 그리고 성면섭 조교에게 감사한 마음을 전합니다. 또한 선인출판사의 사장님 이하 편집을 맡아주신 편집부 여러분께도 감사의 뜻을 전합니다. 항상 응원해주시는 부모님과 가족들에게 감사와 사랑으로 이 책을 헌정합니다.

2020년 8월

이 해 영

목 차

▌ 표 차례 / 그림 차례

1장_ 기록의 조직화:

분류와 정리

기록관리의 궁극적인 목적은 이용자가 기록이 필요할 때에 기록을 잘 찾도록 하는 것이다. 기록의 평가와 보존 등도 결국은 누군가가 필요로 할 때 의미 있는 기록을 잘 남겨서 쉽고 편하게 이용이 되도록 하기 위한 것이며, 기록의 조직(organize)으로 포괄적으로 표현하기도 하는 기록의 분류, 정리(arrangement), 메타데이터와 기술(description)도 기록이 생산된 맥락을 이해하고 기록에 대해 잘 파악하도록 하기 위한 것이다.

기록을 조직할 때에는 기록에 담긴 내용뿐만 아니라 기록을 생산하게끔 한 활동이나 업무의 흐름을 보여줄 수 있고, 기록을 생산한 개인이나 조직을 잘 이해할 수 있도록 해야 한다. 기록 조직은 또한 기록 평가, 접근통제, 공개관리 등 다양한 기록관리 업무를 지원하는 방편이 되며, 이를 통해 기록의 진본성과 증거 가치를 유지할 수 있다(설문원, 2018, p. 217).

기록은 조직이나 개인이 법적 의무 또는 업무 처리 수행을 위해 증거로서, 그리고 자산으로서 생산 · 접수 · 보유하는 정보(ISO 15489-1:2016), 또는 개인이나 조직이 활동이나 업무 과정에서 생산하거나 접수한 문서로서, 일정한 내용 · 구조 · 맥락을 가진다(기록학 용어사전, 2008)고 정의되어왔다. 한편 기록을 객관적 증거가 아니라 관찰자들에 의해 의미가 재구성되는 활동의 재현물로 보기도 한다(장대환, 김익한, 2019). 또한 기록을 "…의 증거"나 "…에 관한" 정보를 제공한다고 보며, 이러한 기록과 정보, 기록과 증거를 이어주고 기록에 의미를 부여하고 기록을 이해할 수 있게 해주는 것은 맥락이다(설문원, 2019). 맥락은 기록의 생산, 입수, 저장 또는 활용을 둘러싼 조직적 · 기능적 환경과 활동상의 정황을 의미하며, 맥락에는 기록의 일자, 생산처, 편찬, 발간, 다른 기록과의 관계 등이 포함된다(기록학 용어사전, 2008).

맥락은 기록의 내용 및 구조와 함께 기록을 구성하는 핵심이다. 기록이 생산된 맥락을 직접 알려주는 것은 메타데이터와 기술이지만, 기록의 분류와 정리는 기록을 생산되게 한 업무와 기록을 연결하여주고, 기록과 기록이 속한 기록집합체를 연결해 주어 기록의 생산 맥락을 잘 파악하도록 해준다. 이 장에서는 이러한 기록을 조직화 하는 분류와 정리에 대해 먼저 살펴본다.

■ 기록의 분류와 정리

기록의 분류(classification)나 정리(arrangement)를 통해 기록은 체계화되고 생산 맥락을 반영한 질서가 부여되며, 메타데이터(metadata) 및 기술(description)을 통해 기록의 내용과 구조 및 맥락과 기록들 간의 상호 관계가 파악될 수 있어, 이용자는 이를 통해 원하는 기록을 쉽게 찾고 이해하고 활용할 수 있다.

쉘렌버그(Schellenberg, 1956)는 기록을 조직화하는 데에 있어, 현용 기록에 대해서는 '분류(classification)'라는 용어를 사용하고, 보존 기록에 대해서는 '정리(arrangement)'라는 용어를 사용한다고 하였다. 그러나 최근 각국의 기록관리 정책에서는 현용 기록과 보존 기록의 구분이 모호해지고 있으며, 전자기록시스템의 확산 및 기록의 연속체(Record Continuum) 개념의 확산에 따라 '정리'의 개념도 물리적 질서보다는 논리적 질서를 부여하는 방식으로 전환되고 있다. 이 장에서는 이러한 배경 하에 기록의 분류와 정리의 개념과 종류, 분류체계의 역할과 개발 방법, 관련 법령과 표준에 대해 알아보고, 정리의 개념과 원칙 및 정리 방법 등에 대해 살펴본다.

> ▨ 기록의 특성과 기록관련 국제 표준 ISO 15489를 바탕으로 기록 분류의 개념, 역할 그리고 분류 방법을 살펴보며, 특히 전자기록 체제로 이양되면서 새롭게 도입된 기록의 계층구조를 이해하도록 한다.

■ 공공기록 관리에 관한 법률을 중심으로 우리나라 공공기록분류체계의 특성을 이해하도록 한다.

■ 우리나라의 법령 및 공공표준과 지침에서 제시된 공공기록물의 편철 및 정리와 관련된 내용에 대해 알아본다.

■ DIRKS 방법론과 ISO 26122를 중심으로 분류체계를 개발하기 위한 다양한 방법론을 알아본다.

■ 기록의 조직화에 있어 기초가 되는 기본 원칙의 역사적 발전 배경을 알아보고 4가지 기본 원칙에 대해 알아본다.

■ 보존 기록에 대한 기록의 정리 개념과 정리의 계층, 그리고 정리 방법에 대해 알아본다.

1절 분 류

1. 기록 분류의 개념과 종류

■ 기록 분류의 개념

기록의 분류란 기록을 조직화하고 내적인 질서를 부여하여 기록들 간의 유기적인 관계를 표현하는 과정이다. 분류를 통해 유사한 특징을 가진 자료는 모으고 다른 특징을 가진 자료는 구분하기 위한 기준을 제시하는 분류 체계를 생성하게 된다(기록학 용어 사전, 2008, pp. 130-131).

기록관리 표준인 KS X ISO 15489-1:2016에서는 기록 분류를 논리적으로 구조화된 관례와 방법 및 절차 규칙에 따라 만들어진 범주 속에 업무활동 및/또는 기록을 체계적으로 확인 및/또는 정리하는 것으로, 기록을 기록된 그 업무와 적절한 계층(예를 들어 기능, 활동 또는 업무프로세스)에서 연결하고, 업무활동에 대한 연속적인 기록을 제공하기 위하여 개별 기록과 기록집합체를 연결하는 것이 포함된다고 하였다. 기록 분류는 개별 기록 또는 어떤 계층의 집합체에도 적용할 수 있다(KS X ISO 15489-1:2016, 3.5; 8.3; 9.4). 또한 KS X ISO 15489-2:2007(4.3)에서는 분류를, 하나 이상의 업무 활동 범주와 업무로부터 생산된 기록을 확인하고, 가능한 경우 이를 파일로 그룹화 함으로써 기술, 통제, 연계를 촉진하고, 처분 및 접근자격의 결정을 지원하는 과정이라고도 하였다.

이는 MoReq2010(DLM Forum Foundation, 2011)에서 제시하는 분류 개념과도 일치하는 것으로, 여기서는 기록시스템 내의 모든 기록은 생산 시점부터 분류되어야 한다고 하였다. 즉 모든 기록은 반드시 업무기능과 활동, 처리행위를 나타내는 클래스 개체(class entity)와 연계되어야 한다고 강조하는데, 이는 기록을 작성한 업무과정과 기록을 연결시켜 업무맥락을 제공하도록 한 것이다. 분류에 대한 이해가 기록의 물리적 군집화나 기록을 고정시키는 틀을 제공하는 개념으로부터 동적인 전자기록의 관리를 염두에 둔 개념으로 변화하고 있음을 엿볼 수 있다. 더불어 업무맥락과 기록의 연계를 분류의 핵심 개념으로 보면서, 호주의 시리즈 시스템과 같은 복수의 업무맥락과 기록을 연계할 수 있는 가능성도 더 분명하게 확인된다고 볼 수 있다(현문수, 2018, pp. 383-384).

또한 기록 분류는 다음 활동을 포함하는데, 첫째, 적절한 계층에서 문서화된 업무와 기록을 연계하는 것으로(KS X ISO 15489-1:2016, 9.4), 물리적으로 인접해 기록철을 구성하지 않더라도, 업무계층에 대한 정보를 기록에 메타데이터로 부여하여 논리적으로 업무와 기록을 연계할 수 있게 된다. 이를 '기술형 분류'(descriptive classification)(Bak, 2012)라고도 한다. 둘째, 기록 분류는 지속적인 업무 활동의 기록을 제공하기 위해 개별 기록과 집합 단위 사이의 연계를 제공한다(KS X ISO 15489-1:2016, 9.4). 기록 분류는 개별 기록 및 집합체 수준의 기록 모두에 적용될 수 있음을 의미한다(현문수, 2018, pp. 383-384).

기록 분류가 업무와 기록을 연계하는 것이라는 점을 상기해보면, 개별 전자기록에 부여된 분류 정보를 활용하여 업무 맥락에 따른 집합체를 구성할 수 있게 되며, 이는 MoReq2010의 집합체 개념에서와 같이 업무 이외에도 기록 집합체를 구성할 수 있는 기준이 기록에 부여될 수 있는 것으로 해석될 수 있다.

국제표준의 이러한 규정에 따라 기록을 분류하려면 우선 업무분류체계를 만들어야 한다. 업무분류체계는 단지 기록 분류만을 위한 것이 아니며 업무를 체계적으로 통제하기 위한 업무관리시스템을 위하여 개발하는 경우가 많다. 이러한 업무분류체계가 존재하는 경우 이러한 분류체계와 기록이 연계될 수 있도록 기록을 분류해야 한다(설문원, 2018, p. 220).

한편, 기록은 존재하는 동안 서로 다른 시점에 여러 번 분류해도 된다(KS X ISO 15489-1:2016, 9.4). 시간이 지남에 따라 업무시스템이 변경될 수 있고, 때로는 서로 다른 조직이나 조직의 하부 단위가 병합되거나 분리되는 변화를 겪을 수 있기 때문이다(DLM Forum Foundation, 2011, p. 72). 전자기록을 대상으로 하여서는 동적인 관계 형성이 쉬워서 업무시스템의 변화나 업무 수행 조직의 변화가 발생하더라도 해당 업무시스템 및 업무의 변화를 기록의 분류정보로 쉽게 반영할 수 있다. 이처럼 기록이 다시 분류되는 경우에는 재분류 이전의 분류 정보와 재분류 이후의 분류 정보를 메타데이터로 보유하여 그 변화 과정을 추적할 수 있도록 해야 한다(KS X ISO 15489-1:2016, 9.4).

문헌을 분류할 때는 주제를 중시하는 반면 기록의 경우 '그 기록이 왜 존재하는가(기록을 만들게 한 업무나 활동)'를 더 중시하게 된다. 기록은 기록의 내용(content)보다는 기록이 생산된 맥락(context)이 분류의 기준이 되며, 이러한 맥락의 핵심은 업무나 기능이라고 볼 수 있다(설문원, 2018, p. 218).

KS X ISO 15489-1:2016 표준(8.3)에서도 기록에 적용할 수 있는 업무분류체계를 개발할 때는 기능·활동·업무 프로세스(기능, 활동, 업무프로세스)의 분석에 기반을 두어야 할 것이며, 조직 변화에 대한 유연성을 유지하기 위해서 업무분류체계는 조직의 구조보다는 기능과 활동에 기반을 두어야 할 것이라고 하였다.

■ 기록 분류의 역할

분류는 다음과 같은 역할을 한다.

첫째, 이용자의 검색과 해석을 지원한다. 분류체계는 동일한 활동에서 나온 기록들 간의 관계와 관련 활동 간의 관계를 보여줌으로써 이용자가 기록을 찾고 이해하는 데에 도움을 준다.

둘째, 보존기간 설정과 통제를 지원한다. 우리나라를 비롯한 여러 나라에서 분류표를 보존기간 책정 등을 위한 기준, 즉 처분지침(disposition authority)과 연계하여 사용하는데 이는 기록을 생산하게 한 업무를 평가함으로써 기록의 가치를 평가하는 접근법이다. 이러한 제도에서 기록을 업무별로 분류하는 것은 필수적이다.

또한 기록건이 아니라 기록집합체에 처분지침을 적용함으로써 평가 및 처분업무의 체계성과 효율성을 높일 수 있다.

셋째, 공개 및 접근권한의 설정과 통제를 지원한다. 기능이나 활동 등의 기준을 기반으로 묶인 기록 집합체는 공개 결정, 접근권한의 설정 및 해제 등의 업무와 관련하여 활용될 수 있다. 공개여부나 접근권한은 기본적으로 기록건(때로는 기록건의 일부) 단위로 설정되어야 하지만 유사한 성격의 기록 묶음에 동일한 기준을 적용하고 상속받을 수 있도록 함으로써 공개 및 접근권한 통제 업무를 효율화할 수 있다(설문원, 2018, pp. 220-221).

■ 기록 분류의 종류

문헌 분류의 경우, 분류의 대상을 정보자료로 하며, 정보자료가 담고 있는 내용(Content)이나 정보의 성격이나 유사성에 따라 일정한 기준으로 나누거나 배열하는 과정을 의미한다. 따라서 문헌은 주로 학문적 지식, 즉 주제에 따라 분류하는 것이 가장 보편적이다(정동열 · 조찬식, 2004).

그러나 기록을 분류하는 방법은 다양해서 조직의 구조에 따른 조직별 분류, 기록에 담긴 주제에 따른 주제별 분류, 기록 생산과 관련된 기능을 중심으로 하는 기능 분류로 나눌 수 있다.

조직별 분류는 그 출처를 기록을 생산하는 기관의 조직으로 보고, 해당 조직별로 기록을 분류하는 방식이다. 이러한 조직 분류는 조직의 구조가 안정되고 기능적 · 행정적 업무가 명확히 규정된 경우에만 권고하고 있기 때문에, 조직기구의 변동이 잦거나 변동의 규모가 큰 경우에는 적용하기 힘들다. 특히 현대 조직은 급변하는 외부환경에 대응하기 위해서 조직을 자주 전환하게 되면서 조직분류 적용이 힘들어지고 있다.

주제별 분류는 도서관이나 정보자료실 등에서 주로 사용되는 방법으로, 예를 들면 도서관에서 사용되는 듀이 십진분류 방식은 인간의 지식을 10개의 주요한 등급(부문)으로 분류하여 그 주요한 등급(부문)을 10개의 소부문으로 나누고 그 소부문을 다시 10개의 소부문으로 나누었는데, 이 방식은 특수화된 자료들에 적용하기에는 적절하지 않다(이원영, 2000, p. 118).

그러나 수집형 기록관에서는 내용의 주제 색인 기반 기술을 함에 따라 주제별 분류도 활용되어 왔다(Pugh, 2007, p. 88). 또한 최근에는 기록이 다양한 집합체에 속하도록 권장하면서, 집합체를 구성하는 방법의 하나로 주제나 토픽 기반 분류를 제시하고 있다(MoReq2010, 6.2.1). 최근에는 다양한 기록관리기관들이 주제분류를 부가적인 기록분류체계로 활용하기도 한다.

기능 분류는 기록의 내용과 주제가 복잡하고 업무 활동 역시 지속적으로 변하는 유동성이 강한 현대 조직에 적합한 분류법이다. 기능 분류는 조직이 수행하는 기능에 기반 한 분류방법이며, 기관의 기능과 활동 과정을 분석함으로써 업무와 기록 사이의 연관성을 이해할 수 있다. 이는 기록을 개별 건이 아니라 하나의 집합체를 단위로 관리하는 이유이기도 하다. 기능과 활동에 기반 한 기록분류체계는 기관의 구조가 바뀌어도 기능은 상대적으로 오래 지속된다는 점에서 더욱 안정된 틀을 제공한다. 분류체계의 구조는 계층성을 가지는데, 가장 광범위한 첫 번째 계층은 한 기관의 주요 업무 기능을 반영하여 설정하고, 두 번째 계층은 기능을 구성하는 업무 활동으로 구성되며, 세 번째와 이하 계층은 각 업무 활동 속에서 발생할 상세한 처리행위나 단위사안 그룹으로 이루어진다(KS X ISO 15489-2: 2007, 4.2.2.2).

전통적인 환경에서는 '출처(Provenance)'의 개념에 대해 기록을 생산·접수한 조직(Office of Origin)으로 이해하여 조직 분류의 원칙을 행해왔다(기록학 용어 사전, 2008, p. 250). 그러나 현대 기록관리 환경에서는 전자기록의 출현과 복합 출처의 문제가 발생하여 출처 개념의 중심이 '기능 및 업무' 중심으로 변화하고 있다.

2. 업무분류체계와 기록분류체계

■ 업무분류체계(BCS)

업무분류체계(Business Classification Scheme, 이하 BCS)는 조직의 기능(function)과 활동(activity)에 토대를 두고 조직이 행하는 업무를 분석한 결과 생산된 도구로, ISO 15489 표준에 의해 요구되어진다. BCS는 조직의 기능(function)-활동(activity)-처리행위(transaction)의 3계층으로 이루어진 관계 구조 모델로, 여기에는 동일 엔티티 간의 관계는 물론 엔티티 계층 간의 관계도 표현된다. 이는 기능에 기반을 둔 기록관리시스템의 핵심 장치이자 특정 기관의 기능 및 활동 전체상을 파악할 수 있게 하는 수단이며, 아울러 계층성 및 상호연계성을 부여하는 지적 통제수단으로서의 역할을 담당하게 된다(DIRKS Step B, B4.3, 재인용. 김명훈, 2008, p. 201).

여기에서 기능(function)은 기관이나 개인이 어떠한 사명이나 존재 목적을 달성하기 위해 수행하는 책무로, 조직의 가장 큰 업무활동 단위이다. 일반적으로 하나의 기관은 몇 개의 기능을 가지며, 이는 조직의 활동들의 집합이다. 각 기능을 달성하기 위해서는 조직이 수행하는 주요 업무인 여러 가지 활동(activity)이 이루어진다. 활동은 다시 주로 동일한 성격을 가진 단위 업무 사안의 수행 활동인 처리행위(transaction)로 나뉠 수 있으며, 이는 업무활동의 가장 작은 단위이다. 이는 과업들이며, 주제나 기록의 종류가 아니라 직무수행의 각 과정이다(기록학용어 사전, 2008, 41; DIRKS Step B, B.4.2).

BCS의 주목적은: 같은 활동이나 관련 활동들로부터 산출된 기록들 간의 연계를 제공하고; 기록을 상위의 기록 집합 속의 어디에 포함되어야 할지 결정하며; 이용자가 기록을 검색하고 해석하는 것을 지원하고; 보존기간을 설정하고 통제하며; 접근권한과 보안 관련하여 설정과 통제를 가능하도록 해주는 것이다(The National Archives 2003, p. 21).

업무분석에 의한 BCS의 개발은 곧 조직의 업무 구조와 여기서 생성된 기록구조를 일치시키는 과정이라 할 수 있다. 즉 이러한 과정은 조직이 무엇을 어떻게 하는가에 관한 개념적 모형을 개발하는 것으로, 기록이 조직의 업무 및 업무과정에 관계되는 방식을 제공해 준다(KS X ISO 15489-2:2007, 3.2.3).

업무 활동 분석으로 인한 이득을 살펴보면, 업무활동 분석은 기록관리를 위한 도구 개발에 핵심적인 바탕이 된다. 즉 업무활동 분석은 조직의 업무와 기록 사이의 관계를 이해하게 해주며, 기록이 그 활동의 산물이며 증거라는 것을 이해하게 해준다. 또 기록관리에 대한 통합적인 체계를 이루는 시소러스의 개발, 처분지침의 준비, 기록관리 요건의 확인과 사양서, 기록관리 책임의 공적인 할당 등을 정립하는 바탕이 된다. 즉 BCS는 완전하고 정확한 기록의 생성 및 획득을 위한 핵심적인 요건이며, 기록관리의 요건과 결합되어 시소러스와 기록분류체계 및 처분지침 등 기록관리의 핵심적인 도구 개발을 위한 기초를 제공한다(DIRKS Step B, B.2).

■ 업무분류체계의 역할

기록을 기능에 따라 분류하려면 먼저 업무분류체계가 만들어져야 한다. 업무분류체계는 조직에서 실제로 이루어지는 업무를 분석하는 과정을 거쳐 개발된다. 이렇게 개발된 업무분류체계에 따라 기록을 분류함으로써 업무와 기록의 관계를 이해할 수 있으며, 이렇게 분류된 기록을 통해 업무의 흐름을 파악할 수 있다. 동일한 업무나 활동 중에 생산·접수된 일련의 기록들 간의 선후 관계, 서로 다른 활동에 속한 기록 집합체들 간의 관계를 통해 기록의 의미와 가치를 알 수도 있다. 기록과 업무분류체계와의 연계는 기록이 조직이나 개인의 활동을 증거할 수 있도록 하는 근거가 된다(설문원, 2018, p. 221).

업무분류체계는 업무를 가장 잘 표현할 수 있는 형태가 무엇인가에 따라, 계층형 또는 관계형으로 해도 되고, 여러 계층의 관계로 구성해도 된다. 요구되는 분류 통제의 특성과 정도는 기록요구사항에 대한 이해와 사용 중인 기록시스템의 특성에 기반을 두어야 할 것이다. 업무분류체계는 검색을 돕기 위해 기록의 제목을 부여(titling)하는 데 사용되는 시소러스와 같은 어휘통제 도구의 지원을 받는 것이 좋다(KS X ISO 15489-1:2016, 8.3).

업무분류체계는 기록을 그 생산 맥락에 연결하는 도구이다. 기록을 그 업무 맥락에 연결하는 행위인 분류 프로세스로 다음을 지원한다. a) 접근과 허용 규칙의 적용, b) 적절한 처분 규칙의 시행, c) 조직 개편에 따라 특정 업무 기능 또는 업무 활동에 대한 기록을 새로운 환경으로 마이그레이션 등을 지원한다.

또한 KS X ISO 15489-2:2007에서는 기록관리과정에서 분류에 대해 설명하면서, 업무-활동 기반 분류체계를 사용하는 과정에는 다음의 단계가 포함된다고 하였다: a) 기록이 문서화하는 처리행위나 업무 활동을 확인하고; b) 조직의 분류체계 안에 처리행위나 활동을 위치시키고; c) 적절하게 분류하기 위하여 처리행위나 활동과 연계된 상위 계층을 조사하고; d) 활동을 분류한 내용을 조직구조에 대비하여 체크하여 적합한 업무부서에 기록을 분류하도록 하고; e) 조직 요건 상 적절한 수준에서 기록에 분류항목을 부여한다.

다음과 같은 요인에 따라 분류계층의 수와 분류 과정에서 기입할 항목의 수(처리행위 수준에서든 혹은 그보다 상위 수준에서든)가 결정된다고 하였다. 즉 a) 조직의 책임성; b) 업무의 성격; c) 조직의 규모; d) 조직 구조의 복잡성; e) 기록을 통제하고 검색하는 데 있어서 속도와 정확성의 임계점에 대한 위험 평가 결과; f) 채택한 기술(technology) 등이 그 요인들이다(KS X ISO 15489-2:2007, 4.3.4.1).

■ 기록분류체계의 역할

기록을 어떻게 분류할지를 결정하여 체계화한 것이 기록분류체계로, 기록분류체계는 기본적으로 이용자들의 기록에 대한 검색과 해석을 지원하고, 보존기간 설정과 통제를 지원하여 기록의 선별과 평가를 도우며, 기능과 활동단위 묶음으로 공개 및 접근권한의 설정과 통제를 지원하는 등, 기록관리 기능을 수행하는 데 근간이 된다. 특히 준현용 기록관리에서의 분류는 기록을 선별·평가하는 중요한 도구로, 보존기간 책정을 위한 기준표와 연계하여 사용한다(설문원, 2010a, p. 136).

특히 업무 기능에 기반한 분류체계는 기록관리를 위한 체계적인 틀을 제공할 수 있다. 업무 활동 분류체계를 개발할 목적으로 실시하는 분석은, 조직의 모든 활동을 파악하고 그 활동들을 조직의 공시된 사명이나 목적의 프레임 속에 배치한다. 충분하게 개발된 형태라면, 그 분류는 조직 업무의 기능, 업무 활동, 그리고 처리행위를 대표하는 산물이 될 것이다. 그리고 그 분류는 기록분류체계와 시소러스, 제목 작성 및 색인 작성 규칙, 기록 처분 분류와 접근 분류 개발 시 사용될 수 있다. 분류체계는 조직의 기록관리 업무를 수행하는 데에 있어 다음과 같은 도구가 된다. 첫째, 조직의 기록을 조직하고, 기술하고, 연계한다. 둘째, 조직과 내적 외적으로 연관된 기록을 연계 및 공유한다. 셋째, 조직의 기록에 대한 접근, 검색, 사용, 보급 방식을 개선하여 적절하게 제공한다. 어휘 통제를 위한 도구로 지원되는 분류체계는 검색과 이용이 용이하도록 제목작성과 기술의 일관성을 높이며, 저장과 보호, 보유와 처분과 같은 접근과 이용을 편리하게 하며, 다양한 기록관리 과정을 지원하는데 사용될 수 있다(KS X ISO 15489-2:2007, 4.2.2).

■ 업무분류체계(BCS)와 기록분류체계의 비교

업무분류체계(BCS)는 한 조직이 수행하는 기능과 활동에 대한 순수한 분석 결과를 제시하며, 이는 조직이 무엇을 수행하는가에 대한 개념적인 표현이다. 대부분의 경우에 BCS에서 사용된 용어들과 계층은 곧바로 기록 분류 도구에 필요한 용어들과 계층으로 전환된다(National Archives of Australia 2003, p. 19).

이렇게 업무 기능과 관련된 분류체계는 기록관리를 위한 체계적인 틀을 제공할 수 있다. 분류체계는 조직의 기능과 업무활동의 연결을 보여준다. 분류체계가 알려진 모든 변수를 항상 구체화 하는 것은 아니지만, 적절한 그룹핑을 제시해 줄 수 있다(이젬마, 2011, p. 29).

기능, 활동, 업무처리의 3개 계층으로 구성되는 BCS의 상위계층(기능과 활동 계층)은 기록 분류의 상위계층(제1계층과 제2계층)과 일치하지만 기록의 제3계층은 업무처리와 반드시 일치하지는 않는다(〈표 1〉 참조). 호주 National Archives of Australia(NAA)의 기록분류 지침에서도 기능, 활동, 업무처리의 계층구조를 적용하지만 업무분류체계가 기록분류체계로 전환될 때 제3계층인 업무처리를 기록에 적합하게 변경할 수 있다고 밝히고 있다. 따라서 기록집합체는 엄격한 업무분석의 결과가 아니라 기록에 담긴 주제나 사안(topic), 형식 등의 기준에 따라 형성될 수도 있다(National Archives of Australia, 2003, p. 30, 설문원, 2018, p. 222 재인용).

〈표 1〉 업무분류체계와 기록분류체계의 계층 비교

구분	제1계층	제2계층	제3계층
업무분류체계	기능(function)	활동(activity)	처리행위(transaction)
기록분류체계	기능(function)	활동(activity)	주제(subject) 또는 특정사안(topic)

3. 전자기록의 계층구조

■ 전자기록의 분류

전자기록(electronic records; digital records)은 컴퓨터 등 전자적 처리 장치를 사용하여 생성·획득·이용·관리되는 기록으로, 디지털 형태로 존재한다는 의미에서 '디지털 기록'이라고 부르기도 한다. 전통적인 종이기록과 마찬가지로 전자기록도 매체(메시지를 물리적으로 전달), 형태(메시지의 의미를 전달하는 표현 규칙), 사람(기록이라는 수단을 통해 행위하는 주체), 행위(상황을 생산·유지·수정하거나 삭제하는 수단으로 기록을 만들어내는 의도적 실천), 맥락(행위가 발생하는 법적·행정적 틀), 기록의 결합(각각의 기록을 이전이나 이후의 기록이나 동일한 행위에 관련된 모든 기록과 연결하는 관계), 내용(기록이 전달하고자 하는 메시지)으로 구성된다. 그러나 전자기록에서는 전통적 매체에 수록된 기록과는 달리 이러한 구성 요소들이 서로 연결되어 있지 않다. 기록과 기록의 부분들은 별도로 존재하기 때문에 신뢰성 있는 기록을 생산하고, 진본 기록을 보존하고자 하는 목적으로 의도적으로 함께 묶지 않는 한, 분리해 관리하게 될 위험이 있다(기록학 용어사전, 2008, p. 196).

종이기록 관리와는 달리, 전자기록의 생산자는 기록을 직접 생산·접수·보존·활용한 실제 당사자뿐만 아니라, 기록을 생산하는 시스템의 구조와 시스템 내에 구현된 조직의 기능체계, 그리고 전자기록의 유통체계 등이 뒤섞인 복합적 실체이다. 따라서 전자기록은 논리적 실체로서, 종래의 물리적 통제에서 벗어나 조직의 기능(function)과 이를 시행하는 절차(process)에 대한 분석에 의해 체계를 정립하는 '지적 통제'로 관리가 가능하다. '기능 분류'에 따른 관리는 전자기록의 생산배경과 기록들 상호 간의 유기성을 유지하는 데 도움을 준다(한국국가기록연구원, 2004, pp. 20-21).

■ 파일 플랜(File Plan)

전자기록도 기록의 일반 분류 원칙에 따라 분류해야 하며, 기본 구조도 같다. 그러나 전자기록관리시스템에서의 계층은 비전자기록처럼 물리적 형식이 아니라 논리적으로 형성되는 특징을 가지고 있으며, 계층의 구성 방식과 명칭에 약간의 차이를 갖는다(설문원, 2008, p. 112).

영국의 전자기록관리시스템 표준에서는 파일 플랜을 기록분류체계와 동일한 개념으로 사용하고 있다. 서로 다른 기록철들을 어떻게 분류하여 어디에 저장할지, 검색을 위해 어떻게 색인할지 등을 기재한 분류체계인 파일 플랜에서는 기록철들을 분류하는 데 알파벳, 숫자, 알파벳과 숫자 혼용, 10진 체계 등과 같이 코드 형태를 사용하여 구분한다.

> ┌─ **파일 플랜** ─┐
>
> 영국의 전자기록관리 시스템 표준에서는 파일 플랜을 '기록 분류 체계'와 동일한 개념으로 사용하고 있지만, 미국 국방부(DoD) 전자기록관리시스템 표준에서는 파일 플랜을 '사무실 내에서 유지 · 이용되는 파일의 식별 번호, 제목, 기술, 처분지침을 담고 있는 문서'로 보고 있다(기록학 용어 사전, 2008, p. 263).

그 구성요소로는 기록범주명, 기록범주 식별기호, 기록범주 설명, 처분관련 지시사항, 처분지침, 보존 기록 지시기호, 핵심기록 여부, 핵심기록 검토 및 갱신주기, 사용자 정의 필드 등을 제시한다(기록학 용어 사전, 2008, pp. 262-263).

기록의 분류계층은 대-중-소 기능별로 기록군, 기록 하위군, 시리즈 등으로 그룹핑 할 수 있다. 그러나 기록관리의 여러 기능들이 행해지는 가장 기본적인 계층은 기록철이며, 전자기록의 경우 기록철 이하의 계층이 중요한 관리대상이 된다. 전자기록의 계층구조에 대한 가장 상세한 지침은 영국 TNA(The National Archives)가 제시한 바 있다. 영국 TNA에서는 전자기록의 계층구조에 대해 '클래스(class) − 폴더(folder, 기록철) / 파트(part) − 기록건(record) − 컴포넌트(component)'로 구분한다.

파일 플랜은 클래스와 각 클래스에 할당된 폴더들의 전체 집합을 의미하며, 기록관리 요건을 만족시키는데 적합한 구조로 조직의 업무를 표현하여 업무 수행을 지원하고, 기록관리 요구를 충족시키기에 가장 적합한 구조로 조직의 업무 전체를 표현한다(〈그림 1〉 참조)(설문원, 2008, p. 113).

클래스(class)는 대체로 대기능(function), 중기능(activity), 주제, 테마, 하위테마로 구분된다. 클래스 자체에는 기록이 포함되지 않으며 메타데이터로 구성되고, 일부 메타데이터는 상속되기도 한다.

폴더(folder, 기록철)는 기록관리의 기본 단위로, 메타데이터로 구성되며 기록을 담는 일종의 가상적인 용기이다. 하나의 폴더에는 많은 기록을 포함할 수도 있고, 새로 생성된 폴더는 아직 기록이 포함되지 않고 비어있을 수도 있다.

파트(part)는 폴더가 분철(cut-off)된 것으로, 분철의 기준은 보통 년도나 회계기

〈그림 1〉 전자기록의 분류 계층

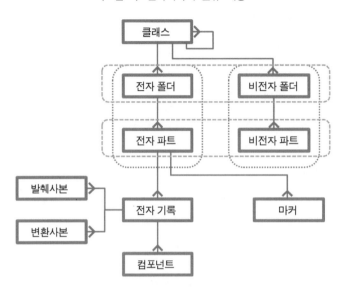

*출처: 설문원, 2008.

준일 등으로 정할 수 있으며, 이는 적절한 처분 관리에 중요하다. 유럽연합 기록
관리시스템 표준인 Moreq에서는 파트를 '볼륨(volume)'으로 표현하기도 한다.

　기록건(record)은 공식적인 기록으로 선언된 논리적 개체로, 콘텐츠와 메타데이
터로 구성된다. 기록은 하나의 워드 문서이거나, 웹 페이지나 멀티미디어 문서와
같이 단단히 묶인 객체 집합일 수도 있다.

　컴포넌트(component)는 기록 중에서 더 세부적으로 계층을 나누어 관리할 때
사용되는 개념으로, 예를 들어 웹 페이지를 구성하는 멀티미디어 객체가 컴포넌
트가 될 수 있다. 최종 이용자는 컴포넌트 계층에 직접적으로 접근을 하지 않겠지
만, 기록의 장기 보존을 지원하는 마이그레이션 활동 등을 위해 컴포넌트에 대한
메타데이터를 (자동적으로) 기록할 필요가 있다(설문원, 2008, pp. 113-115).

　이밖에 전자기록의 공개 및 활용에 의해 생산되는 다양한 사본이 존재한다. 발
췌사본(extract) 또는 부분공개사본은 일부 자료가 삭제되거나 가려진 것으로, 부

분 공개로 기록이 제공될 때 사용되는 사본이다. 변환사본(rendition)은 이용자가 이용할 수 있는 방식으로 전환하여 제공하는 사본이다. 비전자 폴더(physical folder)는 시스템 밖에 존재하는 종이폴더를 위한 항목으로, 두 가지 유형으로 표현될 수 있다. 즉 비전자 폴더가 전자 폴더와 동일한 클래스에 할당되나 별도의 폴더를 구성하는 유형과, 비전자 폴더와 전자 폴더가 함께 하이브리드 폴더를 구성하여 검색과 처분에 있어 하나의 동일한 관리를 받는 유형이다. 마커(marker)는 전자 폴더 안에 생성된 비전자 기록을 위한 것으로, 종이기록뿐만 아니라 비디오테이프, 데이터베이스와 같이 일반적인 파일 포맷에 담겨있지 않고 디지털화하기 어려운 기록을 기술하기 위해 사용된다(설문원, 2008, pp. 115-116).

4. MoReq2010에서의 분류와 집합체

■ MoReq2010 기능요건에서의 분류

MoReq2010은 유럽연합의 공공 아카이브와 기록 및 정보 관리에 관심 있는 단체들을 멤버로 갖고 있는 DLM Forum Foundation(2011)에서 개발한 '기록시스템 모듈화 요건(Modular Requirement for Records Systems)'이다. ISO 15489, ISO 23081, ISO 16175 및 이전 버전인 MoReq2 등의 표준에서 인정된 접근방식을 기반으로 하여 기록시스템의 기능을 포괄적으로 제시하고 있는 국제적인 표준이다. MoReq은 전자기록 관리를 위한 설계(model)요건으로 2001년 첫 버전을 발표한 이래 세부 기능별로 인증체계를 도입한 MoReq2가 2008년에 나왔다. 이후 주요 기능들이 독립적인 기능단위로 개발되고, 사용되고, 교체될 수 있도록 설계된 독자적인 구성요소인 모듈(module)들로 개발하여 결합함으로써 기록시스템을 구현하는 방식으로 설계 개념이 변경된 MoReq2010 버전으로 개선되었다(이연창, 2018, pp. 433-434).

MoReq2010에서는 기록시스템이 갖추어야 하는 핵심기능(core service) 모듈을 사용자와 그룹 기능, 역할, 분류, 기록, 메타데이터, 처분, 처분보류, 검색과 보고서, 내보내기 기능으로 제시하고 있다. 이중에서 분류와 관련된 내용을 살펴보면 다음과 같다.

MoReq2010은 MCRS(MoReq2010 Compliant Records Systems, MoReq2010 준수 기록 시스템)의 모든 기록은 분류되어야 한다고 요구한다. 즉 모든 기록은 그 생성된 시점부터 항상 클래스 개체와 연관되어 있어야 한다는 것이다. 클래스는 업무 기능이나 활동, 단위 업무를 나타내며, 기록과 업무절차를 계속해서 연결하는 최종적인 업무 맥락을 제공하는 기록과 클래스를 연관시킨다. MoReq2010에서는 기록은 또한 집합체(aggregation) 안에 배치된다(placed)고 하였다. 클래스와 다르게 집합체는 많은 다른 목적들을 위해서 만들어지는데, 예를 들어 하나의 집합은 전통적인 '파일(file)'이나 기록의 '폴더(folder)'를 나타낼 수 있다. 혹은 특정 '온라인 도서관(online library)'의 기록을 나타낼 수도 있다. 기록은 단일 개체로 관리되거나 혹은 같은 접근 통제 세트를 공유할 수 있게 운영상의 편의에 따라 집합체 안에 정리될 수 있다(5.2.1).

한 집합체에 존재하는 기록들이 같은 업무 맥락을 공유하는 곳에서는 그 기록들은 그들의 클래스를 바로 그들의 부모 집합체에서 상속받을 것이다. 따라서 이를 촉진하기 위해 MoReq2010에서는 기록과 마찬가지로 기록집합체도 분류되어야 한다고 요구한다. 이러한 상속에 의한 분류에 대한 접근법은 각 기록에 대해 개별적으로 분류가 이루어지는 것을 피하고, 많은 수의 기록들을 관리하기 위해 권장된다. 그러나 이는 오직 기록이 속해 있는 특정한 집합이 동종인 경우에만 가능하다. MoReq2010은 또한 다른 업무분류체계에서 파생된 기록들을 포함하는 여러 형태로 이루어진 집합을 허용한다. 이들은 운용상의 이유로 함께 집합이 되기도 하는데, 예를 들어 그들은 모두 특정한 사람, 장소, 프로젝트, 사건, 케이스, 고객 혹은 사건과 연관되어 있기 때문이다(5.2.1).

기록을 분류하는 것은 업무 맥락을 부여하는데, 이는 결국 자동 설정된 처분지침을 제공하는 것이다. 처분지침은 기록의 보유와 최종적인 처분을 관리한다. 처음에는 이는 항상 기록의 클래스로부터 도출된다. 다른 집합체의 자식이 아닌 모든 루트(root) 레벨의 집합체는 반드시 분류되어야 한다. 기본적으로 각 자식 집합체의 각 기록은 부모 집합체의 클래스를 상속받는다. 상속받은 분류체계는 집합체 또는 기록에 클래스를 직접 부여함으로써 번복될 수 있다(5.2.1).

〈그림 2〉에서 a는 자식 집합체의 해당 부모 집합체로부터 상속받은 기본 클래스를 번복하여 자식집합체를 분류한 것이고, 기록의 해당 부모 집합체로부터 상속받은 기본 클래스를 번복하여 기록을 개별적으로 분류할 수도 있다. b는 계층적 분류체계를 채택한 서비스의 예인데, 이러한 유형의 분류체계는 오직 계층구조의 최하위의 클래스만이 집합체와 기록을 분류하는데 사용된다(5.2.2).

〈그림 2〉 분류체계서비스에서 클래스가 집합체를 분류하는 데 이용되는 예

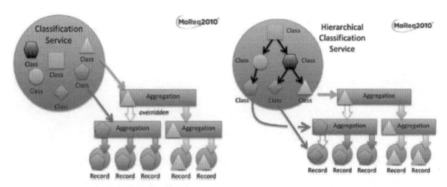

a. 자식 집합체의 해당 부모 집합체로부터 상속받은 기본 클래스를 번복하여 자식집합체를 분류한 것

b. 계층적 분류체계를 채택한 분류

*출처: MoReq2010, 5.2.2.

이따금 기록시스템의 기록들을 재분류할 필요성이 생긴다. 이는 업무 분류가 시간이 흐르며 변하거나 업데이트되기 때문에 어느 기록시스템에서나 발생할 수 있다. 그러나 두 다른 업무 단위가 합병된 경우처럼, 다른 출처로부터 기록들을 함께 인수받는 경우에 특히 해당되게 된다. MoReq2010은 권한을 부여받은 사용자

가 하나의 지명된 클래스를 다른 것들로 대체할 수 있도록 함으로써, 시스템 내에서 적어도 최소한의 재분류 지원을 제공하도록 요구한다(5.2.3).

내부적 일관성을 위하여 각 분류 서비스는 반드시 하나의 분류체계만을 구현하는데 비하여, MoReq2010은 각기 고유의 구분되는 분류체계를 가지는 분류 서비스를 하나 이상 가질 수 있도록 허용한다(5.2.4). MoReq2010에 제시된 클래스 작성의 기준이 되는 메타데이터 요소들은 시스템 식별자, 생산일시, 표제, 기술 등이 포함된다(〈표 2〉 참조).

〈표 2〉 MoReq2010에 제시된 클래스 작성 기준 (5.4.2)

MCRS는 인가된 사용자에게 적어도 다음의 시스템 메타데이터와 함께 새로운 클래스를 만들 수 있도록 허용해야 한다.
- 시스템 식별자(System Identifier)
- 제작된 타임스탬프(Created Timestamp)
- 생산 일시 (Originated Date/Time)
- 처음 사용된 타임스탬프(First Used Timestamp)
- 표제(Title)
- 기술(Description)
- 범위 주기(Scope Notes)
- 기본 처분지침 식별자(Default Disposal Schedule Identifier)
- 파기된 타임스탬프(Destroyed Timestamp)

각 클래스는 다음과 같은 것도 갖추어야 한다.
- 클래스와 관련된 처분 중지
- 이벤트 이력
- 접근통제 리스트

그리고 이런 것도 가질 수 있다.
- 맥락적 메타데이터

■ 기록집합체 구성

기록집합 계층은 이미 만들어져 있을 수도 있고 업무담당자가 새롭게 만들어야 할 수도 있다. 조직의 실제 업무환경에서 기록집합체를 구성하는 기준은 다양하다.

첫째, 동일한 업무별로 묶는 방식으로 가장 기본적인 기준이다. 즉 구인공고, 면접과 같이 동일한 업무처리별로 기록을 분류하는 것이다. 둘째, 사안 기록(case records)이다. 유사한 형식의 기록들이 시간 경과에 따라 추가되는 양상을 보이며, 이름 · 날짜 · 숫자 · 장소가 포함된 표제를 갖는 경우가 많다. 사례로는 직원 파일, 담보 대출 문서철, 계약서 및 개정/추가 조항 기록, 사고 보고서, 보험 증서 등이 있다. 셋째, 주제 기록(subject records, topic records)이다. 특정 주제를 중심으로 모은 기록들이다. 업무담당자들이 구체적인 주제 사안이나 업무에 대한 정보를 쉽게 검색하기 위해 이러한 집합체를 생성한다. 이러한 기록은 관련 업무가 종료되거나 최신의 다른 기록으로 대체되어 더 이상 유용하지 않을 때 처분된다. 넷째, 회의록, 제안서, 지출보고서 등과 같이 기록의 유형별로 구분할 수 있다. 동일한 업무에 여러 가지 유형의 기록집합체가 속해 있을 때 기록 유형별로 분류체계를 만들어두면 처분지침 개발에 도움이 된다. 기록의 보존기간은 기본적으로 해당 업무에 부여된 가치를 중심으로 결정되어야 하지만 기록 유형별 가치도 고려해야 효과적인 처분지침을 만둘 수 있다. 처분지침에 적용될 분류체계를 개발하려면 업무분석과 함께 기록조사(records inventory)를 병행해야 한다(설문원, 2018, pp. 226-228).

기록의 이용 및 관리상의 목적을 고려하여 처분지침 적용에 적절한 집합화인지, 기록의 활용에 적합한 집합화인지, 기록의 생산맥락을 이해하는 데에 적합한 집합화인지, 이용자의 다양한 요구를 수용할 수 있는 집합화인지 등을 점검해야 한다. 그러나 한 가지 분류로 이 모든 목적을 충족시키기는 어렵다. 종이 환경에서는 2개 이상의 분류체계를 적용하기 어려웠으나 전자기록관리 환경에서는 동일 기록에 2개 이상의 분류체계가 적용될 수 있다. 관리 및 이용을 위해서 복수의 가

상 분류체계(virtual classification schemes)를 이용하는 것이다. 가령 관리 목적상 특정 사안별로 사일을 구성해야 할 필요가 있거나 이용자 요구를 수용하기 위하여 특정 목적에 맞추어 기록집합체를 구성해야한다면 이러한 방법을 적용한다. 또한 이용이나 관리상에서 발생하는 기록 집합화에 대한 요구는 메타데이터를 이용하여 충족시킬 수 있다. 이 경우에는 복수의 분류체계 적용 여부를 신중하게 결정해야 한다. 분류는 별도의 분류체계 관리·운영 등 많은 노력이 수반되기 때문이다 (Smallwood, 2014, p. 368, 설문원, 2018, pp. 226-228 재인용). 〈표 3〉은 이러한 집합체 구성의 기준을 보여준다.

〈표 3〉 MoReq2010에 제시된 집합체 구성의 기준 (6.2.1)

Record service는 MCRS에서 상이한 레벨의 집합체 내 기록들을 관리한다. 각 집합체는 기록들의 그룹 또는 집합체의 그룹을 의미한다. 기록들은 아래 열거된 바(전부 또는 일부)에 따라 집합체 내에 위치한다.
- 기록이 동일한 업무행위 또는 프로세스와 관련된 경우
- 기록이 동일한 업무분류체계를 가진 경우
- 기록이 동일한 주제영역 또는 사안을 공유하는 경우
- 기록이 동일한 인물, 장소, 프로젝트, 케이스, 고객, 이벤트 또는 사건와 관련된 경우
- 기록이 공통의 메타데이터를 공유하는 경우
- 기록이 동일한 소스 또는 포맷을 가진 경우
- 기록이 동일한 업무단위로 관리 되는 경우
- 기록이 동일한 사용자들 대상으로 하는 경우
- 기록이 동일한 레벨의 보안접근통제를 가진 경우
- 기록이 동일한 보유와 처분의 조건 하에 있는 경우

집합체는 의도적으로 기록과 같은 그 밖의 기록들을 의미 있는 맥락에 함께 배치시킴으로써, 기록의 의미적 이해를 향상시킨다. 그럼으로써 집합체 전체는 그 주제에 대한 생생한 기술 내러티브(서사)를 집합적으로 제공한다.
이와 비슷한 이유로 집합체 또한 그 상위 레벨의 집합체에 포함된다. 기록을 포함하는 집합체는 같은 집합체들의 그룹인 부모집합체에 포함된다.

또한 이용이나 관리상에서 발생하는 기록 집합화에 대한 요구는 메타데이터를

이용하여 충족시킬 수 있다. 즉 직원 ID, 직원명, 사건명, 특허번호 등 통제된 용어와 코드를 사용하여 이를 기준으로 기록을 모을 수 있는 것이다. 이렇게 메타데이터를 활용할 수 있는 경우에는 복수의 분류체계 적용 여부를 신중하게 결정해야한다. 분류는 별도의 분류체계 관리 · 운영 등 많은 노력이 수반되는 작업이기 때문이다(설문원, 2018, pp. 228-229).

2절 우리나라 공공기록의 분류체계

1. 법령 속에서의 분류

■ '공공기록물 관리에 관한 법률'에서의 분류

기록의 분류는 기록관리업무에 있어서 핵심적인 기능으로, 2006년 개정된 우리나라 '공공기록물 관리에 관한 법률'의 제3조(정의)에서는 "기록물관리라 함은 기록물의 생산·분류·정리·이관·수집·평가·폐기·보존·공개·활용 및 이에 부수되는 모든 업무를 말한다"고 하여 분류를 중요한 기록관리 프로세스의 하나로 제시하였다.

또 시행령 제2조(정의)에서는 '정부기능분류체계'를 정부가 수행하는 기능을 범정부적으로 표준화한 기능분류체계와 각 부처의 과제관리를 위한 목적별 분류체계로 구성된 분류체계로 정의하며, 기록관리의 단위인 '단위 과제'를 정부기능분류체계의 소기능을 유사성, 독자성 등을 고려하여 영역별, 절차별로 세분한 업무로 정의하고 있다.

■ 법령에서의 분류 관련 조항

공공기록물 관리에 관한 법률 제18조에서는 '공공기관은 업무수행 과정에서 기록물을 생산하거나 접수하였을 때에는 대통령령으로 정하는 바에 따라 그 기록물의 등록·분류·편철 등에 필요한 조치를 하여야 한다. 다만, 기록물의 특성상 그 등록·분류·편철 등의 방식을 달리 적용할 필요가 있다고 인정되는 수사·재판 관련 기록물의 경우에는 관계 중앙행정기관의 장이 중앙기록물관리기관의 장과 협의하여 따로 정할 수 있다'하고 분류에 대한 조치를 언급하고 있다(〈표 4〉 참조).

〈표 4〉 공공기록물 관리에 관한 법령의 기록분류 관련 내용

골자	법령의 주요 내용
기록물 분류기준 (처리과별 · 단위과제별)	기록물 생산 · 접수 시 기록관리기준표에 따라 처리과별로 기록물 분류(법 제18조, 시행령 제22조)
단위과제 아래 1개 이상의 기록물철 생산	업무수행과정이 반영되도록 단위과제의 범위 안에서 1개 이상의 기록물철을 만들어 해당 기록물 편철(시행령 제23조)
단위과제별 기록물철 작성 기준 제정	처리과의 장은 단위과제별 기록물철 작성기준을 정하여 체계적 편철 · 관리(시행령 제23조)
분류번호 부여 방법	전자기록생산시스템으로 기록물철 분류번호를 부여, 2권 이상으로 분철된 기록물철은 기록물철 식별번호 다음에 권 호수 기입(시행령 제23조)
기록물철 분류번호 구조	기록물철 분류번호 "시스템 구분, 처리과 기관코드, 단위과제 식별번호 및 기록물철 식별번호"로 구성(시행령 제23조)
분류 시점	기록물의 분류 및 편철은 등록과 동시에 실시(시행규칙 제7조)
정부기능분류체계 이외의 분류체계	기록물의 특성상 등록 · 분류 · 편철 등의 방식을 달리 적용할 필요가 있다고 인정되는 수사 · 재판 관련 기록물의 경우 관계 중앙행정기관의 장이 중앙기록물관리기관의 장과 협의하여 따로 정할 수 있음(법 18조)
단위과제 신설 및 변경사항 고시	공공기관은 신설되었거나 변경된 단위과제를 관보(지방자치단체의 경우 공보)나 그 기관 홈페이지 등의 정보통신망에 매년 고시(시행령 제23조)

*출처: 설문원, 2013, p. 30.

관련 시행령 제22조(기록물의 분류)에는 '법 제18조에 따라 공공기관은 제25조에 따른 기록관리기준표에 따라 처리과별 · 단위 과제별로 해당 기록물을 분류하여 관리하여야 한다'고 명기하고 있다.

관련 시행령 제23조(편철 및 관리)에서는 업무체계와 기록관리 체계의 통합에 따라 그에 맞게 기록의 편철이 이루어질 수 있도록 하고 있다. 〈표 5〉는 시행령 제23조의 내용을 제시하고 있다. 이와 관련된 시행규칙 제7조에서는 영 제22조 및 영 제23조제1항에 따른 기록물의 분류 및 편철은 등록과 동시에 실시하여야 한다고 제시하고 있다.

〈표 5〉 공공기록물 관리에 관한 법령의 분류 관련 조항 (시행령 제23조)

시행령 제23조(편철 및 관리) ①법 제18조에 따라 공공기관은 업무수행과정이 반영되도록 단위과제의 범위 안에서 1개 이상의 기록물철을 만들어 해당 기록물을 편철하여야 하며, 처리과의 장은 단위과제별 기록물철 작성기준을 정하여 기록물이 체계적으로 편철·관리되게 하여야 한다.

　②공공기관이 제1항에 따라 기록물철을 작성한 경우에는 전자기록생산시스템으로 기록물철 분류번호를 부여하고 그 기록물철에 이를 표기하여야 하며, 중앙기록물관리기관의 장이 정하는 등록정보를 생산·관리하여야 한다. 다만, 2권 이상으로 분철된 기록물철은 기록물철의 분류번호 중 기록물철 식별번호 다음에 괄호를 하고 괄호 안에 권 호수를 기입한다.

　③기록물철의 분류번호는 시스템 구분, 처리과 기관코드, 단위과제 식별번호 및 기록물철 식별번호로 구성한다.

　④공공기관은 전자적 형태로 생산되지 아니한 기록물을 행정안전부령이 정하는 방식에 따라 기록물 분류기준 및 기록물 종류별 관리에 적합한 보존용 파일 및 용기에 넣어 안전하게 관리하여야 한다.〈개정 2017. 7. 26〉

또 시행령 25조에서는 '공공기관은 매년 기록물 정리기간 종료 직후 전년도에 신규로 시행하였거나 보존기간이 변경된 단위과제명, 단위과제 업무설명 및 단위과제별 보존기간 등을 관보(지방자치단체의 경우에는 공보를 말한다) 또는 그 기관의 홈페이지 등 정보통신망에 고시하여야 한다.'고 명시하고 있다.

이는 실제로 단위과제가 지속적으로 검토되어 신규로 설정되고 변경되고 하는 일이 매년 이루어지는 것임을 제시하고 있는 것이다. 즉 공공기관은 매년 기관의 분류체계를 검토하고, 계속 현행 업무를 반영하여 단위과제에 대한 조정이 이루어질 수 있도록 해야 한다는 것이다. 기록전문가들은 이를 염두에 두고, 기록분류체계의 조정이 필요하다고 판단되면 기관의 담당자와 논의하여 계속 이를 조정해 나가는 데에 중요한 역할을 해야만 한다.

공공기록물 관리에 관한 법률 제19조 제1항에서는 '공공기관은 대통령령으로 정하는 바에 따라 기록물의 보존기간, 공개 여부, 비밀 여부 및 접근 권한 등을 분류하여 관리하여야 한다'고 명시하고 있다. 관련 시행령 제25조와 시행규칙 제16조는 기록관리기준표에 대한 상세한 내용을 담고 있는데, 이에 대해서는 먼저 정

부기능분류체계(BRM, Business Reference Model)에 대해 알아본 후 그 다음 절에서
상세히 다룬다.

2. 정부기능분류체계 (BRM)

■ 정부기능분류체계(BRM)의 정의 및 목적

정부기능분류체계(Business Reference Model, 이하 BRM)는 기관의 기능을 서비
스 및 업무 처리절차에 따라 체계적으로 구조화한 업무 기능 분류체계이다(BRM
은 정부기능연계모델로도 번역된다). 기능 분류체계는 기관의 기능을 분류, 연계
하여 단위 과제별 기본정보와 유관정보를 조회할 수 있도록 함으로써 기관 간 정
보공유를 통합하여 협업시스템을 구축하기 위해 사용한다. BRM은 행정기관이 상
시적으로 수행하는 업무를 정책분야·정책영역·대기능·중기능·소기능 및 단위
과제 등 그 기능의 수준에 따라 분류한 체계이다(국가기록원. 기록관리시스템 데
이터연계 기술규격-제3부. 기능분류시스템과의 연계. NAK 29-3:2014(v2.1)).

국가기록관리 혁신활동이 2005년부터 추진되면서 혁신로드맵이 마련되었는데
여기에서 업무 분류와 기록 분류의 통합이 중요한 과제로 설정되었으며, 업무분
류체계는 BRM을 기준으로 하였다. 우리나라의 BRM은 정부가 수행하는 업무를 기
능별로 분류한 체계(기능별 분류체계)와 각 부처에서 매년 연두업무보고에 사용
하는 분류체계(목적별 분류체계)로 구성되는데, 기록 분류와 연계되는 기본 분류
체계는 기능별 분류체계이다. 2006년부터는 정부 BRM에 근거한 새로운 기록분류
체계가 중앙행정기관에 적용되기 시작하였다(설문원, 2010a, p. 141).

BRM의 목적은 행정기관이 수행하는 행정업무를 동일한 기준으로 정의하고, 최
하위 수준의 기준인 단위 과제 수행과 관련된 업무처리절차, 유관정보, 속성정보
등을 정형화하여 업무의 편의성을 증대시키고자 하는 것이다. 즉, 조직·예산·기

록관리 등 분야별, 기관별로 운영되던 기존의 분류체계를 통합하여 정부의 업무
기능과 서비스를 중심으로 분류하고, 법령·예산 등의 다양한 정보를 기능과 연계
하여 종합적으로 관리함으로써, 공통 업무기반을 제공하자는 것이다. 기록관리 측
면에서는, 조직의 기록관리에 업무분류체계를 도입하여 기록관리를 효율적으로
하고 기존 기록물분류기준표 등의 기록관리 운영에서 도출된 문제점을 개선하여
체계적인 기록관리체계를 구축하도록 한다(행정자치부, 2006a).

외국에서는 중복투자와 정부기능의 중복을 막기 위하여 BRM을 도입하였으나
우리나라는 정부의 업무실적을 관리하는 실무적 목적이 강하다는 점이 특징이다
(곽정, 2006). 예규로 제시된 행정안전부의 BRM 운영지침(2008)에서는 기능분류체
계 운영의 기본목적으로, 첫째, 정보공유를 통한 전 부처 간 수평적 협력체계 기
반 마련; 둘째, 행정업무수행의 연속성 확보 기반 마련; 셋째, 지속적인 업무처리
효율화 기반 마련; 넷째, 효율적인 관리과제 추진을 위한 기반 마련 등으로 제시
하였다.

또 정부 기능분류체계 운영의 기대효과로는 첫째, 업무 및 수행과정의 효율적
파악; 둘째, 이음새 없는 대국민서비스의 기반 제공; 셋째, 차세대 전자지방정부추
진을 위한 실질적 청사진 제공; 넷째, 유관정보의 효과적인 활용을 통해 업무기능
에 대한 다각적 정보제공 등으로 제시하였다.

■ BRM의 구조

행정업무의 기능은 기능별·목적별로 구분한다. '기능별 분류체계'는 정부가 상시
적으로 수행하는 업무를 분류하는 체계로, 조직법, 직제 및 시행규칙 등을 근거로
분류한 체계이다. 기능수준에 따라 정책분야·정책영역·대기능·중기능·소기능·
단위과제의 6레벨로 분류한다. '목적별 분류체계'는 각 부서별 정책목표를 달성하기
위해 매년 수립하는 분류체계로, '성과관리 시행계획(평가)'에 따라 각 부터에서 관
리한다. 이는 임무·전략목표·성과목표·관리과제의 4레벨로 분류한다. 정부기능

분류 체계(BRM)은 〈그림 3〉와 같이 나타낼 수 있다(국가기록원 홈페이지).

〈그림 3〉 정부기능분류체계(BRM)

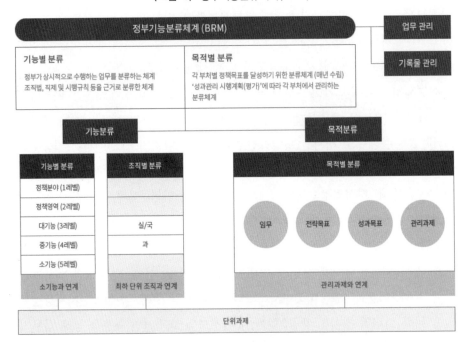

■ 기능별 분류체계

기능별 분류체계의 각 레벨은 다음과 같이 정립된다(행정안전부, 2008).

- 정책분야(1레벨)는 대국민서비스와 행정기관 내 활동을 분류한 것이며, 분류원칙은 예산배분 형평성의 유지, 정부조직 설치현황을 반영, 국가간 행정서비스의 통계자료 비교를 위한 국제기준 등을 고려한다.
- 정책영역(2레벨)은 정책분야 내 조직의 기능을 구체화한 것으로, 정책분야와 각 부처 대기능 분류체계와의 연계성을 고려하여 선정한다.
- 대기능(3레벨)은 각 부처의 실·국 수준의 업무수행 기능과 예산체계의 프로그램

수준의 기능을 고려하여 선정한다. 외청, 소속기관 기능 중 중앙행정기관의 대기
능과 동일한 수준의 직제가 이에 포함된다(1-3레벨의 예는 〈표 6〉 참조).

〈표 6〉 중앙행정기관 기능별 분류체계 현황(2016년) (1-3레벨, 일부 발췌)

정책분야	정책영역	대기능
공공질서 및 안전	경찰	교통안전
		국민생활안전
		범죄수사
		운전면허관리
	안전관리	국민안전 행정지원
		복구지원
		비상대비
		소방대응
일반공공행정	국정운영	국가정보화전략위원회 운영
		국가지식재산위 행정지원
		국가테러대책위원회 운영
과학기술	과학기술연구	미래원천기술개발
		연구개발 조정
		연구공동체 지원
		우주기술개발
	원자력기술	원자력 안전
		원자력 진흥
		방사전 방재
		원자력 안전
교육	고등교육	대학정책
		지식정보화 지원
		학술연구역량 강화
	교육 일반	교육 행정지원
		교육정보·통계분석·관리
	유아 및 초·중등교육	e-러닝의 활성화
		교육복지 확충
		학교교육 내실화
		학교교육재정 지원
교통 및 물류	도로	도로정책
		민자도로건설
		지자체도로건설
	물류 등 기타	건설기술정책
		국토교통 인재개발
		국토교통 정보화

* 출처: 행정안전부〉정책자료〉참고자료〉참고자료.

- 중기능(4레벨)은 소기능의 내용을 포괄하는 각 부처의 팀 · 과 수준에서 정의하는 기능을 기준으로 선정한다. 외청, 소속기관 기능 중 중앙행정기관의 중기능과 동일한 수준의 직제가 이에 포함된다.
- 소기능(5레벨)은 법률, 직제 등 법적인 근거 및 기록물 분류기준표를 통해서 정의된 기능을 말한다. 소기능은 직제 및 직제시행규칙상의 단위사무를 주체-객체-활동으로 세분하고 이에 유사기능을 수행하는 사무끼리 선정한다. 외청, 소속기관 기능 중 중앙행정기관의 소기능과 동일한 수준의 직제가 이에 포함된다. 소기능 정립시 가능한 한 중복되지 않게 하되 조직의 기능 및 예산을 일치하는 방향으로 정립한다.
- 단위과제(6레벨)는 행정업무 수행의 기준이 되는 것으로서 업무 간 유사성 및 독자성을 고려하여, 업무담당자가 소기능을 세분화한 업무영역을 말한다. 수행의 원인, 시기가 다른 업무라 할지라도 업무의 처리절차가 동일 또는 유사한 경우에는 하나의 단위과제로 보아야 한다. 성격이 서로 다른 업무라 할지라도 동일한 최종 산출물을 획득하기 위한 경우라고 판단될 때에는 하나의 단위과제로 보아야 한다.

■ 단위과제

단위과제는 정부 기능 분류 체계상 최하 단위(정책 분야 - 정책 영역 - 대기능 - 중기능 - 소기능 - 단위 과제) 업무 레벨로, 각 부처의 팀 또는 과 수준에서 법령, 직제 등의 근거에 의해 수행해야 하는 기능을 업무 담당자가 영역별 · 절차별로 세분화한 업무 영역이다. 업무 과정을 반영한 기록물 관리를 수행하기 위해 단위과제를 기록물의 분류 기준으로 적용하고 있다(기록학용어사전, 2008).

공공기록물 평가가 단위과제를 대상으로 하고 있으며, 단위과제 각각에 대해 기록의 보존기간이 결정되고, 한 단위과제에 속하는 기록들은 동일한 보존기간을 갖게 된다. 이에 따라 단위과제를 적절하게 설정하는 것이 매우 중요하며, 기록관리 담당자들의 단위과제의 조정에 있어서의 역할이 매우 크다.

각각의 단위 과제에 대해서는 속성정보, 유관정보, 업무편람 등 다양한 업무정보를 작성하도록 하여, 단위 과제의 업무맥락을 파악하고 누가 무슨 업무를 어떠한 방식으로 제공하는지 등 업무수행과 관련된 상세정보를 관리할 수 있도록 한다. 이러한 정보는 단위 과제 카드를 작성하여 관리하는데, 이는 업무관리시스템을 이용하여 업무를 수행하기 위해 과제담당자들이 단위과제를 참조하여 만드는 과제카드로, 단위과제카드 하위에 업무수행 과정과 결과가 축적되며 하나의 단위 과제카드에 축적된 기록물들은 하나의 전자적 기록물 철에 편철되게 된다. 이는 표제부, 실적관리, 접수관리, 이력관리 등으로 구성되어 있다. 표제부에는 과제카드명, 내용 및 취지, 과제 이력, 주관부서, 과제 담당자 정보, 내부 관계자 및 열람 범위 · 보존기간 · 분류체계 · 연결과제 · 관련 단위 과제 등의 관리정보가 있다. 단위 과제 카드는 정부업무관리시스템(온나라시스템)상의 기록관련 관리정보로 존재하고 있다(〈그림 4〉 참조).

■ 단위과제 유형

'단위과제 보존기간 책정 · 조정 지침'에 따르면 단위과제의 유형은 크게 처리과 공통업무, 기관 공통업무, 유사기관 공통업무, 고유업무 4가지로 구분된다(국가기록원, 2007, pp. 8-9).

'처리과 공통업무'는 주로 처리과 서무업무 담당자가 수행하는 업무를 말한다. 자체적으로 진행되는 업무보다는 실 · 국 단위의 상급 부서에서 보내오는 관련 업무에 대한 처리과 차원의 업무수행 내용보고, 자료제출 등 초안적인 성격의 문서와 과 · 팀의 유지를 위해 일상적으로 시행되는 업무에 관한 문서가 주로 생산된다. '기관 공통업무'는 감사부서, 총무부서, 기획부서, 법무부서, 홍보부서, 예산회계부서 등과 같이 독립적으로 운영되는 모든 행정기관을 유지하기 위하여 기관들이 공통적으로 수행하는 업무를 말한다.

〈그림 4〉 단위과제 카드 표제부 예시

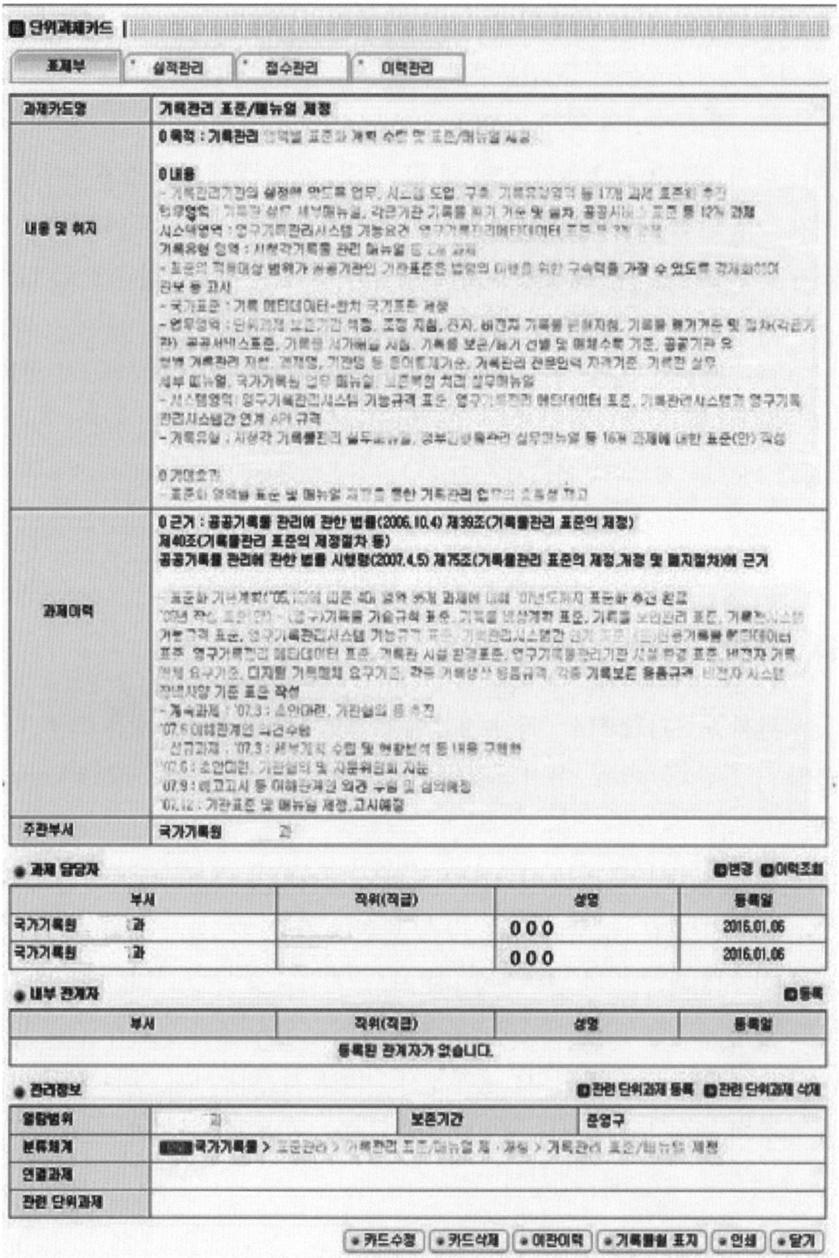

'유사기관 공통업무'는 국세청의 지방국세청 및 세무서, 소방방재청의 시군 소 방서 및 119안전센터 등과 같이 하나의 부처에서 고유기능을 수행하기 위해 업무 를 지역별/대상별로 분담하여 기관들이 수행하는 업무이며, '고유업무'는 처리과 의 업무특성에 따라 고유하게 수행하는 업무에 해당된다. 4가지 유형 중 처리과 공통업무를 제외하고는 모두 고유업무에 해당한다(〈표 7〉 참고).

〈표 7〉 기능별 분류체계상 단위과제 종류 및 설명

단위과제	설명	예시
처리과 공통업무	-행정기관의 모든 과(팀) 단위에서 공통적으로 수행하는 업무 -상급기구(부서)에서 보내오는 관련 업무에 대하여 처리과의 업무수행 내용보고나 자료제출 등 초안적 성격의 기록물 -처리과 직원에 대한 일상적인 복무관리 등에 관한 기록 -처리과 서무담당자가 수행	서무, 지도감사, 기록물관리, 물품관리, 민원관리, 예산회계, 보안관리, 부서장 업무, 업무계획(보고) 및 평가 등
기관 공통업무	-독립적으로 운영되는 모든 행정기관을 유지하기 위하여 기관들이 공통적으로 수행하는 업무 -기관의 고유업무 수행을 위하여 설치된 처리과가 아닌 감사부서, 총무부서, 기획부서, 법무부서, 홍보부서, 예산회계부서, 비상계획부서, 행정정보화부서에서 수행하는 단위과제	감사, 개인정보보호, 예산, 결산, 회계, 계약, 국회, 기획, 민원, 법무, 비상계획, 비서업무, 성과관리, 의사(議事), 의전, 인사관리, 재난재해, 정보공개, 청사관리, 행정관리, 행정정보화, 홍보, 후생복지, 운영지원, 기록관리 등
유사기관 공통업무	-하나의 부처에서 고유기능을 수행하기 위해 업무를 지역별/대상별로 분담하여 기관들이 수행하는 부처 내 공통기능	국세청의 지방국세청 및 세무서, 소방방재청의 시군 소방서 및 119 안전 센터 등
고유업무	-기관 고유기능 -각 기관의 설립목적을 구현하고 법령 등에 의해 수행하는 각 기관 자체적으로 고유하게 수행하는 업무	기획재정부의 균형발전투자계획총괄조정, 외국환거래제도기획입안 업무 등

* 출처: 김화경·김은주, 2014, p. 203.

처리과 공통업무는 기능별 분류체계의 4레벨인 중기능에서 결정된다. 중기능 '처리과 공통' 하위에 속한 일반서무, 예산회계서무, 보안관리서무 등의 소기능은 항시적으로 수행되는 공통 단위과제를 구성하게 된다. 즉, 다시 정리하면 분류체

계 설정 시 중기능 '처리과 공통' 하위에 소속된 단위과제 외에는 고유업무로 자동
으로 지정된다(김화경, 김은주, 2014, 203). 처리과 공통업무 및 기관공통업무의 보
존기간표를 살펴보면 단위과제가 어떻게 설정되었는지 확인이 가능하다. 일부 예
는 〈표 8〉에 제시되어 있다.

〈표 8〉 처리과 공통업무 (일부 예)

서무	서무업무	3년	처리과(팀)내 일반 업무관리를 수행하는 업무로, 과(팀)직원들에 대한 지시사항, 업무연락, 행사 참가 등에 관련되는 업무와 업무 유관기관 및 각 실국과의 업무협조 및 연락 등을 수시 반복하는 집행업무. 부서내의 일반 서무업무, 협조업무 등 일상적인 업무수행과정에서 생산 혹은 접수한 문서로 업무 참조목적으로 3년 보존.
	사무분장	5년	처리과(팀)에 분장된 사무를 개인 수준으로 분장하는 사항으로 개인별 수행업무를 명확히 나타낼 수 있는 업무임. 개인별 수행업무에 대한 책임규명 및 성과관리 등에 필요한 자료하므로 5년간 보존
	국회관련 업무 관리	3년	국회 관련 업무 및 국정감사 관련 질의서 및 답변서 등을 정리하고 처리과(팀) 수준의 의견을 제출하는 업무로, 국실 단위 혹은 상급 기관에서의 공식적인 기록물을 생산하기 위한 기초자료 성격이므로 3년간 보존.
	복무관리(복무제도운영)	1년	처리과(팀) 수준에서 진행되는 직무와 관련된 시간외 근무 및 출장 명령, 휴가계획 취합 및 제출, 당직명령 등의 업무. 연단위로 반복되는 업무로 1년 보존
	각종통계, 자료관리	5년	처리과(팀)에서 관리하는 일상적인 업무참용 각종통계 및 자료관리에 관한 업무. 처리과 업무수행에 참고목적으로 보관하므로 5년간 보존함. 국가 혹은 지역사회의 주요 부문 통계를 주관하는 부처나 처리과(팀)의 해당 통계는 이에 해당하지 않으며, 이 통계 및 관련 자료는 해당 단위과제의 보존기간동안 보존함.
지도감사	감사수감 및 결과조치	5년	중앙이나 감사 기관의 감사 등에 따른 관련 자료 작성 및 수감 등에 관해 처리과(팀)에서 수행하는 업무. 처리과(팀)에서 수행한 감사업무 전반을 기록한 것이지만, 관련 제반 기록을 기획 주무부서에서 통합 관리하므로 장기간 보존이 필요치 않고, 향후 처리과(팀) 업무계획 수립에 참고하기 위해 5년 보존
기록관리	기록물관리	5년	처리과(팀)에서 생산, 접수한 기록을 관리하는 업무. 생산(접수)기록의 등록, 매년 실시하는 기록물정리, 기록관 이관 등 처리과에서 진행되는 제반 기록관리업무. 국가적으로 관리가 필요한 기록물의 기록물의 기본적인 근거자료가 만들어 지는 과정에 관한 업무이나, 기관단위 기록관 등에서 취합 자료가 만들어 지므로 5년간 보존함
	기록물보존업무처리기준표 관리	10년	업무에 기반한 기록물관리를 위한 소기능·단위과제 등록 및 폐지 등의 업무로, 처리과(팀)의 분장사무 혹은 담당업무의 변화·수행업무의 변화 등을 관리하는 업무. 기관단위의 기록관에서 취합하여 최종 기록물이 생산되고 있으므로, 처리과(팀) 업무참조 등을 목적으로 10년 간 보존

*출처: 교육부 (2018). 2018년 대학 기록물 보존기간 책정기준 가이드. pp. 134-135

한편 단위과제 관련정보는 기본정보, 속성정보, 유관정보, 업무편람 등이 있다. 기본정보는 단위과제에 대한 기초정보로서 분류단계, 기능유형, 분류명, 시작일, 수행기관, 부서 및 속성정보 등으로 구분한다. 속성정보는 업무와 관련된 단위과제를 조회 및 연계할 수 있도록 단위과제별 속성을 정의한 정보로서 수행주체, 핵심영역, 수행절차, 서비스제공방식, 지역적 범위, 이해관계자 등으로 구분한다. 유관정보는 행정업무 수행의 연속성을 보장하고 수평적 협업체계 및 관리체계를 구축하기 위하여 관련 단위과제를 연계하여 제공하는 정보로서 조직·인사, 법령·규제, 예산, 정보화 사업으로 구성한다. 업무편람은 지속적인 업무처리의 효율화 기반을 마련하기 위한 업무참조정보로서 업무처리절차흐름도, 과정정보, 결과정보, 외부정보로 구성한다(행정안전부, 2008, p. 7).

〈표 9〉 단위과제 관련정보

기본정보	속성정보	유관정보	업무편람
3개	6개	6개	10개
수행기관, 수행부서, 기능유형	수행주체, 핵심영역 유관영역, 수행절차 제공방식, 이해관계자	법령, 지침 규제, 예산 정보화정보, 업무담당자	업무처리절차 과정정보(3), 결과정보(3) 외부정보(3)

■ 단위과제 신설 및 변경 업무절차

처리과의 업무담당자는 직제 개정, 업무 조정 등의 사유가 발생한 경우 해당 처리과의 기록물관리 책임자(부서(처리과) BRM 관리자)에게 단위과제의 신설 또는 변경을 요청하여야 한다. 처리과 기록물관리책임자는 당해 기관 기능분류 담당자(BRM 관리자)에게 요청하여야 한다.

기관 BRM 관리자의 검토, 승인 후 기록관에 보존기간 검토 요청을 하면, 기록관 담당자는 검토 요청 받아, 접수, 단위과제 설명과 보존기간 설정하여 등록한다(정부기능분류시스템). 기록관은 영구기록물관리기관과 단위과제 보존기간에 대해

10월 31일까지 협의 후 확정(11월 1일 이후 신설 변경은 사안 발생 즉시 협의한다).

영구기록물관리기관은 공공기관이 제출한 신설 또는 변경된 단위과제의 보존기간을 검토하여 매년 12월 31일까지 회신한다. 영구기록물관리기관은 기관에서 제출받은 단위과제 중 30년 이상으로 보존기간 조정할 필요가 있는 경우에는 해당 기관에 통보하고, 기관은 이를 기록관리기준표에 반영해야 한다. 공공기관은 영구기록물관리기관과의 보존기간 협의 완료 후 단위과제별 보존기간을 확정하고 이를 기록관리시스템 및 기록물생산시스템에 반영하여 관리하여야 한다(국가기록원, NAK 4:2021(v2.2), pp. 9-10).

〈표 10〉 단위과제별 보존기간 책정 시 업무담당자별 소관사항과 책정절차

처리과기능분류 담당자	단위과제 신설 및 변경 신청
	⇩
처리과 기록물관리책임자	단위과제 신설 및 변경 검토
	⇩
기록관 담당자	단위과제 명칭, 중복여부, 기능유형, 업무설명, 보존기간, 보존기간 책정사유 등 관리항목에 대한 적정성 검토
	⇩
기관기능분류 담당자	단위과제 신설 및 변경을 승인 또는 반려
	⇩
기록관 담당자	생성된 단위과제의 보존기간 검토 및 기록관 보존기간 등록
	⇩
	매년 10월 31일까지 신설 또는 보존기간 변경 단위과제를 영구기록물관리기관에 제출

*출처: 국가기록원. NAK 4:2021(v2.2) 기록관리기준표 작성 및 관리 절차. p.9

■ 목적별 분류체계

목적별 분류체계는 일정 기간의 임무, 전략목표, 성과목표, 관리과제를 기능별 분류체계의 관련 단위과제와 연계하여 관리하는 것이다. 목적별 분류체계는 임무에 따른 업무관리를 위한 사업관리 체계를 고려해야 하며 매년 변경된 이력관리가 용이하도록 구현되어야 한다. 또한 혁신·성과관리 등 추가적인 목적별 분류체계관리를 고려해야 한다(행정안전부, 2008). 〈표 11〉은 중앙행정기관 목적별 분류체계의 2016년 현황을 일부 보여준다.

- 1레벨인 임무는 해당기관의 존재이유(목적)와 주요기능을 의미한다. 설립근거가 되는 법령이나 규정, 소관 관계법령에 구체적으로 제시된 역할 등에 근거하여 가급적 국민들이 직접 체감할 수 있는 '결과 지향적'인 내용으로 설정한다. 설정된 임무는 기관의 모든 업무를 포괄할 수 있는 것이어야 하며 타 기관과의 불필요한 중복 소지가 없도록 하여야 하고, 목표 지향적이어야 한다.
- 2레벨인 전략목표는 국정목표 및 기관의 임무를 감안하여 해당기관이 최대 중점을 두고 지향하거나 추진해야 하는 내용을 말한다. 전략목표는 정책수단 선택과 정책평가의 기준이 되고, 정책집행과정에서의 의사결정의 지침으로 사용될 수 있다. 전략목표를 정립할 때에는 기관 전체의 성과관리가 가능하도록 전략목표의 수를 업무 전반을 포함할 수 있을 정도로 충분히 정립한다.
- 3레벨인 성과목표는 전략목표를 구성하는 하위과제로서 전략목표를 실현하기 위해 계획 기간 내에 달성하고자 하는 내용으로 정립한다. 전략목표별로 설정하는 성과목표의 수는 제한이 없으며, 누락되는 사항이 없도록 전반적인 업무를 고려하여 정립하여야 한다.
- 4레벨인 관리과제는 기관별 목적별 분류체계에서 가장 하위단위과제로서, 해당 기관이 계획기간 내에 중점을 두고 추진하고자 하는 정책업무를 말한다.

그러나 BRM의 관리 권한은 기록관리 부서가 아닌 기획관리, 조직관리 부서에서

가지고 있다. BRM이 기록관리기준과 밀접하게 관련이 있음에도 불구하고 기록분류체계의 시작이라고 할 수 있는 단위과제 등록에 기록연구사가 관여할 수 없어 적극적인 기록관리 주체가 되기 힘든 한계가 있다(김화경 · 김은주, 2014).

〈표 11〉 중앙행정기관 목적별 분류체계 사례 (2016)

기관	목적별 분류체계		
	임무	전략목표	성과목표
법무부	법질서 확립, 인권옹호, 법무서비스 제공	범죄로부터 안전한 사회 구현	국민불안 야기범죄에 입체적으로 대응한다
		법과 질서를 존중하는 문화 구현	공권력에 대한 국민적 신뢰를 회복한다
			비정상적 관행, 부조리를 정상화한다
		안전과 통합의 외국인정책 추진	미래지향적 출입국서비스를 구현한다
법제처	국가 주요정책의 신속, 원활한 법제화로 국가발전을 선도하고 국민권익을 증진한다	국정성과 창출을 위한 입법 총괄을 강화하고 법제 지원을 확대한다	범정부적 정책과제 이행을 위한 입법계획을 수립/추진한다
			의원입법에 대한 정부 내 협업을 강화한다
		법 널리 알리기를 통하여 세계/국민과의 소통을 강화한다	고객이 원하는 맞춤형 법령정보를 제공한다
			법제발전 경험 공유를 위한 법제한류를 확산한다
			법치주의 확산을 위한 법제교육을 확대/강화한다
병무청	병역자원의 효율적 관리와 적정 충원으로 국가안보에 기여한다	고객중심 스마트 병무행정으로 국민행복 증진에 기여한다	고객 위주의 제도운영으로 민원서비스를 강화한다
			병역이행의 자긍심을 고취하여 병역의 사회적 인식을 높인다
		보충역 복무제도의 합리적 운영으로 병역의무 형평성을 제고한다	교육과 복무관리 내실화로 성실복무를 유도한다
			보충역 인력운영 내실화로 자원활용의 효율성을 제고한다

*출처: 행정안전부 홈페이지〉정책자료〉참고자료.

■ 지방기능분류체계

최근에는 지방자치단체의 업무와 그와 관련된 정보를 체계적으로 관리 · 활용하기 위해 지방자치단체의 업무를 기능중심으로 분류한 지방기능분류체계가 지방자치단체에 확산되고, 지방기능분류시스템이 도입되었다. 지방기능분류체계는 정부기능분류체계의 기능별 분류체계 중 1~2단계(정책분야와 정책영역)을 준용하도록 하며, 3~6단계(대기능, 주기능, 소기능, 단위과제)는 지방자치단체의 특성을 반영하여 구성되어 있다. 지방기능분류시스템은 지방기능분류체계를 전자적으로 처리하고 관리하는 시스템이며, 중앙행정기관과 지방자치단체의 협조부서 간 관련 단위 과제를 매핑하여 조회할 수 있도록 구성되어 있다. 또한 지방자치단체의 업무관리시스템과 기록관리시스템에 업무수행의 기준정보로 분류체계 정보를 제공한다(국가기록원, 2014(v2.1), pp. 5-6).

■ 지방교육 기능분류체계

지방교육 기능분류체계는 지방교육행정기관 및 각급학교의 업무와 그와 관련된 정보를 체계적으로 관리 · 활용하기 위하여, 지방교육행정기관 및 각급학교의 업무를 기능 중심으로 분류한 체계로, 시 · 도 교육청 업무관리시스템 도입에 따라 기능분류체계를 기준으로 과제, 문서, 일정, 지시 등 지방교육 업무처리 과정의 시스템화를 추진한다. 목적은 지방교육행정기관 및 각급학교의 수행업무를 기능중심으로 관리하며, 업무수행의 효율성 및 연속성 확보를 지원하는 것이다. 단위과제는 업무관리시스템 단위과제카드를 통해 기록물 관리 및 예산 편성 집행 단위로 활용한다(교육과학기술부, 2010, p. 3).

지방교육 기능분류체계 수립방향은 16개 시 · 도교육청 및 각급학교 별로 단일화된 기능분류체계를 정립하며(동일한 정책분야, 정책영역, 대기능, 중기능, 소기능 적용), 16개 시 · 도교육청 및 각급학교의 공통적인 업무에 대해 『공통단위과제』를 정의 · 활용하고, 고유의 자체업무에 대해서는 『고유단위과제』를 자율적으로 정의 · 활용하는 것이다. 또 업무특성 및 독립성을 고려하여 시 · 도교육청과 각급학교 간의 단위과제는 별도로 구분하여 정의 · 활용한다(각급학교 단위과제는 학

교유형별로 구분하여 정의함). 지방교육 기능분류체계는 정책분야 1개, 정책영역 3
개, 대기능 11개, 중기능 48개, 소기능 158개, 그리고 공통단위과제로, 지방교육행
정기관용 590개와 각급학교용 183개로 구성된다(교육과학기술부, 2010, pp. 11-12).

〈표 12〉는 지방교육 기능별 분류체계의 정의 기준을 제시하고 있다. 〈표 13〉은
지방교육 목적별 분류체계 정의 기준을 제시한다. 또 〈표 14〉는 각급학교 공통 단
위 과제 일부를 소개하고 있다. 이를 통해 지방교육의 기능별, 목적별 분류체계
및 학교의 공통 단위 과제가 어떻게 활용되는지 확인할 수 있다.

〈표 12〉 지방교육 기능별 분류체계 정의 기준

단계	정의기준
정책분야	·정부기능분류체계의 '정책분야' 중에서 지방교육과 관련된 '교육'분야를 반영하여 정의함. ·지방교육재정 사업별 예산구조의 '교육'분야를 반영하여 정의함.
정책영역	·지방교육을 위한 기능영역을 구체화 함 ·정부기능분류체계의 지방교육 관련 정책영역인 '교육일반', '유아및초중등교육', '평생·직업교육'을 반영하여 정의함. ·지방교육재정 사업별 예산구조의 '교육일반', '유아및초중등교육', '평생·직업교육' 부문을 반영하여 정의함.
대기능	·대기능은 정책영역을 세분화하고 중기능을 포괄하는 기능으로 정의함 ·시·도교육청 '과' 수준의 업무수행 기능을 참조하여 정의함 ·지방교육재정 사업별 예산구조의 정책사업(Program)을 고려하여 정의함
중기능	·중기능은 대기능을 세분화하고 소기능을 포괄하는 기능으로 정의함 ·시·도교육청 본청의 담당·팀 수준의 업무수행 기능을 참조하여 정의함 ·지방교육재정 사업별 예산구조의 단위사업을 고려하여 정의함
소기능	·소기능은 중기능을 세분화하는 기능으로써 시·도교육청 본청의 과, 담당 등에서 수행하는 개인별 업무분장 수준으로 정의함 ·각급학교 업무의 특성을 고려하여 각급학교용 별도의 소기능을 정의할 수 있음 ·지방교육재정 사업별 예산구조의 단위사업 또는 세부사업을 고려하여 정의함
단위과제	·각급기관이 상시적으로 수행하는 업무를 기관의 직제 등에 근거하여 정의한 업무수행 단위로서 업무관리시스템 단위과제카드를 식별함 ·계획수립, 집행, 평가 등 일련의 업무과정을 관리하는 기본적 단위로 도출함 ·시·도 교육청이 공통적으로 수행하는 업무를 공통단위과제로 정의함 ·시·도 교육청별로 고유하게 수행하는 업무에 대해서는 고유단위과제를 개별적으로 생상하여 사용함

*출처: 교육부, 지방교육기능분류시스템 운영지침, 2014.

또한 지방교육 기능분류시스템은 기능별, 목적별 기능분류체계를 조회하거나, 단위과제 및 관리과제를 조직별로 조회할 수 있는 기능과 단위과제의 등록, 수정, 종료, 삭제 등 변경관리 기능으로 구성되어 있다. 또한 업무관리시스템과 기록관리시스템 등으로 분류체계 정보 제공 및 교육행정정보시스템(National Eucation Information System, NEIS)과 사용자 및 조직정보 등을 공유한다(국가기록원, 2014 (v2.1), pp. 6-7).

〈표 13〉 지방교육 목적별 분류체계 정의 기준

단계	정의기준
임무	· 임무는 해당기관의 존재이유(목적)와 주요기능을 의미함 · 설립근거가 되는 법령이나 규정, 소관 관계법령에 구체적으로 제시된 역할 등에 근거하여 가급적 국민들이 직접 체감할 수 있는 '결과 지향적'인 내용으로 설정함 · 교육청 특성에 따라 교육목표를 의미하는 교육지표 등으로 대체하거나 기관별 미션 등으로 설정 가능함
전략목표	· 전략목표는 임무를 감안하여 해당기관이 최대 중점을 두고 지향하거나 추진해야 하는 내용을 의미함 · 전략목표를 정립할 때에는 기관 전체의 성과관리가 가능하도록 전략목표의 개수를 업무 전반을 포함할 수 있을 정도로 충분히 정립함
성과목표	· 성과목표는 전략목표를 구성하는 하위과제로서 전략목표를 실현하기 위해 계획기간 내에 달성하고자 하는 내용으로 정립함 · 전략목표별로 설정하는 성과목표의 수는 제한이 없으며, 누락되는 사항이 없도록 전반적인 업무를 고려하여 정립함
관리과제	· 기관별 목적별 분류체계에서 가장 하위단위과제로서, 해당 기관이 계획기간 내에 중점을 두고 추진하고자 하는 정책업무를 의미함 · 실제 추진계획 및 성과지표 등을 참조하여, 담당자가 설정되는 최하위 과제 단위로 정의함

*출처: 교육부, 지방교육기능분류시스템 운영지침, 2014.

〈표 14〉 각급학교 공통단위과제(일부 발췌)

정책분야	정책영역	대기능	중기능	소기능	순번	공통단위과제명	공통단위과제 설명	공통단위과제 카드 예시
교육	유아및초중등교육	교육과정계획및개선	교육과정계획및운영	교육과정편성운영	1	학교교육과정운영계획수립및운영(학교)	학교교육과정운영계획 수립 및 교육과정의 운영과 평가에 대한 제반 업무(학교중장기발전계획 포함)	〉학교교육과정운영계획 〉학교교육과정운영 〉학교교육과정평가 〉학교중장기발전계획
교육	유아및초중등교육	교육과정계획및개선	교육과정계획및운영	교육과정편성운영	2	협동교육과정운영(학교)	소규모 학교의 복식수업을 해소하고 특별활동, 행사활동, 체험활동 등을 공동으로 추진하여 교육력을 제고하기 위한 소규모 학교간 합동체제 운영에 관한 업무(소규모학교협동교육과정운영, 계절학교운영, 토요휴업일프로그램운영 등)	〉소규모학교협동교육과정운영 〉계절학교운영 〉토요휴업일프로그램운영
교육	유아및초중등교육	교육과정계획및개선	교육과정계획및운영	교육과정편성운영	3	수석교사제운영(학교)	수석교사(수업전문 교원)제 운영에 관한 제반 업무	〉수석교사제운영
교육	유아및초중등교육	교육과정계획및개선	교육과정계획및운영	교육과정편성운영	4	우수교사인증제운영(학교)	교원의 수업 및 직무 영략을 평가하여 인정·포상·승진가산점 부여하는 등 각종 우수교사 인증제운영에 관한 업무(영어교사능력인증제, 교원기능장판정, 명품수업인증제, 으뜸교사인증제 등)	〉영어교사능력인증제운영 〉교원기능장판정 〉명품수업인증제운영 〉으뜸교사인증제운영
교육	유아및초중등교육	교육과정계획및개선	교육과정계획및운영	교육과정편성운영	5	교원능력개발평가(학교)	학생, 학부모 및 동료교사에 의한 교원능력개발평가 수행에 관한 업무	〉교원능력개발평가
교육	유아및초중등교육	교육과정계획및개선	교육과정계획및운영	교육과정편성운영	6	연구대회및교육연구활동(학교)	교실수업 개선을 위한 연구대회 및 각종 연구회 활동에 관한 제반 업무(연구대회, 교과교육연구회, 교원연구동아리, 교과협의회, 교내수업연구 등)	〉연구대회운영 〉교과교육연구회 활동 〉교원연구동아리 활동 〉교과협의회운영 〉교내수업연구

*출처: 교육과학기술부, 2010, p. 53.

3. 기록물분류기준표 및 기록관리기준표

■ 기록물분류 제도 변천 과정

  1948년 대한민국 정부수립 이후 정부 차원의 기록관리는 「정부처무규정」(1949. 7.)과 「정부공문서규정」(1950.3.)에 의해 사무처가 이루어졌는데 「조선총독부 처무규정」(1911.7.)의 형식과 내용을 그대로 수용하였다. 그러나 이 규정은 문서의 서식과 작성방법, 행정업무를 표준화하기 위한 것으로 문서의 분류와 보존에 관한 세부 규정은 거의 없었다(이승일, 2007, p. 50).

  1961년 「정부처무규정」을 폐기하고, 1961년 9월 '정부공문서규정'을 제정하였다. 공문서의 작성·처리 및 통제에 관한 사항을 규정함으로써 문서처리의 신속·정확과 통일을 기하고자 하였다. 1963년에 들어서는 10진 분류방법이 시작되고, 공문서의 편찬 보존관리를 별도로 분리하게 된다. 이에 따라 1963년 12월 16일에 '공문서보관·보존규정'이 제정되어 '정부공문서규정'과 '공문서보관·보존규정'으로 나누어 관리하는 체제로 정립되었다. '공문서보관·보존규정' 제4조 ②항에 따라 1964년 4월 22일에 '공문서보존기간종별책정 기준 등에 관한 건(총리령 제44호)'이 제정되었으며, 이것이 한국 최초의 공문서 분류였다. 이는 공문서를 10진분류방식에 의한 분류번호와 보존기간이 책정된 해당업무를 연계시킨 것이다. 이와 같은 기능별 분류방식에 입각하여 1979년 6월 15일에 '정부공문서 분류번호의 지정에 관한 규칙(총리령 제222호)'이 제정되었고, 같은 날 '공문서 보존기간 종별 책정기준 등에 관한 건'이 '공문서 보존기간 종별 책정 기준 등에 관한 규칙'이 개정되었다(김세경, 2007).

  1984년에는 '정부공문서분류번호의지정에관한규칙'과 '공문서보존기간종별책정기준등에관한규칙'으로 이원화되어 있는 공문서에 관한 규정을 종합함과 아울러 공문서의 작성·처리·보관 및 보존 등 문서관리제도를 사무기기 발전추세에 따라 현실화하고, 문서관리를 효율적으로 하기 위하여 '정부공문서규정'을 개정하였으며, 보존기간을 6종(영구, 준영구, 10년, 5년, 3년, 1년)으로 구분하였다. 문서를 분류하는 데 있어 그 분류기준은 총리령으로 한다고 명시하였는데, 이 법규에 따라 '정부공문서분류번호 및 보존기간책정기준등에관한규칙'이 제정되었고, 이전의 이원화되었던 분류번호와 보존기간종별책정기준을 하나로 통합하게 되었다. 1991년 제정된 '사무관리규정'의 시기가 시작되고, 1992년 12월에 제정된 '공문서분류및보존에관한규칙(총리령 제416호)'이 제정되면서, 보존기간은 준영구를 30년, 20년으로 나누어 7종(영구, 30년, 20년, 10년, 5년, 3년, 1년)으로 구분하였다(김세경, 2007).

〈그림 5〉 공공기록물 관리와 관련한 법규의 변천 과정

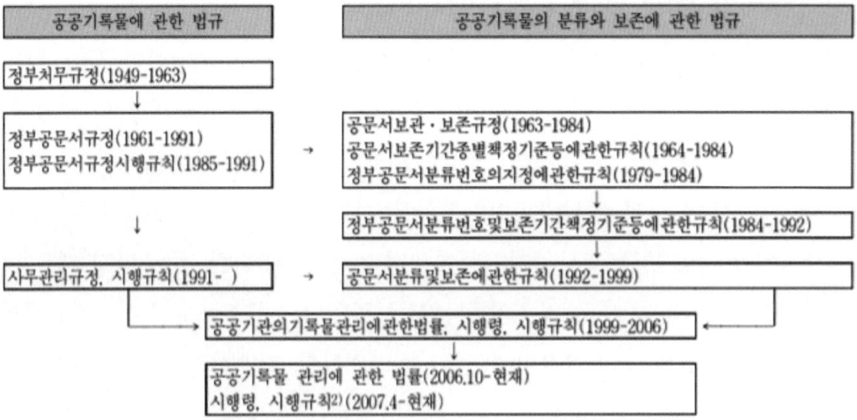

*출처: 김세경, 2007, p. 8.

■ 기록물분류기준표

1999년에 제정된 '공공기관의 기록물관리에 관한 법률'(구법) 시행규칙 제7조에서는 '각급 기관별, 처리과별로 수행하는 각 단위 업무를 확정하고, 확정된 단위 업무별로 기능분류번호와 보존기간, 보존장소 등의 보존분류항목별 기준을 제시

하여 생산기록물에 적용하도록 기록물관리의 기준표를 개발'할 것을 제시하였으며, 공공기관들은 이에 의거하여 기록물분류기준표를 개발하였다.

기존에 사용되고 있던 '공문서 분류번호 및 보존기간 표'는 정부의 기능을 기능별십진(技能別十進)분류방법에 의해 분류하고, 그 세부기능 항목별로 보존기간의 책정기준을 제시한 것이었다. 기능별로 문서가 편철되어 특정한 단위 업무(프로젝트) 내에서 생산한 문서들이 각기 다른 문서철에 흩어져 보관된다든지, 기능분류항목에서 누락되어 관련된 기록물들이 관리되지 않는 경우가 있다든지, 찾아 사용하기 불편하여 임의로 낮은 보존기간을 책정할 수 있는 여지가 있다든지, 5년 단위로 개정됨으로써 업무현실을 즉각적으로 반영하지 못하였다든지 하는 단점을 갖고 있었다(국가기록원 홈페이지〉 기록관리체계〉 처리과〉 기록관리기준표).

국가기록물의 체계적 관리가 필요하다는 인식이 확산되어 1999년 제정된 (구)공공기관 기록물 관리법에서 기존의 '공문서 분류 및 보존기간 표'의 미흡한 사항을 개선하기 위한 방안으로 채택된 것이 '기록물분류기준표' 제도이다(국가기록원 홈페이지〉 기록관리체계〉 처리과〉 기록관리기준표). 기록물분류기준표는 '대기능-중기능-소기능-단위 업무'의 구조로 되어있으며, 대기능, 중기능, 소기능은 법령에는 존재하나, 실제 분류기준표에는 적용되지 않는 계층으로, 기관을 중심으로 하위분류를 구성하였다. 또한 '처리과'라는 조직으로 일단 분류한 후 단위 업무별로 처분지침(보존기간)을 부여하도록 하고 있기 때문에, 기능분류와 조직분류가 중첩된 구조를 형성하였다.

구성 항목은 보존 분류 기준(기능 분류 번호, 보존 기간, 보존 방법, 보존 장소, 비치 기록 여부 등), 검색어 지정 기준 등이며, 이는 중앙 기록물 관리기관 및 특수 기록물 관리기관의 장이 작성 및 고시하도록 하였다. 기록물분류기준표는 미국의 처분지침 개념을 사용한 선진적인 제도였으나, '분류기준표'라는 명칭이 적절하지 않고, 일부 구성 요소가 새로운 기록관리 환경에 맞지 않다는 비판을 받았다(기록학 용어 사전, 2008, p. 56).

또한 기록물분류기준표는 현용-준현용-비현용 단계 모두에 적용되는 전일적인 분류체계로 사용됨에 따라, 생산기관과 영구기록물관리기관의 분류의 목적이 상이함에도 불구하고, 동일한 기준을 적용함으로써 준영구 이상의 기록에 대해 안정적이고 합리적인 분류체계를 수립하지 못하였다. 기록물분류기준표는 전자문서시스템을 사용했던 대다수의 기초자치단체에서 사용하였으나 2013년부터는 기록관리기준표로 전환되었다.

▣ 기록관리기준표

기록관리기준표는 2006년 개정된 '공공기록물 관리에 관한 법률'에서 제시되었으며, 기존의 기록물분류기준표의 미비점을 보완한 제도로, 공공 기관에서 생산한 기록물의 체계적인 관리 및 업무 처리를 위해 단위 과제별로 처분 기준을 제시한 표이다(국가기록원, NAK 4:2021(v.2.2)).

기록관리기준표는 행정자치부장관이 정하는 정부기능분류체계의 단위과제별로 작성하는 것을 원칙으로 하며, 관리항목은 **업무설명, 보존기간 및 보존기간 책정 사유, 비치기록물 해당 여부, 보존장소, 보존방법, 공개여부 및 접근권한** 등의 관리기준

〈표 15〉 기록관리기준표의 구조

업무분류체계(BRM)								기록관리항목					
조직분류	기능분류						기능유형						
처리과명	1 레벨 (정책분야)	2 레벨 (정책영역)	3 레벨 (대기능)	4 레벨 (중기능)	5 레벨 (소기능)	6 레벨 (단위과제)		업무설명	보존기간	보존기간 책정 사유	비치여부	보존장소 및 방법	공개여부	접근권한
							공통/고유	200자 이내	1,3,5, 10,30, 준영구, 영구 중 택일	100자 이내			(부분)공개/비공개	열람범위

*출처: 국가기록원 홈페이지〉기록관리체계〉처리과〉기록관리기준표 (2014.11.4. 및 2015.3.3. 개정된 시행령 25조에 맞추어 수정).

을 포함하여야 한다(〈표 15〉 참조). 공개여부 및 접근권한 등은 공공기관별로 달리 정할 수 있다. 다만, 공공기관의 장은 정부기능분류체계를 적용할 수 없는 경우 관할 영구기록물관리기관의 장과 협의하여 별도의 기능분류방식을 사용할 수 있다. 기록관리기준표는 기록관리시스템으로 생성·관리하여야 한다(공공기록물 관리에 관한 법률 시행령 제25조, 2014. 11월 개정).

업무 설명은 단위과제에 대한 설명으로, 기록물의 생산맥락 파악할 수 있게 업무의 성격, 업무처리 절차 등을 기술한다(기록관리기준표 작성 및 관리 절차 NAK 4:2012(v2.1), p. 11).

기록물의 **보존기간**은 영구, 준영구, 30년, 10년, 5년, 3년, 1년으로 구분하며, 보존기간별 책정기준은 시행령의 별표 1에 제시되고 있다. 다만, 대통령기록물, 수사·재판·정보·보안 관련 기록물은 소관 중앙행정기관의 장이 중앙기록물관리기관의 장과 협의하여 보존기간의 구분 및 그 책정기준을 달리 정할 수 있다(공공기록물 관리에 관한 법률 시행령 제26조).

기록물관리기관이 보존 중인 전자적 형태로 생산되지 않은 기록물은 원본과 보존매체를 함께 보존하는 방법, 원본을 그대로 보존하는 방법, 원본은 폐기하고 보존매체만 보존하는 방법 중 어느 하나의 방법으로 보존하여야 하며, 기록물의 **보존방법**별 구분기준은 '별표 2'로 제시하고 있다. 이 경우 보존기간이 10년 이하인 기록물은 전자매체 또는 마이크로필름으로 보존하고, 보존기간 30년 이상인 기록물은 마이크로필름으로, 보존가치가 매우 높은 전자기록물에 대하여는 마이크로필름 등 육안으로 식별이 가능한 보존매체에 수록하여 관리하도록 한다〈개정 2015.3.3.〉(제29조).

보존장소는 보존기간이 10년 이하인 기록물은 보존기간 종료 시까지 관할 기록관 또는 특수기록관에서 보존하며, 보존기간이 30년 이상인 기록물은 관할 영구기록물 관리기관으로 이관하여 보존하되, 다만, 영구기록물관리기관의 장이 사료적 가치가 높지 아니하다고 지정한 기록물이나 공공기관의 기록물 중 국가적 보존가치가 높아 관할 영구기록물관리기관의 장이 수집·보존이 필요하다고 인정하여 지정한 기록물을 제외한 기록물, 또는 그 기관의 기록관 또는 특수기록관에서 계속 관리하고자 하는 경우에는 관할 영구기록물관리기관과 협의하여야 한다〈개정 2014.11.4.〉(제30조).

비치기록물로 지정된 기록물철에 대하여는 기록관리기준표로 정하는 비치기간까지 그 처리과에서 보관할 수 있으며, 비치기록물을 보존하고 있는 처리과의 장은 비치기록물의 비치기간이 종료된 경우에는 다음 연도 중에 기록관 또는 특수기록관으로 이관하여야 한다〈개정 2014.11.4.〉(제31조).

기록관의 기록관리기준표 담당자는 처리과로부터 단위과제별로 비치기록물 여부에 대한 의견을 제출받아 검토하여 비치여부에 대한 기준을 제시하여야 한다. 비치기록물로 지정하는 경우에는 비치 사유, 비치 기간 등을 작성하여 기록관리기준표로 관리할 수 있도록 하여야 한다(국가기록원, 기록관리기준표 작성 및 관리 절차, NAK 4:2012(v2.1), p. 11).

기록물은 건 단위로 **공개여부**를 구분하고, 기록물 등록정보로 관리되도록 하여야 한다(제27조). 기록관의 기록관리기준표 담당자는 공공기관의 정보공개에 관한 법률을 참고하여 단위과제별 또는 기록물 유형별 비공개 세부기준을 작성하고 처리과의 의견 수렴을 거쳐서 확정하여야 한다. 공개 유형은 공표 대상 기록물, 공개, 부분공개, 비공개 기록물로 구분한다. 부분공개 또는 비공개 기록물로 구분하는 경우에는 공공기관의 정보공개에 관한 법률에 의한 비공개 사유, 구체적인 비공개 정보, 공개 재검토 시점 등을 기술에 포함하여야 한다(국가기록원, 기록관리기준표 작성 및 관리 절차, NAK 4:2012(v2.1), p. 10).

접근권한은 기록물 및 접근자를 기준으로 기록물 내용 및 목록정보로 구분하여 접근범위를 설정하여야하며, 공공기관 및 기록물관리기관의 장은 전자기록생산시스템, 기록관리시스템 및 영구기록관리시스템에서 생산 · 보존하고 있는 기록물에 대한 접근 · 접근시도에 관한 사항, 이력정보 등을 관리하여야 한다고 규정한다. 특히 접근이력, 처리상황 등의 관리정보는 해당 시스템으로 자동 생성되도록 하며, 임의로 수정 · 삭제할 수 없도록 하고 있다(제 28조). 기록관의 기록관리기준표 담당자는 업무담당자별 접근권한의 기준, 단위과제 또는 기록물 유형별 접근권한의 기준을 마련하고 처리과 의견조회를 거쳐 확정하여야 한다. 접근권한은 기록물 목록 및 원문 열람, 목록만 열람, 열람 불가로 구분하는 것이 바람직하며, 기록물의 출력 또는 저장 가능 여부를 추가할 수 있다(국가기록원, 기록관리기준표 작성 및 관리 절차, NAK 4:2012(v2.1), p. 11).

공공기관은 매년 기록물 정리기간 종료 직후, 전년도에 신규로 시행한 단위과제와 보존기간이 변경된 단위과제를 모두 포함한 기록관리기준표를 고시하여야 한다. 기록관리기준표의 고시 범위는 단위과제명 단위과제 업무설명 단위과제 보존기간 보존기간 책정 사유 등이며, 관보(지방자치단체의 경우 공보) 또는 당해 기관의 홈페이지 등 정보통신망에 고시하여야 한다. 단, 단위과제에 비밀 관련 내용이 포함되어 있는 경우에는 그 내용이 노출되지 아니하도록 비밀로 지정하여 별도로 관리하여야 한다(국가기록원, 기록관리기준표 작성 및 관리절차, NAK 4: 2012(v2.1), p. 12).

■ 기록물 분류기준표와 기록관리기준표의 비교

기록물 분류기준표에서 기록관리기준표로의 가장 큰 변화 사항 중 하나는 업무 과정에 기반을 둔 기록관리 체계로의 전환이다. 기록관리기준표는 정부기능분류체계(BRM)를 기반으로 업무와 기록분류체계를 통합하였다. 그 과정에서 관리 단위가 '단위 업무'에서 '단위 과제'로 변경되었으며, 보존 기간의 관리 주체가 국가기록원의 집중식 관리에서 각급 기관별 개별 관리로 변경되었다. 즉 국가기록원에서 모든 단위 업무에 대해 보존기간을 정하는 방식에서 벗어나 각 기관의 고유한 기능에 대한 전문성과 자율성을 고려하여 기관에서 보존기간을 책정하여 사용하도록 하였다. 즉 기록관리기준표의 작성·고시는 공공기관별로 시행하며, 단위 과제별 보존기간은 중앙기록물관리기관의 장이 정하는 보존기간 준칙에 따라 공공기관에서 작성하되, 관할 영구기록물관리기관과의 협의를 거쳐 확정하여야 한다.

〈표 16〉 기록물분류기준표와 기록관리기준표 비교

	기록물분류기준표	기록관리기준표
적용단위	단위업무	단위과제
개념	·출처 및 업무기능의 동일성에 따라 단위업무에 기록물의 보존기간, 보존장소, 보존방법 등의 기록관련 기준정보 부여 ·단위업무 하위에 기록물철을 생성하여 관리하도록 한 기록물분류체계	·정부기능분류체계(BRM)상의 단위과제에 보존기간, 보존기간 책정사유, 비치기록물·공개여부, 보존장소 등의 기록관련 기준정보 부여 ·단위과제 하위에 과제카드를 생성하여 기록물을 분류할 수 있도록 한 업무기반의 기록물분류체계
기록관리 항목	·보존기간 ·보존방법 ·보존장소 ·비치기록물 여부 ·비치이관시기	·업무설명 ·기능유형(고유/공통) ·보존기간 ·보존기간 책정 사유 ·비치기록물 해당 여부 ·보존장소, ·보존방법 ·공개여부 및 접근권한
보존기간	1, 3, 5, 10, 20, 준영구, 영구	1, 3, 5, 10, 30년, 준영구, 영구
보존기간 관리주체	·보존기간 업무 조사 및 기관의 변경 신청을 통해 국가기록원 결정 (영제12조 3항)	·기관에서 보존가치 분석을 통해, 영구 기록물관리기관과 협의하여 결정
대국민 고시 주체	국가기록원	각급기관
보존기간 관리	·처리과별 기록철 작성기준에 의거처리과 결정 (영 13조 2, 3항)	·단위과제 보존기간 승계 ·영구 기록물관리기관에서 별도 수정 가능(영 26조 2항)
보존기간 변경	·기관에서는 단위업무 일부 항목 변경으로 보존기간 조정 신청 가능 ·필요한 경우 전문관리기관의 장 결정 가능(영15조 2항)	·협의과정에서 영구 기록물관리기관에서 보존기간 조정 요구 시 기관에서는 이를 반영하여야 함 (영 25조 4항)
적용 시스템	전자문서시스템, 자료관시스템(기록관리시스템)	업무관리시스템, 기록관리시스템

*출처: 국가기록원 홈페이지 〉 기록관리업무 〉 기록관리 업무안내 〉 처리과 (수정), 2016.

또한 대국민 고시 방법과 주체에 있어서, 이전의 기록물분류기준표는 국가기록원이 관보/공보 혹은 정보통신망 제공의 방법을 통하여 별도 규정없이 고시하는 반면, 기록관리기준표는 각급기관이 관보/공보 혹은 홈페이지 등 정보통신망 제공의 방법을 통하여 전년도 신규 시행, 보존기간 변경 단위 과제의 과제명칭, 업무설명, 단위 과제별 보존기간 등을 고시하도록 규정하였다. 또한 적용 시스템도 변경되어, 기록생산시스템은 '전자문서시스템'에서 '업무관리시스템'으로, 기록관리시스템은 '자료관시스템'에서 '기록관리시스템'으로 변경되었다. 보존기간의 종류도 "1, 3, 5, 10, 20, 준영구, 영구"에서 "1, 3, 5, 10, 30년, 준영구, 영구"로 변경되었다(국가기록원 홈페이지: 처리과)(〈표 16〉 참조).

◾ 비밀업무 기록관리기준표

기록관리기준표의 단위과제에 비밀로 분류될 수 있는 내용이 포함되는 경우 비밀업무 기록관리기준표를 작성하고, 그 내용이 노출되지 않도록 비밀로 지정하여 별도로 관리하여야 한다. 처리과는 관할 기록관 또는 특수기록관으로, 기록관 또는 특수기록관은 관할 영구기록물관리기관으로 비밀업무 단위과제의 보존기간 협의 신청서를 서면으로 작성하여 제출하여야 한다. 비전자적인 형태로 비밀기록물을 생산하는 경우 관할 기록관 또는 특수기록관은 비밀업무 기록관리기준표 관리대장을 작성하고, 비밀로 지정하여 이력을 관리하여야 한다. 전자적인 형태로 비밀기록물을 생산하는 경우에는 국가정보원이 정하는 바에 따라 보안을 유지할 수 있는 전송망을 통하여 비밀업무 기록관리기준표를 작성·운영하고 이를 관리하여야 한다(국가기록원, 비밀기록물 관리, NAK 17:2016(v1.2), pp. 6-7).

비밀기록물과 관련하여서는, 원본의 보존기간은 기록물철 또는 건 단위로 정하되, 기록관리기준표의 단위과제에 책정된 보존기간을 적용하며, 비밀기록물의 보호기간이 변경된 경우에는 변경된 보호기간 이상으로 보존기간을 재책정하여야 한다고 하고 있다(시행령 제67조). 영구기록물관리기관의 장은 그 기관이 관리하는 비밀기록물 중 보존기간의 기산일부터 30년이 지난 비밀기록물, 그 기록물의 생산기관이 폐지되고 그 기능을 승계한 기관이 분명하지 아니한 비밀기록물의 비밀 보호기간이 종료된 경우에는 재분류할 수 있다. 다만, 예고문에 따라 비밀 보호기간이 남아있는 비밀기록물인 경우에는 생산기관의 동의를 얻어야 한다(제68조).

〈표 17〉 비밀기록물 기록관리기준표 관리대장

부서	작성자	작성일	승인일	단위과제		기명코드	분류체계	단위과제설명	업무유형	보존기간	책정사유	폐지일	폐지사유	비고
				명칭	기명									

*출처: 국가기록원, 비밀기록물 관리, NAK 17:2016(v1.2), 부속서 B.

한편 비밀기록물이 일반 문서로 재분류된 경우에는 기록관리기준표의 해당 단위과제에서 생산된 기록물철에 편철하여 관리하여야 하며(제69조), 관련된 기록물철이 없거나 개별 기록물 단위로 별도 관리가 필요한 경우에는 그 비밀기록물을 기록물철로 보아 관리할 수 있다(제70조)고 하였다. 비밀기록물이 일반문서로 재분류된 경우에는 공개여부를 구분하여 관리한다.

4. 공공 기록물의 편철과 정리

우리나라 공공기록물 관리와 관련하여서는 정리라는 용어를 전년도 생산기록물 및 미정리된 기록물의 편철 정리와 해당 기관 기록물 보유현황을 조사하여 효율적인 기록물 관리를 수행하기 위한 업무로 사용한다. 생산현황 및 보유현황 작성 및 관리는 기록물의 체계적인 관리와 이관의 근거자료 및 국가 기록보존 정책 수립의 기초자료로 활용된다고 하였다(국가기록원, 홈페이지: 기록관리업무〉기록관리 업무안내〉기록관〉기록물정리).

▣ 편철(Filing)

'편철'은 파일링(Filing)이라고도 하며, 기록을 체계적으로 보관하고, 필요로 할 때 신속하게 검색하고, 적시에 적절하게 처분 조치를 할 수 있도록 잡다한 문건들을 관련된 동일한 성격을 가진 기능과 용도를 나타내도록 정리하고 분류하여 기록철로 모으는 과정이다(기록학 용어 사전, 2008, p. 264).

편철 시스템(Filing System)은 필요한 서류를 필요한 때에 즉시 꺼내볼 수 있도록 체계적으로 배열·정리하여 보관하는 방식을 의미한다. 그러던 것이 컴퓨터를 사용하는 환경에서 필요한 정보를 담고 있는 파일을 정리하는 전자적 방식으로 의미가 확장되었다. 따라서 편철은 관련된 동일한 성격의 전자 기록이든 종이 기록이든 하나의 단위로 모으는 것을 의미한다.

공공기관의 처리과 기록관리 업무처리 절차(NAK 3:2020(v2.3))에서는 편철은 기록물 등록과정에서 기록물이 편철되어야 하는 기록관리기준표 또는 기록물분류기준표의 해당 단위과제카드 또는 단위업무의 기록물철을 선택하는 행위라고 하였다. 그리고 업무관리시스템을 사용하는 공공기관의 업무담당자는 기록물 등록 시 해당되는 단위과제카드를 지정하여야 하며, 전자문서시스템을 사용하는 공공기관의 업무담당자는 해당 단위업무의 기록물철을 선택·지정하여야 한다. 이 경우 기록물은 지정된 단위과제카드 또는 단위업무의 기록물철로 관리되어야 한다.

비전자기록물의 경우 업무가 진행 중에 있거나 업무에 활용 중인 문서는 진행문서파일에 위에서부터 아래로 사안의 발생순서에 따라 끼워 넣어 관리하도록 한다. 사안이 종결되면 진행문서파일에서 분리하여 기록물철 표지 및 색인목록을 출력(작성)하고 보존용 표지를 씌워 보존용 클립으로 고정한 후, 보존상자에 단위과제(단위업무)별로 넣어 관리하도록 한다(NAK 3:2020(v.2.3), p. 19).

■ 공공기록물 정리의 법적 배경

국가기록원은 기록물 관리지침(공통매뉴얼)(2019)에서 기록물의 정리와 관련한 근거 및 규정으로, 공공기록물 관리에 관한 법률 제18조(기록물의 등록 · 분류 · 편철 등) 및 제19조(기록물의 관리 등)와 동법 시행령 제24조(기록물의 정리), 제33조(처리과의 기록물생산현황 통보) 및 제42조(기록물 생산현황 통보), 동법 시행규칙 제14조(기록물의 정리), 제21조(기록물생산현황의 작성 시기) 및 제27조(기록물 생산현황 통보), 그리고 NAK 3:2020(v2.3), 「처리과 기록관리 업무처리 절차」 제5절(생산 및 등록) · 제7절(정리) 등을 법적 지침으로 들었다.

법률 제18조와 19조 및 관련 시행령과 시행규칙에서는 기록물을 생산하거나 접수하였을 때에는 그 기록물의 등록 · 분류 · 편철 등에 필요한 조치를 하고, 공개여부 · 접근권한 재분류, 분류 · 편철 확정 등을 하여야 하며, 기록물의 보존기간, 공개 여부, 비밀 여부 및 접근권한 등을 분류하여 관리해야 한다는 내용이 포함된다. 또한 공공기관은 매년 기록물의 생산현황을 소관 기록물관리기관에 통보하고, 기록관 또는 특수기록관이 그 생산현황을 취합하여 중앙기록물관리기관에 통보하여야 하며, 중앙기록물관리기관의 장은 공공기관 기록물의 관리 상태를 정기적으로 또는 수시로 점검해야 한다는 내용이 포함된다. 이 내용은 〈그림 6〉과 같이 정리된다. 기록물 정리는 〈표 18〉에 제시된 사항을 포함하여 실시한다(국가기록원, 2019).

〈그림 6〉 공공기록물의 정리 개요

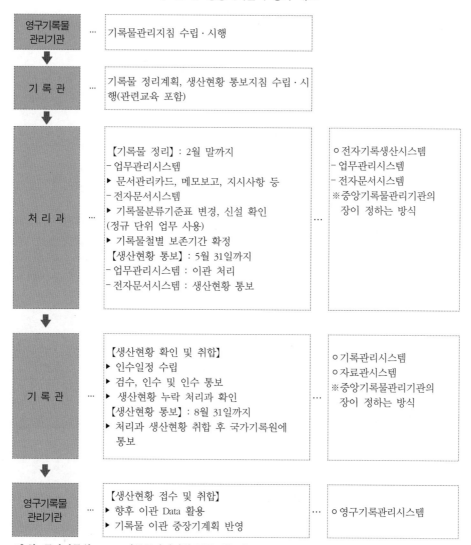

*출처: 국가기록원, 2019. 기록물관리지침(공통 매뉴얼).

〈표 18〉 공공기록물의 정리

내 용	시스템 구분

○ 업무관리시스템 정리
 - 생산자(문서관리카드, 메모보고) : 본인 생산문서의 문서카드 관리정보
   수정(열람범위 재조정 · 공개여부 재분류), 단위과제 조정 등 분류 · 편철 확정,
   과제가 미분류된 메모보고에 대한 단위과제 지정, 진행 중인 문서카드 결재 등
   종결처리
 - 과제카드담당자(단위과제카드) : 내용 및 취지, 과제이력 보완, 열람범위 재조정
 - 진행 중인 문서 유무 확인 및 처리(발송 및 담당자 확인)
	업무관리
	시스템

○ 전자기록생산시스템의 기록물(문서)등록대장에 등록되지 않은 기록물이 있는지
   여부를 확인하여 추가 등록
 - 대면결재, 민원신청서, 회계기록 등 종이로 생산된 기록물 누락여부 확인 후
   누락사항 추가 등록
 - 별도로 첨부하여 내부결재를 받았거나 별송으로 접수한 종이문서 형태의
   붙임자료도 빠짐없이 분리등록
	공 통

○ 기록물등록대장의 등록사항과 실제 기록물이 일치하는지 여부를 확인한 후 미비사항 보완	공 통

○ 기록물 건별 공개/비공개 여부 및 접근권한 재분류 등 등록정보 수정
   비고: 공개된 기록물의 경우 원칙적으로 비공개나 부분공개 전환이 불가능하지만,
   명백히 잘못 설정된 경우 기록물 정리 시점에 수정할 수 있다. 단, 수정사유와
   수정자 이름 등을 기록으로 남겨 관리하여야 한다.("NAK 16-1:2012(v1.1) 기록물
   공개관리 업무 – 제1부: 기록물 생산부서 및 기록관(v1.1)" 참조)
	공 통

○ 신설, 변경단위과제의 보존기간 확정을 위해 국가기록원으로 기록관리기준표 신청
   및 승인확정 사항 확인
 ○ 기록물분류기준표에 누락 또는 변경된 단위업무가 있는지 여부를 확인하여
   기록물분류기준표의 변경을 국가기록원에 신청
	업무관리
	시스템
	전자문서
	시스템

○ 기록물철별로 보존기간 책정 등 보존분류 사항을 확인하고, 변경이 필요한 경우
   기록물철등록부에 변경사항을 기재
 ○ 결재 진행 중인 기록의 결재 완료, 접수 후 담당자 미확인 또는 미편철 기록의 편철
   완료
 ○ '종이문서' 형태의 '분리등록 기록물'도 누락 없이 편철한 후 색인 목록에 포함하여
   작성
	전자문서
	시스템

○ 생산등록번호 또는 접수등록번호가 표시되지 않는 기록물이 있는지 여부 확인 - 누락된 기록물의 생산등록번호 또는 접수등록번호 표기	비전자기록물
○ 기록물(문서)등록대장 상의 쪽수와 실제 기록물의 쪽수가 일치되는지 여부를 확인한 후 기록물철 단위의 면 표시를 최종적으로 확정 · 표기	비전자기록물
○ 기록물철 안에 남아있는 철침 등 이물질을 제거	비전자기록물
○ 기록물철의 색인목록과 실제 편철상태가 일치하는지 여부 확인	비전자기록물

*출처: 국가기록원, 2019. 기록물관리지침(공통 매뉴얼).

■ 공공기관 기록관의 기록물 정리

기록물 정리는 기록물의 보존관리를 위해 매년 해당 업무가 완결된 기록물을 대상으로 등록사항과 기록물 실물의 일치여부, 분류 및 편철, 공개여부 등을 재검토하는 업무 절차이다. 기록물은 일반회계연도를 적용하여 1년 단위로 종결하는 것을 원칙으로 한다. 다만, 다년도 사업의 경우는 사업이 완료되는 시점에 해당 기록물철을 종결할 수 있다.

기록물관리책임자는 매년 2월 말까지 전년도에 생산·접수한 기록물의 정리 업무를 주관하여야 한다. 업무담당자는 기록물 정리지침에 따라 소관 기록물을 정리하여야 하며, 세부적인 사항은 다음과 같다: 전자기록생산시스템에 미등록된 기록물에 대한 추가등록; 전자기록생산시스템의 등록사항과 실제 기록물의 일치여부 확인 및 미비사항 보완; 대통령기록물, 특수유형기록물, 비밀기록물 등 특수기록물 해당여부를 확인하여 기록물 등록대장에 해당항목 표시; 접근권한, 공개여부, 비밀여부를 확인하여 해당 항목의 변경이 필요한 경우에는 등록정보 수정.

기록물 정리를 수행하기 위해서는 기록관리기준표의 단위과제 및 기록물분류기준표의 단위업무를 현행화하여야 한다. 기록물관리책임자 및 업무담당자는 직제개정 또는 업무 기능의 신설·변경·폐지 등이 발생한 경우 기관 기능분류담당자와 협의하여 해당 단위과제를 신설·변경·폐지하여야 한다. 단위업무의 신설·변경·폐지는 기록관 담당자와 협의하여야 한다(NAK 3:2020(v2.3) pp. 20-21).

한편 기록물을 편철할 때에는 기록물철은 100매 기준으로 편철하게 되는데, 편철 기준은 다음과 같다. 즉, 발생, 경과, 완결의 관계로 연결되는 하나의 단위 사안; 하나의 주제·과제·행사·회의·사안 관련 기록물; 테이프, 디스크, 영화필름 등 분리가 곤란한 매체단위; 사진·도면 등의 경우 대상이 되는 주제·행사·시설 구역단위; 카드류의 경우 동종카드(30건 미만)를 넣어 편철한 봉투; 기타 기록물철 단위로 적합한 업무단위 등이 그 기준이 된다(국가기록원 홈페이지: 기록관).

■ 공공기관 기록관의 행정박물 관리

시행령은 행정박물도 정리 대상임을 명시하고 있다(시행령 제57조). 즉 공공기
관이 행정박물을 생산, 접수 또는 취득하였을 경우에는 중앙기록물관리기관의 장
이 정하는 방식에 따라 관리번호 및 등록정보를 생산 · 관리하여야 하며, 생산현황
보고 시 해당 목록 및 등록정보를 제출하여야 한다고 하였다. 시행령의 별표 4에
서는 관리대상 행정박물을 제시하고, 별표 5에서는 이관시기를 명시하고 있는데,
이는 〈표 19〉와 같다.

〈표 19〉 행정박물 유형 및 이관시기

유형	범위	이관시기
관인(官印)류	· 국새(國璽) 및 기관장의 직인 등	· 신규관인 제작, 명칭 변경, 기관 폐지 등으로 관인을 폐기하는 때
견본류	· 화폐, 우표, 훈장 · 포장 등의 견본류 및 도안류	· 생산 후 60일 이내
상징류	· 공공기관 및 공공업무와 관련하여 상징성을 지니는 현판, 기(旗), 휘호(揮毫), 모형, 의복, 공무용품 등의 상징물	· 명칭 변경 등으로 신규 상징물 제작 시 · 기관 폐지 시
기념류	· 공공기관의 주요 홍보, 행사, 활동 중에 생산된 홍보물 및 기념물	· 행사, 사업 종료 시
상장 · 상패류	· 공공기관이 수여받은 상장류 또는 상패류	· 수상 후 1년 이내
사무집기류	· 대통령, 국무총리 등 주요 직위에 있던 사람이 업무수행에 사용하였던 사무집기류 등	· 해당 사무집기류 활용 종료 시
그 밖의 유형	· 영구기록물관리기관의 장이 지정한 그 밖의 유형	· 영구기록물관리기관의 장이 정하는 시기

*출처: 공공기록물관리법 시행령. 별표 4, 별표 5.

3절 업무 분석과 분류체계의 개발 방법

1. 업무 분석과 업무분류체계

■ 업무 분석

기록분류체계의 개발은 조직의 업무 분석을 기본으로 해야 한다. 업무 분석이란 적합한 인력 배치 또는 업무 재설계를 목적으로 조직의 업무 과정을 기술적(descriptive)이고 분석적으로 분해하는 것을 말한다. 조직에서 업무 수행을 지원하기 위한 전산시스템이 도입됨에 따라 업무 분석은 전산시스템 설계를 위한 기초 작업으로 사용되었다. 기록관리 분야에서는 일상적인 업무를 수행하는 과정에서 자연스럽게 기록을 생산하고 획득할 수 있도록 기록관리시스템을 설계하는 데에 업무 분석이 사용된다(기록학 용어 사전, 2008, pp. 159-160).

KS X ISO 15489-2에서 제시하는 바에 의하면, 업무 활동을 분석하기 위해서는 다음 사항을 확인하고 분석해야 한다: a) 조직의 목표와 전략, b) 이러한 목표와 전략의 추구를 지원하는 조직 기능, c) 기능을 구성하는 조직의 업무 활동, d) 구체적인 업무 활동과 처리행위를 수행하기 위해 형성된 업무절차, e) 업무 활동을 형성하는 모든 구성 단계, f) 각각의 구성 단계를 형성하는 모든 처리행위, g) 각 업무 활동 내에서 반복되는 처리행위 그룹, h) 조직의 현존 기록(KS X ISO 15489-2:2007, 4.2.2.2).

기록관리시스템을 설계하기 위한 업무분석방법론은 호주의 기록관리표준으로 개발된 DIRKS가 대표적이다. 호주에서는 2003년 DIRKS 방법론의 추상성을 보완하기 위하여 AS 5090 '기록관리를 위한 업무 과정 분석'을 개발하였는데, 이는 ISO TR 26122로 대부분의 내용이 수용되었고, 한국에서도 2008년 이를 KS X ISO TR 26122

(문헌정보-기록을 위한 업무과정 분석)로 채택하였다.

■ DIRKS 방법론

DIRKS는 호주에서 개발한 기록관리시스템의 설계와 실행을 위한 구체적인 지침으로, 공식 명칭은 '기록관리시스템의 설계와 실행: 호주 연방 정부를 위한 매뉴얼(Designing and Implementing Recordkeeping System: A Manual for Commonwealth Agencies)'이다. DIRKS 방법론은 1996년 호주 뉴사우스웨일스(NSW)의 보존 기록 담당부서(Archives Authority)가 시작한 전자기록관리 프로젝트를 통해 개발되기 시작하였고, 이후 호주 국립보존기록관(NAA, National Archives of Australia)과 협력하여 2000년 DIRKS 매뉴얼로 발표되었다.

매뉴얼의 Part 1은 이용자 지침으로 DIRKS 방법론에 대한 개요를 설명하고 있고, Part 2는 각각의 단계를 설명하는 것으로 Step A부터 Step H까지 구성되어 있으며, Part 3은 부록으로 인터뷰 템플릿, 위험관리, 용어집 등의 다양한 도구들이 수록되어 있다. 본문에 해당하는 Part 2의 Step A부터 H까지의 각 단계를 설명하면 다음과 같다(김익한, 2003, pp. 224-263).

Step A는 예비조사(Preliminary Investigation) 단계로, ① 조직의 역할·구조·업무·규범·사회적 맥락관계 등을 이해하고, ② 기록관리를 위한 조직의 강점 및 약점을 식별하며, ③ 기록관리를 위한 범위를 결정하고 이를 문서화하기 위한 것이다. Step B는 업무 활동 분석(Analysis of Business Activity) 단계로, 업무활동 및 업무 프로세스를 조사하여 해당 조직이 무슨 업무를 어떻게 하는지에 대한 개념화된 모형을 개발하기 위한 것이다. 문서 조사와 인터뷰 등을 통해 관련 정보를 수집·분석하여 조직의 업무활동과 과정을 분석함으로써 조직이 무엇을 어떻게 행하는지에 대한 개념 모델을 개발하게 된다. 업무분석 결과는 도큐멘테이션 데이터베이스 등의 도구를 활용하여 문서화되며, 이러한 작업을 통해 조직의 기능, 활동, 업무처리를 계층적 구조로 보여주는 업무 분류표가 만들어진다(설문원,

2018, p. 221).

Step C는 기록관리 요건 확인 또는 요구사항 분석(Identification of Recordkeeping Requirements) 단계로, 업무 활동의 증거인 기록을 생성하고 유지하기 위한 조직 내의 요건을 확인하여 구조화하고, 보존 가능한 형태로 문서화하기 위한 것이다.

이와 같은 A-C 단계까지가 기록분류체계의 개발과 관련하여 활용할 수 있는 업무 분석과 관련된 단계이며, 다음 단계부터는 시스템 설계와 실행에 관련된 단계이다. 즉 Step D는 현행 시스템 평가(Assessment of Existing Systems) 단계로, 조사된 기록관리 요건과 현행 시스템을 비교·분석하여 그 격차를 분석하고, 요구사항에 부합하는 시스템의 범위를 문서화하는 것이다. Step E는 기록관리시스템을 위한 전략(Strategies for Recordkeeping System) 단계로, 기록관리시스템을 위한 정책전략, 설계전략, 실행전략 등을 설정하여, 이후 시스템 개발 프로젝트 수행 방법 (자체 수행 또는 아웃소싱)을 결정하는 것이다. Step F는 기록관리시스템 설계 (Design of a Recordkeeping System) 단계로, 시스템 설계 정책 수립, 역할과 책임

〈그림 7〉 DIRKS 단계와 시스템 공학적 접근과의 관계

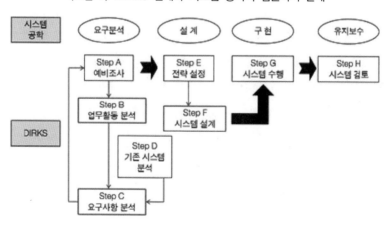

*출처: 김익한, 2003, p. 224.

지정, 시스템 논리적 · 물리적 설계를 수행하는 것이다. Step G는 기록관리시스템 실행(Implementation of a Recordkeeping System) 단계로, 실행기법과 전략을 혼합하여 구체적인 실행 프로세스를 계획하고 수행하는 것이다. Step H는 실행 후 검토(Post-implementation Review) 단계로, 기록관리시스템을 실행한 후 적절성, 유효성, 효율성을 고려하여 평가계획을 설정하고, 이를 위한 다양한 데이터를 수집하여 분석하는 것이다. 검토 후 조정이 필요한 경우, 예비조사 단계부터 전 단계를 재검토할 수 있다. 위의 A-C 단계를 지원하기 위해 KS X ISO/TR 26122(2008, 기록을 위한 업무과정 분석, 전 호주 표준 AS 5090)이 개발되었다.

■ 업무과정 분석 표준 ISO TR 26122(AS 5090)

호주에서 2003년 8월 발표된 AS 5090, '기록관리를 위한 업무과정 분석(Work Process Analysis for Recordkeeping)' 표준은 국제표준 ISO TR 26122로 채택되었고, 우리나라에서도 2008년 국내 표준 KS X ISO TR 26122로 채택되었다. 기록을 위한 업무과정 분석은 업무 활동에서 기록의 요건을 결정하는 데와 처리 일정과 기능에 기반한 업무분류표를 개발하는 데 필수적이다.

이 표준은 기록의 생산, 획득 그리고 통제 관점에서의 업무과정 분석에 관한 지침을 제공하는데, 이 분석에는 기능 분석과 순차 분석의 두 가지 유형이 있다. 이는 기능 분석(functional analysis, 기능을 과정으로 분해)과 순차 분석(sequential analysis, 처리행위의 흐름에 대한 조사)이다. 각 분석은 유형별로 적절한, 예비 맥락 검토(즉 의무규정 및 법적 규제환경)를 수반한다.

업무과정 분석은 기록의 생산, 획득, 통제에 사용되는 다음의 과정에 필요한 기초가 된다. 즉 a) 기능(또는 그 밖에 과정의 집합)을 문서화하기 위한 기록 요건의 식별; b) 관련된 기록의 연계, 위치 찾기, 식별을 하기 위한 기능기반의 분류체계 개발; c) 기록과 기록 생산 맥락 간의 연계 유지; d) (오랜 기간에 걸쳐) 기록 식별이 유지되도록 보장하는 관례와 색인 및 명명 규칙의 개발; e) (시간의 경과에 따른) 기록 소유권의 식별; f) 기록 처분지침 개발과 적절한 기록 보존 기간 결정; g) 기록 시스템 맥락에서의 위기관리 분석; h) 적절한 기록 보안에 대한 결정과 접근 권한 및 보안수준의 개발 등이다(KS X ISO TR 26122:2008, 4.2).

업무과정 분석은 규제환경 검토와 같은 조직의 사업 수행 맥락에 대한 검토와 업무과정이 일어나는 조직 맥락에 대한 검토로 시작해야 하는데, 규제환경은 조직이 사업을 수행하는 방법에 영향을 미치는 국제 법규 및 국가적 법규, 즉 조직이 준수해야 하는 업무 규칙, 의무적 표준, 자발적 강령, 협정, 관례 및 공동체 기대치로 구성된다. 규제환경을 검토하는 데 있어 포함되는 (규제)요소의 계층은 다음과 같다. a) 특정 부문 및 일반적 사업 환경을 통할하는 법규 그리고 판례법; b) 실무에 있어서의 의무적인 표준; c) 모범사례와 같은 자발적 강령; d) 행동강령 및 윤리강령; e) 식별 가능한 공동체의 기대치; f) 도메인 또는 조직의 정책지침; g) 조직의 규칙 및 절차(KS X ISO TR 26122:2008, 5.1).

맥락 검토 수행 시 검토할 문항은 〈표 20〉과 같이 제시되었다. 분석한 업무과정과 관련된 법적 환경 및 조직 맥락의 주요 요소들을 식별하고 문서화하여야 한다. 이것은 기능 분석과 순차 분석을 수행하는 토대를 제공한다.

〈표 20〉 맥락 검토 문항

1. 검토되어야 하는 업무과정을 통할하는 특정한 법률이나 사명 선언문은 무엇인가? 2. 기능 또는 과정에 직간접 영향을 미치는 기타 법적 요건은 무엇인가? 3. 기능 또는 과정이 준수하여야 하는 의무 표준 또는 법규가 있는가? 4. 기능이나 과정에 관련된 조직규칙, 실무강령이나 행동강령은 있는가? 5. 과정을 통할하는 특정한 절차는 무엇인가? 6. 기능 또는 과정에 직·간접적인 영향을 미칠 수 있는 공동체 기대치는 무엇인가? 7. 조직 내에서 과정이 어디에 위치해 있는가?(즉, 집중화 또는 분산화, 하나 이상의 조직, 관할영역에 걸쳐있거나) 8. 과정에 대한 설명책임과 주요 산출물이 무엇인지에 대한 책임을 지닌 관리자는 누구인지? 9. 과정에 연관된 조직 내 참여자는 누구이며 어디에 위치해 있는지?

*KS X ISO TR 26122:2008, 5.1.

■ 기능 분석

기능은 조직의 목표와 관련하여 식별된다. 기능은 특정한 전략 목표를 향하기 때문에 그룹으로 묶인 과정들로 정의내릴 수 있다. 기능 분석은 하향식으로 먼저 조직의 목표와 전략을 분석하는 것으로 시작해서, 이것을 달성하기 위한 프로그램, 프로젝트 및 과정을 식별하고, 이들 간의 관계를 드러내기에 적절한 수준으로 분해하는 것이다(KS X ISO TR 26122:2008, 6.1).

기능 분석 수행의 기본 단계는 다음과 같다. a) 조직의 목표와 전략 식별; b) 목표 달성을 위한 조직의 기능 결정; c) 기능을 구성하는 조직의 과정 식별; d) 각 과정을 구성하는 처리행위를 식별하기 위한 과정의 모든 구성 요소 분석 등이다. 기능 분석에서 분해하는 수준은 직무에 따라 달라진다. 예를 들어, 기록 분류 또는 처분 목적에서의 분석은 단일 기능을 구성하는 모든 개별 과정을 식별해야 한다. 기록 통제 목적에서는 개별 처리행위까지 또는 기록 생산이 일어나는 지점까지 분해해야 한다. 기능, 과정 및 처리행위를 식별하기 위한 문항은 〈표 21〉과 같다(KS X ISO TR 26122:2008, 6.2.1).

〈표 21〉 기능, 과정 및 처리행위 식별 문항

1. 조직의 운영 기능은 무엇인가?(조직의 고유한 목적과 부합하는 기능)
2. 운영 기능의 완결을 지원하는 조직의 행정 기능은 무엇인가?
3. 운영 기능과 행정 기능은 서로 어떤 관련이 있고 조직 구조와는 어떤 관련이 있는가?
4. 운영 기능과 행정 기능을 수행하는 데 관련 있는 참여자들은 누구이며, 조직 구조 내에서 이들의 위치는 어디인가?
5. 동일한 또는 다른 관할영역 내의 하나 이상의 조직에 의해 수행되는 기능이나 중요한 과정 그룹이 있는가?
6. 외주를 주고 있는 기능이나 중요한 과정 그룹이 있는가?
7. 각각의 운영 기능과 행정 기능을 구성하는 주요 과정은 무엇인가?
8. 이 과정들이 서로 어떻게 관련되어 있는가?
9. 각 과정을 구성하는 처리행위는 무엇인가?

*KS X ISO TR 26122:2008, 6.2.1.

또 기능에 기반 한 분류체계 또는 처분을 위한 기록의 집합을 결정하기 위해 과정과 기능 간의 위계 관계와 과정 간의 관계를 둘 다 보여주는 조직 과정의 표상 모델이 개발되고 문서화되어야 한다. 시소러스(thesaurus), 명명 규칙, 색인 규칙의 개발을 지원하기 위해 기능, 과정 및 처리행위의 위계에 대한 문서를 작성해야 한다(KS X ISO TR 26122:2008, 6.2.2).

■ 순차 분석

순차 분석은 업무과정의 처리행위의 순차와 다른 업무과정과의 연계/의존성을 식별하고 지도화하는 것이다. 이 분석은 업무과정의 모든 단계를 설명하고, 일반적으로 이들 단계의 연대기적 순차를 제공하는 것이 목적이다. 과정 내에서 무엇이 발생했는지 식별하는 것이 순차 분석의 기초가 된다. 과정을 지도화하는 목적은 단계의 순차, 즉 다음 처리행위가 발생하기 전에 각 단계에서 완수해야 되는 것이 무엇인지를 정하기 위한 것이다.

하나의 과정이 동시에 일어나는 여러 개의 순차(병렬 과정)를 통해 운영될 때, 순차 분석은 이들 동시발생 순차들이 다시 모이는 지점으로 논리적 순차로 수렴되도록 한다. 과정에서 하나 이상의 순차가 발생할 때, 지도화를 통해 여러 순차가 모이는 지점과 다른 순차가 수행되기 전에 완료되어야 할 순차를 식별하게 해준다. 구성요소가 되는 각 처리행위는 별개의 단계로서 식별되어야 한다. 순차 분석은 기능 분석보다 작은 규모, 즉 처리행위 수준에서 쓰인다. 이것은 특정 일터와 시간에 적용된다(KS X ISO TR 26122:2008, 7.1.1).

업무과정의 순차 분석은 다음 사항을 확인한다. a) 과정의 일상적 수행; b) 가장 빈번한 변화; c) 비표준적(특이한/비일상적인) 개입이 요구되는 그 외 변화(자주 발생하지 않거나 또는 예외적인)의 식별. 순차 분석은 특정 서신 또는 사안 파일과 같은 기록을 생산하는 업무과정에 적용될 수 있으며, 이 분석은 이러한 기록을 취급하고, 직무의 템플릿과 표준 경로를 설계하는 과정에 사용될 수 있다. 순차적 분석은 다음과 같은 사항을 분석해야 한다. a) 처리행위의 기록 생산을 위한 트리거 식별; b) 조직 권한(즉, 조직 내 공식 승인권자, 및/또는 법률, 정책과 같이 문서화된 권한)과 처리행위 연계; c) 업무과정에 의해 수행된 처리행위에 대해 어떤 데이터가 생산, 변경 및 유지되는지 확인; d) 완료된 처리행위의 문서화를 위해 필요한 기록의 내용 및 메타데이터 요소 확정 등이다(KS X ISO TR 26122:2008, 7.1.2).

순차 분석에서의 주요 요소는 다음과 같다. a) 업무과정을 구성하고 있는 처리행위의 순차 식별; b) 과정 변화의 식별 및 분석; c) 구성요소가 되는 처리행위를 식별하고, 이에 대한 규칙 기반 수립; d) 다른 과정 및 시스템과의 연계 식별 등이다(KS X ISO TR 26122:2008, 7.1.3). 처리행위 순차를 식별하기 위한 문항은 〈표 22〉의 내용과 같다(KS X ISO TR 26122:2008, 7.2).

〈표 22〉 처리행위 순차 식별 문항

1. 순차의 시작은 무엇이고 이것은 어떻게 기록되는가?
2. 순차를 시작하는 데 필요한 정보와 자원은 무엇인가?
3. 그 정보와 자원은 출처는 어디인가?
4. 후속 처리행위의 트리거는 무엇인가?
5. 참여자는 각 처리행위의 완료 여부를 어떻게 아는가?
6. 과정의 어떤 지점에서 병렬 순차가 있는가?
7. 있다면, 병렬 순차가 다시 만나는 곳은 어디인가?
8. 순차를 승인하기 위해 충족되어야 하는 주요 조건은 무엇인가?
9. 순차가 전개될 때, 의사 결정과 처리행위는 어디에서 어떻게 기록되는가?
10. 순차를 완료하는 것은 무엇이고, 이것은 어떻게 기록되는가?

*KS X ISO TR 26122:2008, 7.2.

순차 분석의 목적을 고려하였을 때 처리행위 레벨에서 해당 업무과정에 대하여 작성하는 프로세스 맵이 산출물 서식일 것으로 생각된다. 업무흐름의 분석에 순차 분석의 주안점이 있기 때문에 무엇보다도 업무의 흐름도를 작성해야만 그 분석결과를 가시화할 수 있기 때문이다. 이러한 사항을 바탕으로 순차분석의 사례를 도표화하여 작성한 프로세스 맵이 〈그림 8〉이다(이소연 · 오명진, 2005, pp. 31-32).

〈그림 8〉 순차 분석의 사례를 도표화하여 작성한 프로세스 맵

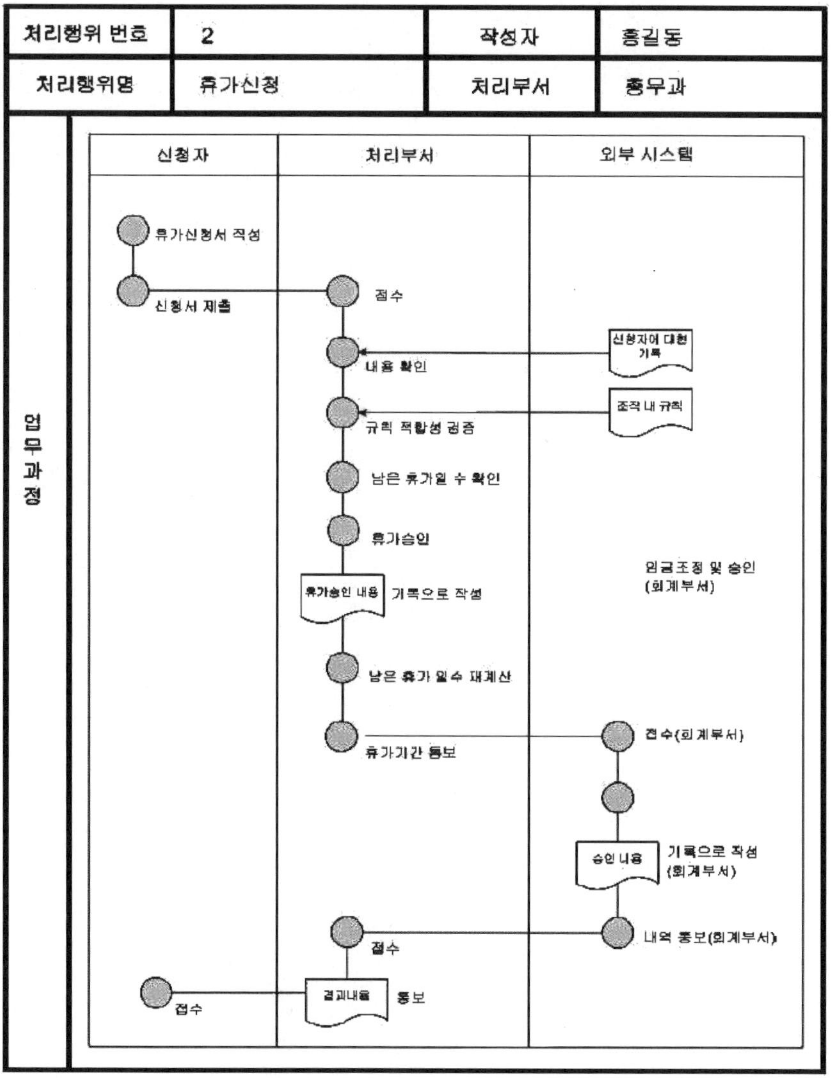

처리행위 번호	2	작성자	홍길동
처리행위명	휴가신청	처리부서	총무과

* 출처: 이소연, 오명진, 2005, p. 32.

이러한 DIRKS 매뉴얼 및 업무 분석을 통해 개발되어 작성된 환경연합의 업무분류체계의 일부를 예로 살펴보면 〈표 23〉과 같다.

〈표 23〉 개발된 환경연합 업무분류체계 (일부 예)

기능	활동	처리업무
1. 정책제시	01 정책기획	정책위원회 운영
		기획회의
	02 정책조사	정부환경정책조사
		기업환경정책조사
		타단체 환경정책대응조사
		국회환경위원회모니터링
	03 정책연구	국토개발 법·제도 연구
		기업사회책임(CSR) 운동
		환경법연구
	04 정책홍보	성명서
		보도자료
		정책토론회개최
2. 생태보전	01 습지/해양	생태보전프로젝트활동
	02 기후/에어지	
	03 국토	
	04 반핵	
	05 식품안전	
	06 동식물보호	
3. 교육	01 기획	생태기행 기획
	02 실행	센터운영
		생태기행
	03 평가	워크샵
4. 국제연대	01 국제회의 참가	회의참가계획
		회의참가
		회의참가보고
	02 국제회의 주최	회의기획
		회의주최
		회의평가
	04 기구연대	지구의 벗 본부(FOE International)
		아태지역 및 해외 단체와의 연대
		그린피스본부(Greenpeace International)
		월드워치연구소(Worldwatch Institute)
		국제습지운동본부(Wetland Link International)
		독일 환경보호연합(BUND)
		네덜란드 보스엔즈(Both ends)
		미국 시에라클럽(Sierra Club)
		필리핀아시아NGO센터
		유엔경제사회이사회
		국제협력위원회/자원활동가(그린허브)
	05 활동연대	활동접수발송
		활동실행
		활동평가

* 출처: 이영숙, 2005, pp. 91-92.

2. 기록분류체계의 개발 방법

▣ 분류체계 개발을 위한 준수 사항

분류체계는 조직의 기능과 업무 활동의 연결을 보여준다. 분류체계가 알려진 모든 변수를 항상 구체화 하는 것은 아니지만, 적절한 그룹핑을 제시해 줄 수 있다. 예를 들어, 좀 더 구체적으로 이용자들을 이해시키기 위해서 분류체계 지침안에 [기한을 지정하래 혹은 [고객을 지정하래와 같은 지시사항을 표시할 수 있다. 조직이 사용하는 개별 변수를 모두 나열하기 위해서는 색인과 같은 추가 도구가 필요하다(KS X ISO 15489-2:2007, 4.2.2.2).

KS X ISO 15489-2에서 제시하는 바에 의하면, 분류체계의 개발을 위해서는 다음의 사항들을 준수해야 한다. a) 분류체계는 조직부서의 명칭이 아니라, 업무기능과 활동으로부터 전문용어를 추출한다. b) 분류체계는 각각의 조직에 고유한 것이며, 상호 연관된 기능 수행을 위해 공동의 정보를 공유하는 조직부서 간에 일관되고 표준화된 의사전달 방법을 제공한다. c) 분류체계는 계층적이며, 가장 일반적인 것에서 가장 구체적인 개념, 즉 가장 상위 기능에서 구체적인 단위사안, 예컨대 재무-회계감사-외부(Finance-Audit-External) 식으로 전개된다. d) 조직 내에서의 용례를 반영하는 분명한 용어로 분류체계를 구성한다. e) 기록화 되어야 할 업무기능과 활동을 모두 포함하기 위하여, 그룹과 하위 그룹을 충분히 사용하여 분류체계를 구성한다. f) 분류체계는 명확하게 구분할 수 있는 그룹들로 구성된다. g) 기록 생산자의 자문을 받아 고안한다. h) 업무체계는 업무 요구사항의 변화를 반영하고, 가장 최근의 체계를 사용하며, 조직의 기능과 업무 활동의 변화를 반영할 수 있도록 유지한다(KS X ISO 15489-2:2007, 4.2.2.2).

■ 기능 분류에 의한 기록분류체계 개발

업무분류체계(BCS)는 업무관리를 효율적으로 하기 위한 도구이고, 기록분류체계는 기록의 관리와 활용을 하기 위한 도구로, 그 일차적 목적이 서로 다르다. 호주와 영국의 분류지침에 의하면, 기록 분류의 상위계층은 업무분류체계상의 기능에 기반하고, 하위계층은 업무처리에 기반 한다. 그러나 제3계층에서 주제 항목은 몇 개의 과업을 하나로 묶어서 이루어지는 경우가 많으므로, 일반적으로 업무흐름의 각 프로세스와 직접적으로 관련되지 않는다. 대기능−중기능−소기능으로 이어지는 기능적 접근은 특정 사안(case)이나 프로젝트와 관련된 활동을 하나의 파일로 관리하고자 하는 경우 여러 개의 소기능을 함께 묶어서 구성하기도 하므로, 케이스 파일이나 프로젝트 파일을 지원하기 어렵다(설문원, 2008, pp. 109-111).

기능 분류는 기능 출처주의에 의한 기록의 분류를 의미하며, 기능과 활동의 분석은 기록의 분류와 처분 일정 분류의 기초가 된다. 기록이 생산되기 이전 시점부터 기능의 분석을 통해 기록 처분 기준을 결정하므로, 기록 연속성의 개념에도 부합하는 분류 방법이다(기록학 용어 사전, 2008, 44).

기능에 의한 기록분류의 이점은 다음과 같이 설명된다. 기능과 업무활동에 의해 기록과 업무를 분류하는 것은 조직이나 주제 기반의 전통적 분류체계와는 다르다. 기능분류는 변경이 잦은 조직에 의한 분류보다 훨씬 더 안정적인 기반을 제공한다. 조직은 계속 변경되어도 조직이 수행하는 업무기능은 계속 유지되기 때문에 기능에 의한 분류는 기능에서 생산된 기록을 보다 쉽게 확인할 수 있도록 해준다. 기능에 의한 분류는 기록 그 자체나 기록의 내용보다도 기록이 생산되고 사용된 맥락에 기반 한다. 이는 기록이 무엇에 관한 것인지(즉, 주제 등)보다는 왜 존재하는지, 존재의 이유(즉, 그 기능 등)에 따라 분류되어야 함을 의미한다. 기록을 업무맥락에 연계시키는 것은 완전하고 정확한 기록을 생성하고 획득하는 매우 중요한 요건이다(The National Archives, 2003, pp. 7-17, 재인용, 이젬마, 2011, p. 30).

기록분류체계는 계층구조로 표현된 분류도구이다. 조직의 업무분류체계로부터 파생되었으므로, 이는 특정 조직환경에서 기록을 생산한 업무활동에 기반하여 기록과 기타 업무정보를 분류하기 위한 도구이다. 이 분류체계가 업무정보시스템에 적용될 경우 기록과 그 연계정보를 획득하거나, 기록에 제목을 부여하거나, 검색, 유지 및 처분을 용이하게 할 수 있다. 기록분류는 디렉토리 또는 폴더로 묘사되기도 한다. 기록분류체계는 2내지 3, 또는 4단계까지 분류될 수 있다. 용어는 수립된 규칙이나 규약에 의거해서 부여된다. 기록분류 체계의 구성은 기능-활동-주제-하위주제의 순서 또는 순위에 따라 계층적으로 표현된다. 업무분류체계와 기록분류체계의 차이점을 비교해 보면 〈표 24〉와 같다(The National Archives, 2003, pp. 7-17, 재인용, 이젬마, 2011, p. 30).

기록분류체계가 업무분석을 기반으로 개발되지만 기록분류체계와 업무분류체계는 같을 수가 없다. 업무분류와 기록분류의 기본적인 목적이 다르기 때문이다. 업무분류는 업무관리의 효율화를 목적으로 하기 때문에 업무분류체계는 항상 현재 업무를 기준으로 갱신되어야 한다. 그러나 기록분류는 기록의 효율적인 관리와 활용을 일차적 목적으로 하지만 업무가 변경되거나 사라져도 관련 기록은 남겨지고 관리되어야하기 때문에 기록분류체계는 현재의 업무분류체계와 동일할 수 없고 동일해서도 안 된다(설문원, 2018, p. 222).

기능이나 활동, 업무처리 등으로 구성되는 업무분류체계는 업무분석을 통해 사전적으로 개발되지만 기록철과 같은 기록집합 계층은 업무담당자가 기록을 생산·축적하는 과정에서 만들어질 수 있다. 그러나 반복적으로 이루어지는 업무라면 업무담당자가 해당 업무에서 산출되는 기록의 유형 등을 파악하여 분류체계를 미리 만들어 둘 수 있다(설문원, 2018, p. 224).

조직 전체의 분류체계를 개발하는 역할은 업무분석 전문가 및 기록관리자(records manager)가 맡아야 한다. 업무분석 전문가가 조직의 전체 기능과 업무를 분석하여 업무분류체계를 개발하고 계속 변화하는 조직의 업무에 따라 업무관리시스템의 분류체계도 바꿔줌으로써 현행 업무와 일치시켜 이를 갱신해야 한다. 그러나 업무분류체계가 기록분류와 연계되려면 폐지된 기능 수행과정에서 생산된

〈표 24〉 업무분류체계와 기록분류체계 비교

구분	업무분류	기록분류
목적	한 조직의 업무활동의 개념적 모델 : 기록분류체계나 기능시소러스와 같은 기록관리 도구를 개발하기 위한 지적 기반	기록을 분류, 제목부여, 접근, 검색하기 위한 도구
분류계층	3계층 －기능 －활동 －처리행위	2계층 이상 －기능 －활동 －주제 －하위주제
3계층 분류의 차이점	처리행위(transaction)가 업무활동의 최소단위 : 활동을 수행하기 위해 주어지는 업무	기록을 검색하고 제목을 부여할 수 있는 가장 적절한 방법에 기반하여 주제와 하위주제는 처리행위, 주제, 혹은 기록유형과 혼합될 수 있다.
3계층 분류의 예시	Transactions, eg COMMUNITY RELATIONS -. Research • Receive research request • Determine scope of project • Consult internal and external experts • Conduct literature search and gather documentation • Analyse material • Formulate report	Topics, eg COMMUNITY RELATIONS - Research • Brochures • Business case • Equal employment opportunity • Ethnic affairs • Hazardous substances • Literary contributions • Oral history • Projects • Publications • Questionnaires 주제·기록유형과 혼합 Source: Keyword AAA (CV)

*출처: 이젬마, 2011, p. 31.

기록도 함께 수용해야 하므로 구 업무분류체계와 신 업무분류체계를 함께 유지·관리하고 분류체계 변경 내역도 보존해야 한다. 기록관리자는 기록집합 계층을 설계하거나 체계적으로 개선하는 역할을 담당해야 하며 모든 직원들이 기록을 오류 없이 분류하도록 교육을 실시하고 지침을 제시해야 한다(설문원, 2018, p. 230).

▣ 기록분류체계 설계하기

조직 전반에 걸쳐 체계적이고 일관성 있는 분류체계를 제공하는 일은 기록관리자의 중요한 업무의 하나이다. 이상적인 상황이라면 조직의 모든 기록을 포괄할 용도로 설계된 하나의 분류체계가 존재해야 한다. 모든 기록은 분류체계 내에서 정해진 위치를 갖게 되고, 그 체계 내에서 다른 기록들과의 관계는 완벽하게 문서화되어 있어야 한다. 복잡한 조직이라면 이런 일은 상당한 시간과 전문기술이 필요한 작업이며, 자원이 갖춰진 정도에 따라 분류체계의 설계 기간은 달라진다. 분류체계를 설계하는 방법 중 한 가지는 다음과 같은 네 단계를 밟는 것이다(Shepherd and Yeo, 2003, pp. 74-79).

● **단계 1. 기능의 확인**: 조직의 기능을 분석하고 각 기능과 그 주요 하위 기능 사이의 관계를 파악하여 그에 대한 논리적 모델을 만드는 것이 출발점이다. 만약 기능분석이 되어 있지 않다면 기록관리자가 이를 수행해야 한다. 1단계에서는 상위 레벨의 기능만 분석하면 되고, 각 기능별 범위와 경계를 설정할 필요가 있다. 대부분의 조직에서 발견되는 공통된 기능(예: 자산, 재정관리)이나 특정 업무 영역에만 존재하는 기능을 고려할 때, 기존의 모델을 활용할 수 있으며, 모델의 적용 가능 여부는 기록관리자가 판단한다. 조직의 기능이 특수하거나 일반 모델을 적용할 수 없다면 자체적으로 분석을 실시할 수밖에 없다.

● **단계 2. 분류작업의 우선순위 결정과 논리적 모델의 확장**: 세분화된 분류를 하기 위해, 기능 영역들의 우선순위를 정하고 그 영역에서 모델을 확장시키는 일이다. 우선순위의 기능을 선정할 때는, 활용 가능한 자원과 경영상의 지원 정도, 기존 시스템의 적합성 등 많은 요소들을 고려한다. 작업은 하나의 업무단위에서 수행되는 기능이나 하위기능을 선택하는 데에서 시작한다. 몇 개의 업무단위에 분할되어 있는 기능들은 모델화가 어려우므로 예비단계에서 선택하면 안 된다. 다음으로 기능 또는 하위기능의 구성요소를 확인하고 그들 사이의 관계가 매핑되어야 한다. 이 모델은 시작과 끝이 분명한 활동들로 분해되는 프로세스 수준까지 개발되어야 한다. 이 단계의 목적은 각각의 기능과 하위 기능들을 구성하는 과정을 파악하는 것이다. 중요한 것은 주제어가 아니라 기능과 프로세스에 초점을 맞추어야 한다는 것이다. 예를 들면 '회의(conference)'는 도서관의 분류체계에서 찾을 수

있을 만한 주제어이지만, 기능분류체계에서는 '회의 참가'와 '회의 준비'가 서로 다른 프로세스이므로 각각 따로 분류되어야 한다. 또한 하나의 프로세스에서 '관리 (management)'하는 것과 '운용(operation)'하는 것도 구분해야 한다. '관리' 기능은 '정책의 수립', '업무의 감독과 관찰'을 포함하는 것으로, 구체적인 '시행(implementation)'과는 다르게 분류되어야 한다. 하나의 기능이 하나의 프로세스를 구성하는 경우도 있지만, 대개는 여러 프로세스들이 하나의 기능 내에 존재한다. 이 모델이 시스템 내의 모든 프로세스들을 포괄하게 되었을 때 이 단계는 끝나게 된다.

• 단계 3. 추가적인 세분화를 위한 필요성의 평가: 모델을 더 확장시킬 것인지를 결정하는 단계로, 하나의 시리즈에서 발생하는 기록의 양이 많을수록 분류를 더욱 세분화하는 것이 일반적이다. 그 세분화 정도는 '조직의 목표달성에 얼마나 기여하는지, 소송 등 앞으로 닥쳐올 위험으로부터 조직을 보호하는데 있어 얼마나 유용한지'를 고려하여 판단할 수 있다. 또한 반복적이고 일상적인(routine) 프로세스는 정해진 절차에 따라 수행되므로 세분화된 단계까지 매핑하는 것이 가능하나, 임의적인 프로세스(creative process)는 반복적인 과정에 비해 기록의 표준화가 어렵다. 그러나 그들이 고정된 패턴을 따른다면, 몇몇 임의적인 업무과정도 또한 어느 정도는 상세히 나타낼 수 있으나, 세밀한 모델링은 후에 다시 사용될 수 없어별 가치가 없다.

• 단계 4. 모델의 검토와 구성요소의 라벨 붙이기: 설계된 모델은 지속적으로 재평가되어야 하며, 각 단계의 요소들에는 명확하고 분명한 이름이 부여되어야 한다. 기능과 그 구성요소는 타동사를 사용하지만, 어순을 도치하거나 동일 의미의 명사로 대체할 수도 있다 즉, '인력자원 관리하기(managing human resources)'는 '인력자원관리(human resources management)'로 대체가 가능하다. 또 기능 수준에서는 동사 또는 동명사는 전부 생략되고 명사로만 표시될 수도 있다. 예를 들어 '인력 자원'은 이 기능수준에서 적합한 라벨이 될 수 있다. 그보다 낮은 수준에서는 동사 또는 동명사가 항상 드러나야 한다. 즉 '직원 채용하기'와 '직원 급료 지불하기'나 '송장에 지불하기'와 '송장 발행하기'는 적절하나 '직원'과 '송장'은 그 자체로

서는 적절하게 업무과정을 기술하는 것이 아니므로 적합한 라벨이 아니다.

이렇게 완성된 논리적인 모델은 관련된 조직 기능과 하위기능에 각 시리즈의 기록들을 위치시킬 수 있게 하며, 시리즈 수준과 그 상위 수준에 있어서의 논리적 모델이 곧 분류체계이다. 논리적 모델은 시리즈 수준 하위의 기록에 대한 맥락정보를 이해할 수 있는 틀을 제공하며, 기록의 정리와 종이기록의 파일링, 전자기록의 폴더 관리에도 필요하다. 특히, 종이기록 위주의 시스템에서의 분류와 정리는 긴밀히 연결되어 있다. 분류의 논리적 체계는 기록의 매체나 형식과는 관련이 없지만, 시리즈 수준의 기록을 어떻게 정리할 것인가의 선택은 그 시스템의 성격(종이, 전자, 혼용)에 크게 좌우되기 때문이다. 이용자들도 논리적 모델에 따라 기록물이 정리되어 있기를 바라는 경우가 많다(Shepherd and Yeo 2003, 80).

3. BRM의 단위과제 설정 방법

■ 단위과제 도출

정부기능분류체계 BRM에서, 정부가 수행하는 업무에 대해 맥락분석 및 기능분석을 통해 단위과제가 도출되는 과정을 살펴보면 〈그림 9〉와 같다.

먼저 처리과별 업무내용이 정의된 법령 및 기관의 규정, 조례를 참고하여 업무내용을 확인한다. 이때 해당 처리과의 주요 업무가 누락 없도록 검토해야 한다. 그 다음 처리과별 업무분장을 분석하여 업무담당자별로 업무수행내역을 파악한다. 이 때 업무분장이 너무 구체적으로 작성된 경우 업무의 중요도, 업무지속성, 단위과제 내 업무 수행 빈도 등을 고려하여 단위과제를 너무 포괄적으로 구분하거나 세분화하지 않도록 해야 한다(김화경·김은주, 2014, pp. 209-210).

〈그림 9〉 단위과제 도출과정

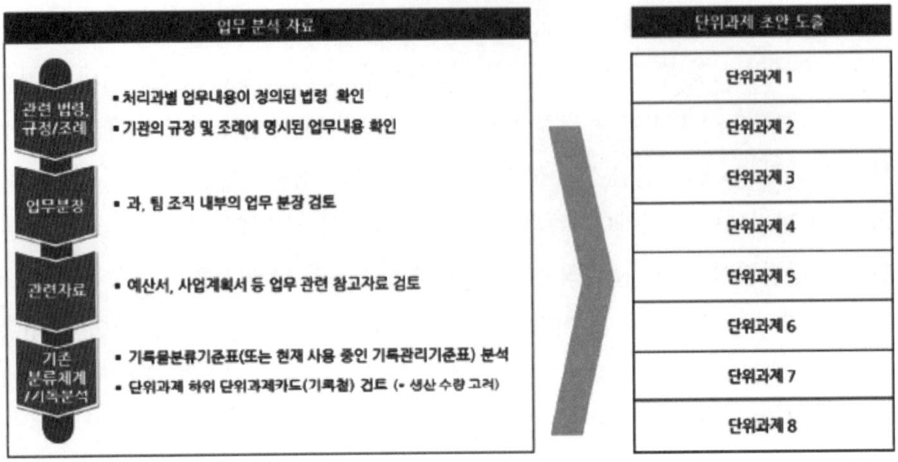

*출처: 김화경 · 김은주, 2014, p. 209.

　또한 단위과제로 도출해야 하는 업무와 단위과제카드를 신설하여 사용해야 하는 업무를 구분하여야 한다. 이와 함께 예산서, 사업계획서, 업무계획 및 보고자료 등 처리과의 업무내역을 파악할 수 있는 참고자료를 검토하고, 현재 사용 중인 단위과제 또는 단위과제카드(기록철) 등을 분석한다. 검토 시 생산수량을 고려하며, 해당 단위과제에서 실제 생산되는 기록의 유형을 파악한다. 〈그림 10〉은 단위과제 도출과정을 구체적인 사례로 나타낸 것이다(김화경 · 김은주, 2014, pp. 209-210).

　이후 단위과제 적합성 여부를 크게 4가지로 구분하여 검토한다(〈표 25〉 참조). '단위과제 설정 기준 부합성'은 단위과제 업무범위의 적절성, 타 단위과제와 중복 여부, 소기능과의 관계 등을 검토하는 것을 말하며, 단위과제가 처리과 업무를 누락 없이 반영하고 있는지를 잘 살펴보아야 한다. '사업 특성 검토'는 기능에 따라 단위과제를 도출하는 원칙에서 예외 조항으로 300억 이상대규모 투자사업과 정책실명제 사업과 관련된 단위과제인지 여부를 검토하는 것이다. 대규모투자사업은 사업단위로 단위과제를 책정하여 기록물을 통합 관리하며, 보존기간은 준영구 이상으로 책정하여야 한다(국가기록원, 2019, 15). 정책실명제 사업은 정책실명제 주요

관리대상으로 선정된 사업에 대해서는 업무관리시스템에 사업별 정책실명제 단위
과제카드를 생성하여 관리하며, 단위과제카드 명칭 앞에 '(정책실명제)'라고 표시
해야 한다. 경우에 따라서는 정책실명제 사업명을 단위과제명으로 설정할 수도 있다.

〈그림 10〉 사례 기반의 단위과제 도출과정

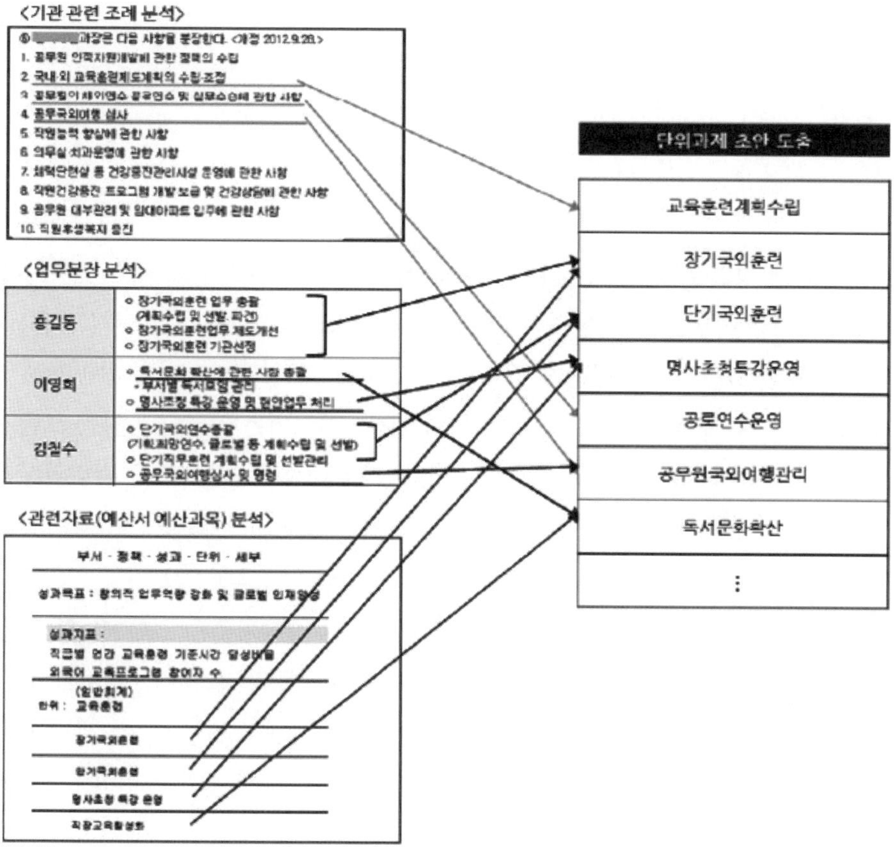

*출처: 김화경 · 김은주, 2014, p. 210.

〈표 25〉 단위과제 적합성 판단기준

구분	단위과제 적합성 여부 판단기준
단위과제 설정 기준 부합성	1. 단위과제는 업무 최소단위인가?
	2. 단위과제 간 업무가 중복되진 않았는가?
	3. 단위과제 상위 기능별 분류체계는 적절한가?
사업 특성 검토	4. 300억 이상 대규모 투자사업과 관련된 단위과제인가?
	5. 정책실명제 사업과 관련된 단위과제인가?
단위과제 명명규칙 검토	6. 단위과제 명칭이 [형용사+목적어+동명사] 형태인가?
	7. 단위과제명만으로 해당 업무를 충분히 나타내고 있는가?
	8. 단위과제 명칭이 모호하거나 특수문자, 띄어쓰기가 되어 있는가?
	9. 단위과제 업무명칭 혹은 사업명칭이 현행화되어 있는가?
	10. 단위과제 명칭에 유사 혹은 동일한 업무명이 반복되어 있지 않은가?
단위과제 보존기간 검토	11. 단위과제 내 기록을 동일한 보존기간으로 관리할 수 있는가?

*출처 : 서울특별시, 2013 (김화경, 김은주, 2014, p. 211 재인용).

'단위과제 명명규칙 검토'는 업무 표현의 적합 여부, 업무 내용표현의 충분 여부, 특수문자사용 여부 등을 확인하여 업무 표현의 명확성과명명의 기본원칙(형용사+목적어+동명사)을 준수하였는지 검토하는 것이다. 마지막으로 '단위과제 보존기간 검토'는 단위과제 하위 단위과제카드 내 생산 · 접수되는 기록이 동일한 보존기간으로 관리할 수 있는지를 확인하는 것이다. 단위과제의 보존기간을 단위과제카드가 그대로 상속받기 때문에 단위과제 내 기록의 보존기간이 상이할 경우 단위과제의 분리를 검토해야 한다(김화경 · 김은주, 2014, pp. 211-212).

한편 교육과학기술부에서 제시한 단위과제 도출 세부기준은 〈표 26〉과 같다. 기준은 크게 네 가지로 절차가 다르면 별개의 단위과제로 정의하고, 절차가 유사 및 동일하면 하나의 단위과제로 정의하며, 절차가 유사해도 대상 예산 · 제도가 구분되면 별개의 단위과제로 분리하되, 업무량을 고려해야 한다는 것이다(교육과학기술부, 2010, pp. 12-13).

그리고, 행정자치부에서 제시했던 단위과제 설정의 과정은 〈그림 11, 12, 13〉과 같다. 먼저 1단계는 업무활동 세분화 단계로, 특정 업무활동에 대해 수행한 활동을 나열해보되, 세부 활동은 너무 상세하지 않게 하고, 꼭 필요한 활동들만 최소한으로 나열하며, 간략하게 기술한다. 2단계는 정제 단계로, 특정 업무에 대해 주

요 고우업무가 아니거나 증복된 업무, 그리고 비상례적 업무 활동은 삭제하여 정
제한다. 3단계는 그룹화 단계로, 각 세부 활동들을 각 업무영역으로 구분하여 그
룹핑 해서 각 그룹을 단위과제로 설정한다.

〈표 26〉 단위과제 도출 세부기준

기준	적합하지 않은 단위과제 예시	적합한 단위과제 예시	설명
절차가 다르면 별개의 단위과제로 정의	- 지방교육채 계획 및 발행	- 지방교육채 발행 종합계획 수립 - 지방교육채 발행	과제 간 인과관계는 있으나, 종합계획수립과 발행이라는 활동의 시작과 종격이 다름
절차가 유사 및 동일하면 하나의 단위과제로 정의	- 학교급식 인건비 지원 - 학교급식 식품비 지원	- 학교급식비 지원	지원 항목은 다르나 기본적인 절차가 동일함
절차가 유사해도 대상 예산·제도가 구분되면 별개의 단위과제로 분리	- 원어민 보조 교사 및 영어회화 전문강사 채용 및 활용	- 원어민 보조교사 채용 및 관리 - 영어회화 전문강사 채용 및 활용	절차적으로 유사하나, 대상이 다르며, 예산 및 제도가 구분되어 독자적으로 수행됨
업무량을 고려	- 교수학습자료 개발 - 교수학습자료 보급	- 교수학습자료 개발 및 보급	연간 업무수행 빈도 및 문서 발생량을 고려하여, 하나의 단위과제로 병합

*출처: 교육과학기술부, 2010, pp. 12-13.

〈그림 11〉 단위과제 설정 과정 1단계 (행정자치부, 2006b)

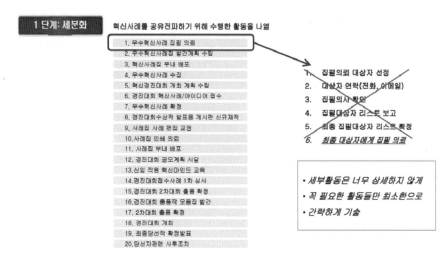

〈그림 12〉 단위과제 설정 과정 2단계 (행정자치부, 2006b)

2단계: 정제 혁신사례 공유전파를 위한 중요 고유업무가 아니거나, 중복된 업무, 그리고 비상례적 업무/활동을 삭제

1. 우수혁신사례 집필 의뢰	1. 우수혁신사례 집필 의뢰
2. 우수혁신사례집 발간계획 수립	2. 우수혁신사례집 발간계획 수립
3. 혁신사례집 부내 배포	3. 혁신사례집 부내 배포
4. 우수혁신사례 수집	4. 우수혁신사례 수집
5. 혁신경진대회 개최 계획 수립	5. 혁신경진대회 개최 계획 수립
6. 경진대회 혁신사례/아이디어 접수	6. 경진대회 혁신사례/아이디어 접수
7. 우수혁신사례 확정	7. 우수혁신사례 확정
8. 경진대회수상작 발표용 게시판 신규제작	8. 경진대회수상작 발표용 게시판 신규제작(비상례)
9. 사례집 사례 편집 교정	9. 사례집 사례 편집 교정
10.사례집 인쇄 의뢰	10.사례집 인쇄 의뢰
11. 사례집 부내 배포	11. 사례집 부내 배포(3과 중복)
12. 경진대회 공모계획 시달	12. 경진대회 공모계획 시달
13.신임 직원 혁신마인드 교육	13.신임 직원 혁신마인드 교육(비상례)
14.경진대회접수사례 1차 심사(서면심사)	14.경진대회접수사례 1차 심사(서면심사)
15.경진대회 2차대회 출품 확정	15.경진대회 2차 대회 출품 확정
16.경진대회 출품작 모음집 발간	16.경진대회 출품작 모음집 발간
17. 2차대회 출품 확정	17. 2차 대회 출품 확정(15와 중복)
18. 경진대회 개최	18. 경진대회 개최
19. 최종당선작 확정발표	19. 최종당선작 확정발표
20.당선자관련 사후조치	20.당선자관련 사후조치

〈그림 13〉 단위과제 설정 과정 3단계 (행정자치부, 2006b)

3단계: 그룹화 세부활동들을 각 업무영역으로 구분하여 그룹핑하여, 각 그룹을 단위과제로 설정

활동명	영역별 분류 예시
2. 사례집 발간계획 수립	혁신사례집 발간
4. 사례 수집	
7. 사례 확정	
1. 집필 의뢰	
9. 편집 및 교정	
10. 인쇄 의뢰	
3. 배포	
5. 대회개최 계획 수립	혁신경진대회 개최
12. 공모계획 시달	
6. 혁신사례/아이디어 접수	
14. 1차 서면 심사진행	
15. 2차 대회출품 확정	
16. 출품작 모음집 발간	
18. 경진대회 개최	
19. 최종당선작 확정 발표	
20. 사후 조치	

4. 처분지침과 접근 관리

■ 처분지침의 의미와 원칙

공공기관의 기능은 그 기관의 고유한 기능과 일반 행정과 같이 대부분의 기관에 존재하는 공통기능으로 구분할 수 있는데, 공공기관의 공통기능에 대해 통일된 분류표를 작성하면 일관성 있는 분류체계를 유지할 수 있을 것이다. 우리나라는 '처리과 공통 업무'(예: 서무, 보안관리, 기록관리, 민원관리 등), '기관 공통 업무'(예: 감사, 공보 등), '유사기관 공통업무', '기관 고유 업무'를 구분하여 관리하고 있다. 이렇게 고유기능과 공통기능을 구분하여 분류표를 작성한 후 이를 통합하여 기관의 기록분류표로 사용하는 나라들이 많다. 특히 이러한 분류표에 '보유기

처분지침(disposition authority)

기능에 기반한 처분지침은 기록 생산 기관이 영구 보존하기로 정한 기록을 영구기록물관리기관으로 이관하거나 한시적 보존 대상 기록을 제거하거나 파기할 수 있는 권한을 부여하는 법률적인 허가이다. 영국에서는 처분 스케줄(Disposal Schedule), 캐나다에서는 처분 권한(Disposition Authority), 호주에서는 처분 권한(Disposal Authority)이라는 말을 사용한다. 이밖에 보유 일정(Retention Schedule)이라는 말을 사용하기도 한다(기록학 용어 사전, 2008, pp. 246-247).

우리나라는 기록관리기준표가 처분지침의 역할을 하고 있다. 공개여부 및 접근권한 등은 공공기관별로 달리 정할 수 있으며 단위 과제별 보존기간은 공공기관에서 정하여 시행하되, 관할 영구기록물관리기관의 장과 협의하여 확정한다(공공기록물 관리에 관한 법률 시행령 제25조).

처분 행위는 다음을 포함할 수 있다. a) 덮어쓰기와 삭제를 포함하여 즉각적으로 수행하는 물리적 파기 ; b) 업무 부서 내에서 계속 보유 ; c) 조직이 관할하는 적절한 저장소나 매체로 이전 ; d) 구조조정, 매각, 혹은 민영화를 통해 업무 활동에 책임을 지는 다른 조직으로 이전 ; e) 해당 조직을 대신하여 기록을 관리할 외부 업체와 적절한 계약을 맺어 그 업체가 운영하는 저장 공간으로 이전 ; f) 기록을 생산한 조직이 물리적 저장을 유지하면서, 관리 책임은 적절한 권한기구로 이전 ; g) 조직 내의 보존기록관으로 이전 ; h) 외부의 보존기록기관으로 이전(KS X ISO 15489-1:2007, 9.9)

간과 관련한 정보를 부가하여 기록보유일정표(retention schedule)로 사용하는 경우, 양 기능을 구분하는 것이 효과적이다.

각국의 기록보유일정표는 처분지침(disposition authority), 처분일정표(disposal schedule) 등 다양한 이름을 가지며, 기록을 평가 · 폐기 · 이관하는 기준이 된다. 우리나라에서는 기록관리기준표가 이러한 역할을 한다. 이때에 공통업무를 별도로 관리하면 공공기관들이 일관성 있는 처분일정 관리를 할 수 있다. 호주 연방정부의 모든 기관에 공통적인 행정기능과 관련된 기록은 공통기능 처분지침(Administrative Functions Disposal Authority, AFDA)에 의해, 기관의 고유한 업무 활동과 관련된 기록은 별도의 기록 처분지침(Records Disposal Authority, RDA)에 의해 보유기간 및 방법이 정해진다. 한편 NAA는 디지털화, 변환 또는 마이그레이션 후 원본 기록 등과 같이 모든 기관이 공통적으로 보유하는 기록유형별로도 공통 처분지침(General Records Authority, GRA)을 제공한다. 미국의 국립기록관 National Archives and Records Administration(NARA)도 공통업무 기록일정표(General Records Schedule, GRS)와 기관별 고유업무 기록일정표(Records Schedule, RS)로 나누어 연방기관의 기록을 통제한다(설문원, 2010a, 137-138).

처분을 위해서는 그 시기와 방법을 결정하는 처분지침이 미리 수립되어 있어야 하며, 이 지침을 적시에 정확한 방법으로 이행하도록 하는 기록관리시스템의 지원이 있어야 한다. 처분지침의 목적은 기록의 보유 기간이 종료된 이후, 시스템 내에서, 기록의 생산 이전에 미리 정한 처분 결정에 따라 기록을 이관하거나 파기하는 데 있다. 이는 기록의 특성과 가치를 포괄적으로 고려한 신중한 판단을 요구하는 매우 어려운 결정이므로, 시스템 기능표준에서는 소수의 허가받은 사용자만이 처분지침을 생성 · 변경 · 삭제하거나 기록에 부여하도록 하고 있다(기록학 용어 사전, 2008, p. 247).

기록 처분에 대하여 KS X ISO 15489-1:2016(8.5)에서는 기록의 처분을 규제하기 위해 처분지침을 개발하여야 할 것이며, 이 처분지침의 개발에 대한 책임은 법률, 법규 또는 방침으로 식별되어야 할 것이라고 하였다. 처분지침의 개발은 기록 보유와 처분에 대한 규칙을 수립하기 위한 목적으로 수행되는 평가의 결과에 기반을 두어야 할 것이다. 처분지침에서는 보존기간이나 처분행위를 공유하는 기록집합이나 기록 클래스를 식별하여야 할 것인데, 클래스는 해당 업무 맥락과 연결되어야 할 것이며, 처분행위, 보존기간, 트리거 이벤트(trigger event, 보존기간 계산이 시작되는 기산점) 등을 포함해 구성되어야 할 것이다. 처분지침에는 관련된 기능, 활동 및/또는 업무프로세스를 기술하는 정보가 포함되어야 할 것이며, 기록을 하나의 저장 환경에서 다른 환경으로 이관해야 하는 시점이나, 또는 책임 있는 조직이 그 기록을 계속 보유할지를 지시하는 내용이 포함될 수 있으며, 정기적으로 검토하여야 할 것이다. 처분 지침의 이행은 모니터링하고 문서로 작성하며, 평가 결과 제시된 요구사항(특히, 기록에 기재된 업무활동에 영향을 미치는)에 대해 정기적으로 검토하여야 할 것이다(8.5).

한편 KS X ISO 15489-1:2016(9.9)는 처분 프로세스는 승인받은 현행 처분지침의 규칙에 따라 수행하되, 기록시스템은 처분 행위의 실행을 지원하도록 설계하여야 할 것이라고 하였다. 또 기록과 메타데이터는 처분지침에 명시된 기간 동안 보유하여야 하며, 처분지침에 명시된 처분 행위는 이행하여야 할 것이다.

처분 행위에는 다음과 같은 내용이 포함되는데, a) 기록과 메타데이터의 파기; b) 구조 조정, 매각, 민영화 또는 기타 업무상 변화로 인하여 기록과 메타데이터 통제권을 그 업무활동에 책임을 맡은 조직으로 이관; c) 영구 보유를 위하여 기록과 메타데이터의 통제권을 기관의 또는 외부의 보존기록관으로 이관 이행하기 전에 처분 행위를 검토하여 기록에 대한 요구사항이 변경되지 않았는지 확인하여야 할 것이다. 또 기록을 파기할 때에는 다음의 원칙을 지켜야 할 것이다: a) 파기는 항상 승인받아야 할 것이다; b) 계류 중 또는 실제 소송과 관련 있거나 혹은 법적 조치 또는 수사와 관련된 기록은 그런 일이 진행 중이거나 또는 발생할 것으로 예상되면 파기하지 않아야 할 것이다; c) 기록을 파기할 때에는 완전한 파기를 보장하는 방식으로, 그리고 기록에 대한 모든 보안 또는 접근 제한을 준수하는 방식으로 수행하여야 할 것이다; d) 파기도 모든 처분 행위와 마찬가지로 기록으로 남기도록 하여야 할 것이다.

〈표 27〉과 〈표 28〉은 환경연합에서 업무분석체계를 개발한 후 처리일정표를 작성한 예를 보여준다. 업무분석을 통해 업무분류체계를 작성하고, 이를 이용해 기록분류체계를 개발한 후 공통기능과 고유기능으로 나누어 처리 일정을 제시하였다.

〈표 27〉 환경연합 고유기능 처리일정표 (일부 예)

기능명 : (1) 정책제시

환경연합의 전략과 방향을 설정하고, 올바른 환경정책을 수립하기 위해 정부 · 기업 · 타시민단체의 환경사안 및 환경정책에 대한 조사 · 연구 · 분석, 성명서 · 보도자료 작성 및 발표, 세미나 · 공청회 · 간담회 · 포럼 개최, 등의 활동을 포함한다.

업무활동 : (01) 정책기획

환경정책 및 환경운동연합의 전략 수립을 위한 기획회의 및 정책위원회 운영, 신규정책사업기획

분류번호	기록물유형	보존기간
1-01-001	정책기획안	5년
1-01-002	정책위원회 회의자료	5년
1-01-003	신규정책사업기획서	5년
1-01-004	정책기획회의자료	3년

업무활동 : (02) 정책조사

정부 및 기업, 타단체 환경정책을 수집, 조사 및 감시하고, 환경부 정책 모니터링을 실시하는 제반 활동

분류번호	기록물유형	보존기간
1-02-001	산자부 신재생에너지 심의위원회 정책감시보고서	5년
1-02-002	ㅇㅇ시민단체 환경정책조사서	5년
1-02-003	환경부모니터링자료	10년

업무활동 : (03) 정책연구

올바른 환경정책 개발 및 수립을 위해 환경법, 국토개발 법 · 제도를 연구 분석하는 활동 및 기업사회책임운동론 정립을 위한 제반활동 포함

분류번호	기록물유형	보존기간
1-03-001	대기환경보전법연구보고서	10년
1-03-002	국토개발 법 연구보고서	10년
1-03-003	기업사회책임운동론연구보고서	30년

업무활동 : (04) 정책홍보

환경연합 정책을 대외적으로 알리기 위한 활동으로 성명서 · 보도자료 작성, 세미나 · 공청회 · 간담회 · 포럼 개최 등의 활동을 포함

분류번호	기록물유형	보존기간
1-04-001	성명서	영구
1-04-002	보도자료	영구
1-04-003	세미나자료집	5년

*출처: 이영숙, 2005, p. 97.

〈표 28〉 환경연합 공통기능 처리일정표 (일부 예)

기능명 : (8) 운영 관리		
단체의 운영과 유지 관리에 관한 기능으로 단체설립, 문서관리, 정보관리, 시설관리, 인사관리, 재정관리, 기구관리를 포함한다.		
업무활동 : (01) 정보관리		
단체에서 생산 및 수집한 자료관리와 관련된 업무를 담당하는 활동		
분류번호	기록물유형	보존기간
8-01-001	수집자료목록	1년(매년 업그레이드)
8-01-002	보유자료목록	1년(매년 업그레이드)
8-01-003	자료대출현황	3년
업무활동 : (02) 문서관리		
조직의 문서와 조직에서 외부로 발송하는 문서 접수문서 및 각종 문서양식을 관리하며, 이에 각종증명서를 발급하는 활동.		
분류번호	기록물유형	보존기간
8-02-001	정관	영구
8-02-002	조직표모음	영구
8-02-003	내부 조직의 규약 모음	영구
8-02-004	각종 문서양식	3년

*출처: 이영숙, 2005, p. 96.

■ 기록에 대한 보안 및 접근 분류체계 수립

KS X ISO 15489-2에서는 업무 활동 분류와 유사한 단계를 거쳐, 기록의 접근에 대한 권리나 제한 조건을 부여하되, 보안과 접근 분류체계 수립에 참조하기 위해 다음을 수행해야 한다고 하였다: a) 기록이 문서화하는 처리행위나 업무 활동을 확인하라. b) 기록을 생산한 업무 부서를 확인하라. c) 활동과 업무 영역이 위험 영역인지, 보안상 고려가 필요한지, 그리고/또는 법으로 제한조건이 정해져 있지 않은지 등을 정하기 위해 접근 및 보안 분류를 점검하라. d) 적절한 수준의 접근 혹은 제한범주를 기록에 부여하고, 적절하게 취급하기 위한 통제 수단을 명시하라. e) 기록시스템에서 기록의 접근 혹은 보안 상태를 기록하여 추가로 통제 조치가 필요함을 표시하라.

기록에 대한 접근은 업무상 접근을 제한할 필요가 있거나 법이 제한하도록 지정하는 경우에만 제한한다. 기록 생산이나 관리를 담당하는 부서와 협의하여 접근과 보안 분류를 부여할 수 있다. 미리 지정한 기간 동안에만 접근을 제한하여, 실제 필요 이상으로 긴 기간 동안 추가적으로 모니터링하거나 통제 수단을 적용하지 않도록 한다(KS X ISO 15489-2:2007, 4.3.5).

한편 접근 권한 및 감사증적 관리와 관련된 기록관리시스템 기능 요건에 대해서는, 이 책의 3장 4절에서 간단히 다룬다. 메타데이터와 밀접한 관련이 있으므로, 메타데이터 내용을 다룬 이후에 다루도록 한다.

4절 보존 기록의 정리

1. 보존기록 정리의 개념과 보존기록관

◘ 보존기록 정리의 개념

보존가치가 있는 기록이 보존기록관에 이관되거나 수집이 되면 이를 재조직화하는 것이 필요하다. 현용 기록은 생산과 동시에 분류체계에 따라 분류하여 사용하게 되며, 보존 기록들은 이관 또는 수집된 후 출처 주의와 원질서 존중 원칙에 따라 계층별로 조직화하는 지적·물리적 처리 과정을 거치게 되는데, 이를 정리(arrangement)라고 한다(기록학 용어 사전, 2008, p. 208).

또한 정리는 SAA(Society of American Archivists)에 의하면, 기록의 맥락을 보호하고 기록을 지적이고 물리적으로 통제하기 위해 출처와 원 질서를 존중하면서 기록을 조직하는 절차로 정의된다. 정리는 기록 보존 컨테이너 및 폴더로 기록을 재수용하는 과정과 결합되기도 하며, 기록의 레이블링 및 선반에 배치하는 것이 포함된다. 널리 실행되지는 않았지만, 정리는 물리적으로 기록의 물리적 질서 부여 없이 지적 의미에서 활용될 수 있다. 예를 들어, 4개의 서로 다른 상자에 저장된 5개의 폴더를 보관 위치를 변경하지 않고 질서를 갖춘 하나의 계열로 검색도구에 함께 목록화할 수 있다. 원 질서를 존중하는 정리는 그런 질서가 인식 가능하다고 가정한다. 기록 보존소는 '원본의 혼란'을 보존할 필요는 없으며 기록관리 원칙을 위반하지 않고 기록의 사용 및 관리를 용이하게 하는 방식으로 이러한 기록을 정리할 수 있다. 정리는 생산자가 아닌 누군가가 설정한 질서에 맞게 기록을 위치시키는 분류와 구별된다(Society of American Archivists. Glossary Terms, [2020]).

그런데, 여기서 지적 통제 또는 지적 처리 과정(논리적 혹은 정보적 측면의 통제)이라 함은 이용자로 하여금 어떤 기록물이 소장되어 있고, 그 기록이 어떤 주제를 다루는지, 그리고 서고 어디에 위치해 있는지 알 수 있게 하는 것이다. 반면 물리적 처리 과정(물리적 통제)이라 함은 서고에 있는 모든 시리즈와 기록 건들에 대하여 책임을 지고 이용할 수 있게 하는 것이다(Cook, 1999, p. 75). 즉 지적통제는 출처 확인 및 분류, 기술과정을 통해 기록의 내용과 생산 맥락을 파악할 수 있도록 통제 · 관리하는 것을 의미하며, 지적통제의 주요한 활동은 이용자가 원하는 기록을 찾고 이해할 수 있도록 도와주는 검색도구를 제공하는 것이다(기록학 용어 사전, 2008, p. 236). 물리적 통제는 검색도구에 표시된 위치에 기록이 제대로 있는지를 확인하는 작업이며, 서고관리나 기록의 수량을 주기적으로 점검하는 정수 점검도 물리적 통제에 해당한다(기록학 용어 사전, 2008, p. 104).

정리는 논리적으로 기록을 분류하는 과정도 포함하지만, 보통은 보존 기록관으로 이관한 후 기록을 보존 용기에 재배치하는 과정을 의미한다. 여기에는 포장, 라벨 부착, 서가 배치 등이 포함된다. 쉘렌버그(T. R. Schellenberg)는 1956년 '현대기록학 개론(Modern Archives)'에서 현용 기록의 조직화를 위해서는 분류(classification)를 한다고 하고, 보존 기록관에 영구 보존을 위해 이관된 보존 기록에 질서를 부여하는 방식은 정리(arrangement)를 하는 것으로 용어를 구분하여 사용하고 있다. 그는 '현용기록을 관리하는데 있어 근본적인 문제는 기록을 질서 있게, 접근하기 쉬운 방식으로 배치하는 것이며, 이를 위해서 기록은 적절하게 분류되어야 하고, 적절하게 파일링되어야 한다. 따라서 분류는 현용기록을 효율적으로 관리하는 기반이 된다.'고 명시하고 있다. 반면, '기록보존기관에는 기록의 비현용을 위해 정리하고, 현용기록단계에서 정해진 분류 틀이나 파일링 체계가 아니라 기본적인 아카이브즈 원칙에 따라 정리한다'고 명시하고 있다(Schellenberg, 1956/2002, p. 184)

그러나 현용 기록과 보존 기록의 구분이 모호해지고 전자기록관리 환경이 도래함에 따라 정리의 개념 역시 물리적 질서보다는 논리적 질서를 부여하는 방식으로 전환되고 있다. 이러한 변화는 곧 분류와 정리의 개념이 통합되는 경향으로 파악할 수 있다(기록학 용어 사전, 2008, p. 209).

이에 따라 Eastwood(2000)는 기록 정리란 문서의 물리적인 순서나 보관위치를 정하는 과정이 아니라 관계를 확인하는 과정이며, 정리 개념의 핵심은 생산과정 중에 형성되는, 문서나 기록의 자연적 축적과정(accumulation)을 밝히는 것이라고 주장하였다. 정리의 개념은 분류와 매우 유사한데, 분류는 종합하는 방법으로서 개별 개체나 작은 집합단위를 큰 집합단위로 묶어주는 작업이며, 집합체를 작은 집합단위로 나누는 작업은 '구분'으로, 보존기록의 정리는 '구분'의 개념과 유사하다. 정리는 이관 받은 기록물 중에서 출처에 따라 기록물군을 구분하고, 원질서를 존중하면서 기록물군을 작은 단위로 나눠가는 하향식 작업이기 때문이다(설문원, 2018, p. 240).

사실 보존 기록 분야의 경우 정리와 기술(arrangement and description)은 서로 상호의존적으로 얽혀있어서 정리는 기술을 위한 틀을 제공하고, 기록에 대해 기술하기 위해 얻은 정보는 정리 패턴에 대해 통찰력을 제공해준다. 즉 정리는 기록의 지적 구조를 식별하도록 해주고, 그 기록들을 출처와 원질서라는 보편적인 보존 기록의 원칙에 따라 물리적으로 조직하는 것이다(Roe, 2005, p. 11).

■ 보존기록관

보존기록관은 개인이나 조직이 사적 또는 공적으로 생산하거나 접수한 기록 중에서 역사적으로 보존할 가치가 있거나 증거로서 보존할 필요가 있다고 평가·선별된 기록을 전문적으로 보존하는 조직 또는 이를 위한 시설 및 장소를 말한다. 보존기록관은 모기관으로부터 기록물을 직접 이관 받는 기관부설 보존기록관과, 다양한 정보원에서 역사적 가치가 있는 기록을 수집하는 수집형 보존기록관으로 나눌 수 있다. 또는 설립 배경에 따라 공적 목적과 재원으로 국가나 지방 정부 등이 설립하는 공공 보존기록관과, 기업 및 기타 단체, 학교 등이 설립하는 사설 보존기록관으로 나누기도 한다(기록학 용어 사전, 2008, p. 120).

Miller는 보존기록관을 아카이브즈(Archives)와 매뉴스크립트 보존소(Manuscript

repository)로 나누어 설명하였다(Miller 1990, p. 21). 아카이브즈는 기록을 주로 모기관에서 이관 받는 보존기록관으로, 여기에는 정부차원의 공공 아카이브즈와 사적인 조직 내의 기관 아카이브즈(대학, 기업, 종교, 조합, 그리고 박물관 아카이브즈 등) 등이 포함된다. 매뉴스크립트 보존소는 수집형 보존기록관으로, 모기관이 아닌 다른 정보원으로부터 조직, 가문, 개인에 관한 역사적 가치를 지닌 기록을 수집하는 기관이다(기록학 용어 사전, 2008, p. 152). 역사협회, 모든 종류의 학술, 공공, 개인도서관, 그리고 전문화된 연구센터 등이 포함된다.

2. 보존기록 정리의 목적과 유의점

■ 보존기록 정리의 목적

보존 기록을 정리하는 목적은 다음과 같다. 첫째, 보존기록의 이해와 검색을 지원한다. 기록은 개별적이 아니라 전체 기록 덩어리 속에서 보아야만 그 의미를 파악할 수 있기 때문에, 맥락의 보존이라는 측면에서 보존기록의 정리는 각별한 의미를 갖는다. 정리체계를 통해 기록 간의 유기적이고 계층적인 관계와 해당 업무 및 기능과의 관계도 알 수 있다. 한편 기록의 계층화는 검색 시 필터링에 사용되어 검색 효율성을 높이는 데에 중요하다. 소장기록을 건이나 철 단위로 헤아리면 대체로 엄청난 숫자에 달한다. 따라서 기록 검색에서는 검색 결과의 숫자를 조정할 필요가 있다. 이때 상위 계층을 선택하면 검색건수를 줄일 수 있고 하위 계층을 선택하면 검색건수를 늘일 수 있다. 아무리 정교한 메타데이터 시스템을 갖춘다 해도, 계층적 정리 · 기술 없이는 검색효율을 높이는 데에 한계가 있다. 또한 편철, 라벨 부착, 서가 배치 같은 물리적 정리가 잘 되어 있어야 기록을 효과적으로 이용할 수 있으며 안전하게 보존할 수 있다. 둘째, 기록 이용뿐 아니라 보존기록의 공개관리, 재평가, 처분 등의 관리 업무에 활용할 수 있다. 현용 및 준현용 기록의 분류와 마찬가지로 보존기록의 정리도 관리의 여러 단계에서 활용될 수 있다. 셋째, 정리의 결과는 기술의 단위(unit of description)를 정하는 기준이 된다. 문헌의 경우 보통 각 문헌들을 분리된 개별 단위로 목록 기술하지만, 기록은 전체 기록군 속에서의 유기적이고 계층적인 관계를 고려하여 기술되어야 한다. 기록을 계층에 따라, 그리고 유기적 관계에 따라 집합적으로 기술하기 위해서는 정리가 필요하다. 정리를 통해 계층화와 범주화가 이루어질 수 있기 때문이다. 따라서 정리는 기술의 전 단계(前段階)에서 행해져야 하며, 정리에 따라 설정된 계층별로 기술해 주게 된다(설문원, 2018, p. 241).

■ 정리 시 유의점

보존 기록의 정리와 관련하여 유의할 점은 다음과 같다.

첫째, 분류와 마찬가지로 모든 보존기록에 보편적으로 적용할 수 있는 정리체계는 존재하지 않는다. 목적의식적인 산출물이 아니며 활동이나 기능의 산물인 기록을 보편적인 지식분류체계로 분류할 수 없으며, 그러한 체계로는 앞서 밝힌 기록 정리의 목적을 달성할 수 없다. 도서관에서는 인류의 지식체계를 연역적 방식으로 구조화한 DDC, KDC, LC 등의 분류표를 선택하여 사용하게 된다. 도서의 분류는 그 도서관이 선택한 분류표 상의 어떤 기호를 도서에 할당함으로써 이루어진다. 그러나 기록의 경우 보편적이거나 일반적인 분류체계를 사용할 수 없는데, 조직마다의 다양한 기능 및 업무 구성, 기록의 특징을 반영한 분류체계가 필요하기 때문이다. 게다가 보존기록을 이관받기 이전에 분류체계를 완성하기도 어렵다. 생산기관의 조직 및 기능 분석에 따라 분류체계를 설계하되 이관 받은 보존기록 집합체를 대상으로 귀납적으로 보완해야 한다. 보존기록을 위한 분류체계를 개발하는 것은 소장하고 있는 기록집합체를 대상으로 기록을 계층화하는 것을 의미한다.

둘째, 각급 기관의 준현용 기록분류체계를 보존기록분류체계에 그대로 반영할 수 없다. 준현용 기록분류체계는 업무분류를 토대로 만들어진다. 시간이 흐르면서 업무도 바뀌고 준현용 기록분류체계도 상당한 변화를 거친다. 가령 같은 기관이라 해도 2013년의 조직 구조와 기능은 2008년의 경우와 상당히 다를 것이다. 한편 보존기록은 준현용기록 중 영구보존 가치가 있는 기록만을 선별한 구성체이다. 원질서의 원칙에 따라 준현용 기록분류체계를 보존기록분류체계에 일부 반영하지만, 보존되지 않는 기록이 속한 분류체계까지 반영할 필요는 없을 것이다. 또한 다양한 조직으로부터 이관 받은 보존기록의 체계적 정리를 위해 보존기록관은 독자적인 정리체계를 개발해야 한다.

셋째, 보존기록의 정리체계에 따라 기록의 물리적 위치(서고 위치)가 결정되지 않는다. Eastwood는 정리의 제1원칙을 "물리적/행정적 통제(질서)와 지적 통제(질서)를 구분하라"로 설정했다. 기록건이나 기록철은 물리적 결합체일 수 있으나, 기록 시리즈 상위의 계층은 논리적 집합체일 뿐이다. 도서관에서처럼 도서에 할딩된 분류번호에 따라 배가를 하는 것은 기록의 경우 거의 불가능할 뿐 아니라 비효율적이다. 한 번에 이관되는 보존기록의 규모가 클 경우 이를 서가 사이사이에 끼워 배치하는 것은 거의 불가능할 것이다. 게다가 도서관이 개가제인데 반해 보존기록관은 보안상 이유로 폐가제로 운영되기 때문에 이용자의 서가 브라우징을 고려할 필요가 없고 따라서 기록을 논리적 분류체계에 따라 배치할 필요성은 크지 않다(설문원, 2018, pp. 244-245).

3. 보존기록 정리의 원칙

■ 유럽에서의 아카이브즈 정리 원칙

보존기록의 조직화를 위한 이론은 주로 18-19세기 유럽을 중심으로 개발되었다. 먼저 1794년 프랑스에서 처음으로 중앙집중식 국가기록보존소가 설립되면서 많은 조직으로부터 수집한 문서들을 정리해야 하는 과제에 직면한 직원들은 시행착오

를 거쳐 출처의 원칙과 같은 퐁 존중의 원칙(respect des fonds)을 채택하여 한 부
서에서 나온 모든 기록 전체인 퐁을 함께 보관하도록 하고 기록전체를 흩뜨리지
않도록 하였다(설문원, 2017) 이는 생산자가 다른 기록들이 섞여서는 안 된다는 출
처의 원칙(principle of provenance)으로 계승되었으며, 퐁 존중의 원칙과 거의 동일
한 개념으로 볼 수 있다.

　19세기 후반에는 독일 아키비스트들이 기록을 사무실별로 관리하는 출처의 원
칙과, 생산기관이 수립한 원래의 분류 및 편철 구조를 유지해야 한다는 원질서의
원칙(principle of original order)을 결합하여 아카이브즈 정리방법의 형식을 갖추었
는데, 이는 생산기관이 수립한 원래의 분류 및 편철 구조를 유지해야 한다는 원칙
이다. 이렇게 유럽 여러 나라에서 축적된 기록관리 실무 경험과 관행이 1898년 네
덜란드의 아키비스트들인 Muller, Feith와 Fruin이 작성한 '아카이브즈의 정리와 기
술을 위한 매뉴얼'로 집대성되면서 출처주의가 기록관리의 핵심 원칙으로 확립된
다(설문원, 2018, p. 242).

　여기서는 "아카이브즈 컬렉션은 같은 원천이나 생산기관으로부터 나온 하나의 유
기적 총체이다"라 하였는데, 이 유기적이라는 표현은 아카이브 컬렉션 속의 기록들
이 서로서로 관련되어 있음을 강조하며, 기록들 간의 관계가 개별 기록의 내용만큼
중요함을 제시하였다. 또한 이들은 한 컬렉션의 원래의 파일링 질서와 전체적인 구
조가 우연의 결과가 아니라 아카이브즈 컬렉션을 생산해내는 기능을 갖는 행정기구
조직체의 논리적인 활동의 결과라고 하였다(Miller, 1990/2002, pp. 34-35). 또한 이들
은 기록이 조직의 기능이나 활동으로 부터의 산물임을 강조하면서 그러한 맥락에서
기록이 기술될 필요가 있음을 강조하였다. 이 매뉴얼은 1940년에 영어로 번역되었
으며, 미국의 기록관리에도 큰 영향을 주었다(Roe, 2005, p. 34).

　기록의 정리와 관련된 중요한 원칙들로 **출처의 원칙, 원질서 존중의 원칙, 계층적 관
리의 원칙**을 든다. 출처의 원칙과 원질서 존중의 원칙하에 개별아이템이 아닌 페이
지형식의 인벤토리에서 기록물을 집합적으로 기술할 것을 강조하였으며, 그 이행
방법으로 계층적 관리의 원칙이 나온 것이다(Miller, 1990/2002, p. 34, 47).

▣ 출처의 원칙

출처의 원칙(Principle of Provenance)은 기록의 생산 출처(조직 및 기능)에 따라 기록을 분류 · 정리 · 보관해야 한다는 원칙을 의미하며, '퐁 존중의 원칙(respect des fonds)'이라고 불리기도 한다(기록학 용어 사전, 2008, p. 250). 출처는 SAA(Society of American Archivists)의 DACS(Describing Archives: A Content Standard)에서 '개인이나 조직이 업무 활동을 수행하는 과정에서 기록을 생산하고 축적하고 유지하고 사용한 개인이나 조직과 기록과의 관계'라고 정의되며, 출처의 원칙은 기록은 기록이 생산된 기원(origin)에 의해 유지되어야 하지, 다른 사람이나 조직에 의해 생산된 다른 출처를 가진 기록과 섞이면 안 되는 것으로 제시된다(Roe, 2005, p. 15). 앞에서 제시한 Muller, Feith, and Fruin는 네덜란드 매뉴얼에서 기록컬렉션은 "반드시 별도로 보관되어야 하고, 절대로 다른 생산자의 기록과 섞어서는 안 되며, 연대, 지리, 주제 등에 의해 인위적으로 정리해서는 안 된다"고 제시하였다(설문원, 2017, p. 71).

출처의 원칙의 정당성은 하나의 기록 세트가 물리적으로, 행정적으로 한 장소에 놓여야 하며, 위치 선정은 지적 정리와 기술에 영향을 미친다는 것이다. 이는 또한 기록관의 기록 기술을 간단히 하도록 만들어 준다(Miller, 1990/2002, p. 42). 또 출처가 중요한 것은 그것이 기록이 생산된 맥락에 대한 중요한 정보를 드러내기 때문이며, 그 맥락은 기록의 내용과 범주에 영향을 주며 그 기록에 의해 반영된 태도에 대한 정보를 제공할 수 있다(Roe, 2005, p. 15).

그러나 업무 및 기록관리 환경이 변화하면서 원칙의 해석에도 변화가 이루어져 왔다. 과거 출처의 원칙은 기록을 생산한 조직에 따라 분류해야 한다는 원칙으로 적용되어 왔다. '출처'는 "기록관이나 보존기록관으로 이관하기 전 이루어진 업무 활동 중에 기록을 생산 · 축적 · 유지 · 사용한 조직이나 개인" 등과 같이 대체로 기록을 생산 · 유지 · 활용한 주체(조직이나 개인)를 출처로 정의해왔다. 그런데 Bearman 등은 출처의 재해석을 주창하였다. 지금까지는 출처를 기록을 생산 · 입수한 조직, 즉 생산 부서(office of origin)로 간주해 왔으나, 출처 의미의 핵심은 생산 부서가 아니라 업무기능이며, 기능이나 활동이라는 기록의 기원(origin)을 설명해야 기록을 제대로 이해할 수 있다는 것이다. Bearman(1994)은 이를 기능적 출처(functional provenance)라는 개념으로 정리하였다. 기존의 '조직' 중심의 출처의 원칙으로는 조직 및 기능 개편으로 인한 복합 출처 기록, 타부서로 이관된 기능과 관련된 기록을 제대로 통제하기 어려운데 이 때 '기능' 중심의 출처 원칙이 하나의 해법이 될 수 있었다. 출처가 조직의 '구조'와 '위치'보다는 '기능'과 '활동'과 관련된 개념으로 전환되면서 이는 업무분류체계 개발의 중요한 이론적 근거가 되었다. 이러한 보존기록 정리의 원칙은 '업무활동이나 기능이라는 생산맥락에 기초'한다는 점에서 현용 및 준현용단계의 기록분류와 일맥상통한다(설문원, 2018, pp. 242-243).

한편 1990년대에 들어서면서 Cook(1993)을 비롯한 여러 학자들은 출처를 '관계'의 개념으로 재정의하게 되며, 출처에 대한 새로운 정의는 ISAD(G)에 채택됨으로써 국제적으로 승인되었다. ISAD(G)에서는 출처를 "개인이나 조직의 활동 과정에서 기록을 생산·축적·유지·이용한 개인이나 조직과 기록 사이의 관계"라고 정의하고 있다. Douglas(2010)는 출처를 "기록, 생산자, 기능 사이에 존재하는 수많은 관계를 분석하여 만들어낸 논리적 구조"로 이해해야 한다고 하고, 출처 개념은 생산자성을 넘어 그 외연이 더욱 확장되었으므로 출처주의도 이러한 복합적 관계를 존중하는 것으로 재규정되어야 한다고 하였다(설문원, 2018, p. 243).

기록의 출처는 그 생산자와의 관계뿐만 아니라 공동생산자로서 공동체 및 기록보존소와 생산자의 관계가 될 수도 있으며, 거주지의 집합적 기억이 담긴 물리적 장소 역시 기록 출처의 일부가 될 수 있다. 이러한 출처 개념의 확장은 출처주의가 기록의 정리(분류)보다 기술(메타데이터)을 통해 구현될 수 있기 때문에 가능해졌다고 볼 수 있다. 출처의 개념은 생산자성을 넘어 생애주기 전반에 걸쳐 형성되는 다양한 관계 중심으로 확장되고 있다. 그러나 다양한 관계 중에서 최초의 생산을 야기한 기능과 생산자와 기록의 관계는 여전히 중요하게 다루어져야 할 것이라고 보며, 이것이 출처 존중의 시작이 될 것이다. 출처주의 준수를 위해서는 무엇보다도 기록생산자 및 생산자의 기능을 포함하여 생애주기 전반에 걸쳐 형성된 행위, 행위자, 기록 간의 관계를 잘 포착하고 이를 기술할 수 있어야 할 것이다. 그러나 이러한 관계는 단지 링크가 아니라 관계에 대한 기술이 적절히 표현될 수 있어야 한다. 따라서 메타데이터가 자동적으로 생성되도록 기술과정을 구조화하는 것과 아키비스트가 지적 노력을 통해 추가하는 작업이 병행되어야 할 것이다 (설문원, 2017, pp. 101-102).

퐁 (fonds)

퐁(fonds)은 하나의 조직이나 가족, 개인이 생산 · 수집한 전체 기록을 말한다. 기록의 최상위 집단으로, 기록군(records group)과 유사한 개념이다. 기관이나 개인의 기능을 수행하기 위해 기록을 생산하는 여러 부서나 개인을 총괄하는 최상위 조직이나 개인의 모든 전체 기록을 하나의 기록 퐁(fonds)으로 모을 수 있다. 이는 기록을 서고에 보존할 때나 분류, 기술할 때 존중해야 할 하나의 출처가 된다(기록학 용어 사전, 2008, pp. 268-269). 보존 기록관리에서 지적 · 물리적 통제를 위해 사용하는 정리 계층은 보통 가장 상위에 기록 그룹(records group)이나 컬렉션(collection) 계층이 존재하고, 그 아래에 하위 그룹(subgroup), 기록 시리즈(series, 계열), 기록철(file), 기록건(item)이 존재한다. 시리즈 아래에는 하위시리즈가 있을 수 있고, 기록철은 기록권(part, volume)들로 분철될 수 있다.

■ 원질서 존중의 원칙

원질서(original order)란 기록 생산자가 구축한 기록의 조직 방식과 순서를 의미하는 것이다. 원질서 존중의 원칙이란, 기록물이 생산된 기관과 관련 기관의 업무 활동을 수행하는 과정에서 기록을 생산하고 축적하고 유지한 순서와 질서를 그대로 유지해야 하며, 입수된 그 구조대로, 순서에 맞게 관리되어져야 한다는 것을 의미한다. 이 원칙은 특정한 기록 시리즈(계열)들 사이의 상관관계를 포함하여 전체 기록물철의 구조를 보존하기 위한 것이다(국가기록원, 2006, p. 2).

기록을 원질서대로 유지해야 하는 이유는, 첫째, 각종 관계 정보(기록과 기록 간의 관계, 기록과 업무 흐름 간의 관계 등)와 의미 있는 정보를 기록의 원질서로 부터 추론할 수 있기 때문이며, 둘째, 기록을 이용하는 데 기록 생산자가 만든 구 조를 활용함으로써 보존 기록관이 새로운 접근 도구를 만드는 업무를 줄일 수 있 기 때문이다(기록학 용어 사전, 2008, p. 170). 즉 생산이나 형성 순서나 등록 번호 등은 업무처리 과정의 논리적 순서에 의해 만들어져 있는 것이라, 기록관리자가 임의로 흩어버리는 것은 바람직하지 않으며, 기존의 질서를 유지하도록 하는 것 이 필요하다는 것이다.

또한 원질서는 이용자들이 기록을 분석하고 해석하는데 상당히 큰 의미를 가지 고 있을 수 있다. 따라서 기록이 문서 외에 사진, 도면이나 전자기록 등의 다양한 미디어를 포함하고 있다고 하더라도 이들은 정리와 기술을 위해 모두 다 함께 유 지되어야 하며, 그렇지 않으면 기록의 출처와 원질서를 파괴하여 맥락과 내용의 정확한 재현을 위태롭게 할 수 있다(Roe, 2005, p. 16).

원질서는 기록의 시리즈와 시리즈 간 상호관계를 포함하여 정부 단위의 전체 기록분류체계를 보존하기 위해 고안되었다. 출처의 원칙이 기록 생산자나 기능적 활동을 강조하는 데 반해, 원질서 존중의 원칙은 주로 기록관리나 분류체계와 관 련된다. 그러므로 기록의 원질서의 부여는 업무부서의 고유책임으로 남겨두되, 기 록관리 전문가가 이에 대한 지도와 확인을 통해서 기록관리에 적합하도록 기록의 원질서가 일정한 수준을 유지토록 하는 것이 중요할 것이다.

그러나 아키비스트들은 그들이 이관 받은 기록물의 분류체계에 이해하기 어려 운 부분이 있는 경우나 또는 기록물이 무질서한 채로 수집되었을 경우, 그들 스스 로 분류체계를 고안해야 하기 때문에, 원질서 존중의 원칙은 유동성을 지니고 있 다고 볼 수 있다. 이렇게 새로운 체계를 부여하기 위해서는 먼저 맥락정보를 기록 자체에서 파악하고, 생산자, 생산 목적, 물리적 유사성, 참조번호체계 등 확인한 후, 행정연혁 및 보유이력 정보도 확인하고, 이용자의 요구와 기록의 생산맥락을 가장 잘 반영할 수 있는 질서를 부여하는 것이 필요하다(이젬마, 2011, p. 73).

한편 어떤 수집자의 의도(특정 주제, 기록유형 등)에 따라 다양한 출처에서 수집된 기록집합체를 이관 받았을 때에는 출처의 원칙과 원질서의 원칙은 수집자를 출처로 설정하고, 수집자가 정리 · 축적한 질서를 원질서로 존중할 필요가 있다(설문원, 2018, p. 243).

■ 계층적 관리의 원칙

계층적 관리(hierarchical management)는 기록물관리에 있어서 출처 존중과 원질서 존중의 원칙을 이행하는 방법으로, 두 원칙은 전통적으로 기록을 위계적인 구조에 따라 정리하도록 안내해왔다. 출처에 의한 정리는 하위부서에서 생산된 기록을 큰 기관 아래에 묶음으로서 관료제 조직을 본뜨고자 한 것이다. 계층적 관리라는 개념은 미국의 아키비스트들이 현대에 들어와 기록물의 거대한 양의 증가에 직면하면서, 이들을 관리할 방법으로 위계질서에 주목함으로써 개발되었다.

계층적 관리는 가장 크고 일반적인 것에서부터 가장 작고 구체적인 것에 이르기까지, 연속체를 따라 점차적으로 기록 세트를 묶어주고 이에 대해 기술하는 것을 포함한다. 따라서 한 기관의 기록물은 구성 부서나 활동 또는 기능을 기반으로 해서 물리적으로 점점 더 세분화되고 지적으로 기술된다. 이는 기록의 군이나 컬렉션, 기록의 계열, 계열 내의 기록철(파일), 각 기록철 내의 기록건도 같은 식으로 관리해야 한다는 것이며, 세분된 이들 각각은 모두 다른 통제 단계의 하나하나로 간주되어 정리되고 기술된다.

통제의 각 단계는 관리나 처리과정, 또는 열람에 있어 단계별로 함축적 의미가 다르다. 따라서 예를 들면 기록군이나 컬렉션에 대해서는 그 해당 조직의 역사나 기록 전체에 대한 정보를 제공하고, 기록 계열은 구체적인 기록의 생산 활동과 파일 구조에 대한 정보를 알려주며, 기록철이나 파일 단위들은 기록의 상세한 내용 정보를 제공해 주는 역할을 하게 된다. 기록관리에 있어 기록의 상호의존성을 강조하는 것은, 모든 통제의 단위가 서로 연관되어 있으므로, 개별적인 파일 단위의 기록을 완전히 이해하기 위해서는 그보다 큰 집합에 대한 이해가 절대적으로 필요하다는 것을 의미한다(Miller, 1990/2002, pp. 47-48).

■ 미국에서의 아카이브즈 정리 원칙

19세기의 유럽과 달리 미국에는 아카이브즈 실무가 존재하지 않았고, 1901년 최초 주립 아카이브즈가 설립되었지만, 다양한 사설 역사협회가 더 발달하기 시작하여, 희귀본 도서관이나 수집형 보존기록관의 전통에 의존하고 있었다. 여기서는 기록을 유럽의 아카이브즈 정리 원칙에 따라 분류하고, 문서 층위별 목록 리스트 발간하였으며 일지형 목록(calendars)을 작성하였다(Miller, 1990/2002, p. 35).

이후 점차 듀이 분류법, 의회도서관 분류 시스템 등의 도서관 중심의 도구가 개발되다가 의회도서관에 의해 매뉴스크립트 목록화 매뉴얼이 제작되어 도서 표준목록과 일치하는 방향으로 개별 문서들도 목록화되기 시작하였다. 그러다가 1934년 국립기록보존소가 설립되면서 출처의 원칙과 원질서 원칙이 수용되었다. 여기서는 쉘렌버그(Schellenberg)의 '현대 매뉴스크립트에 대한 아카이브즈 원칙 적용의 영향력'이라는 글의 영향을 받아 정부기록물을 기록군(공통적으로 식별 가능한 기관의 기록)에 따라 조직하고 팜플렛 형식의 기술형 인벤토리가 제작되기 시작하였다(Miller, 1990/2002, pp. 36-37).

공공 및 기관 아카이브즈는 1960년과 1970년대에는 기록 생산자나 기록 세트는 유일하다는 것에 기초하여 기록관별 독립성이 유지되어 오다가, 1980년대 초 SAA의 국가정보시스템 특별위원회(NISTF)가 기록 기술의 공통 데이터 요소들(생산자, 제목, 날짜, 크기 등)을 확인하고 그들의 기술방법과 교환 가능성을 제시하였다. 1983년에는 기계가독형목록(MARC: Machine Readable Catalog)이 개발되어 연구도서정보네트워크(RLIN), 온라인컴퓨터도서관센터(OCLC) 등의 서지데이터베이스에서 기록물에 대한 기술이 이루어졌다. 이를 통해 아카이브즈 원칙과 도서관 주제 분류, 색인 등의 방법론과 조화가 이루어졌다(Miller, 1990/2002, p. 41).

미국의 기술표준인 DACS(Describing Archives: A Content Standard)에서는 4가지 정리의 원칙을 다음과 같이 제시한다. 첫째, 아카이브의 기록은 집합을 이루고 집합으로 관리되고 있으며, 서로 출처나 근원이 같지 않으나 공통의 주제나 형태 등의 특징을 가지고 있는 기록들도 함께 획득하고 조합을 이루고 있을 수 있으며, 이들도 다른 기록들과 같이 취급되어야 한다는 독특한 특성을 가지고 있다. 둘째, 풍 존중의 원칙은 보존 기록의 정리와 기술에 기본이 된다. 셋째, 정리는 자료들 내에서 논리적으로 그룹화하는 방법을 찾아내는 절차를 포함한다. 넷째, 기술은 정리를 반영하는 것이다(Roe, 2005, pp. 112-114).

4. 보존 기록의 정리 계층과 정리 방법

■ 정리 계층

보존 기록관리에서 지적 · 물리적 통제를 위해 사용하는 정리 계층은 보통 가장 상위에 기록군(records group)이나 컬렉션 계층이 존재하고, 그 아래에 하위 기록군(subgroup), 기록 시리즈(series, 계열), 기록철(file), 기록건(item)이 존재한다. 계열 아래에는 하위 계열이 있을 수 있고, 기록철은 기록권(part, volume)들로 분철될 수 있다.

가장 상위단계인 기록군(group)은 하나의 조직이나 가족, 개인이 생산 및 수집한 전체 기록을 의미한다. 즉 보존 기록관에서 관리 상 목적을 위해 출처에 기반하여 구성한 기록의 집합체로서, 유럽에서 형성된 '풍(fonds)'을 미국 환경에 맞게 편의적으로 재구성한 개념이다. 기록군은 독자적으로 기록을 관리하는 조직체 단위로 형성되지만, 규모가 큰 기관의 경우 여러 개의 그룹으로 나누어 관리할 수 있다(기록학 용어 사전, 2008, p. 55). 하위 기록군(subgroup)은 하나의 기록군이나 컬렉션의 일부로서, 그 기록을 생산한 기관의 하위조직으로부터 생산된 기록의 집합이며, 경우에 따라 지리, 시기, 기능, 유사 매체 유형에 기초해 설정하기도 한다(기록학 용어 사전, 2008, p. 274).

하위 기록군 아래에 존재하는 기록 시리즈(series)는 동일한 활동과 관련하여 생산, 접수, 활용되어, 하나의 편철 단위 체계로 정리된 기록들의 집합을 말한다. 기록 시리즈는 특정 주제를 가졌거나, 동일한 형식을 가지고 있다는 공통점 때문에 형성된 기록 집합체인 경우도 있다. 하나의 기록 시리즈는 여러 개의 기록철로 구성되거나 여러 개의 하위 기록 시리즈로 나뉠 수 있다. 서양의 보존 기록관리에 있어서 기록 시리즈는 목록이나 기술의 단위가 되는 경우가 많다(기록학 용어 사전, 2008, p. 57).

그 아래 존재하는 기록철(file)은 업무나 주제, 용도 등을 기준으로 기록관리과정에서 함께 묶여지는 하나의 조직화된 기록의 단위로, 하나의 폴더에 모아놓은 기록건의 집합을 의미한다. 기록철은 기록관리에서 가장 기본이 되는 계층이다(기록학 용어 사전, 2008, p. 62).

기록권(part, volume)은 기록철을 분철하면 생성되는 기록 집합체로서 기록철의 하위 계층에 속한다. 전자 기록철의 경우, 기록철 내에 존재하는 여러 기록권 중 가장 최근에 생성된 기록권만이 열려 있어야 하고 그 외의 기록권들은 종결된 상태를 유지해야 한다. 종이 기록에서 하나의 기록철로 편철하기에는 분량이 많을 경우 이를 물리적으로 나누어 철하게 되는데, 나뉜 각각을 '권'이라 부른다. 종이 기록의 경우 보통 한 권이 하나의 기록철을 구성하지만, 여러 개의 권이 하나의 기록철을 구성할 수도 있다(기록학 용어 사전, 2008, p. 55).

가장 하위에 존재하는 기록건(item)은 한 건의 편지, 메모, 보고서, 사진, 음반 등 내용적으로 개별화할 수 있는 최소한의 기록 단위로 기록관리의 가장 작은 단위를 말한다. 기록 집합체에서 구분되는 하나의 기록건은 여러 개의 컴포넌트로 구성될 수 있지만, 이는 하나의 기록으로 취급해야 한다. 예를 들어 웹 페이지처럼 텍스트와 이미지, 음성 파일 등 여러 개의 컴포넌트로 구성된 기록건이 존재하지만, 이는 하나의 기록건으로 간주된다. 또한 물리적으로 분리되어 있고 여러 쪽으로 나뉜 편지는 내용상 하나의 기록건으로 취급된다. 그러나 하나의 앨범을 기록건으로 취급할 수도 있고 앨범 속의 각각의 사진 각각을 기록건으로 간주할 수도 있어, 기록건의 구분이 애매한 경우도 많으며, 이는 각 기록관리기관의 방침에 따라 결정해야 한다(기록학 용어 사전, 2008, p. 49).

■ 정리 방법

아카이브즈(archives)와 매뉴스크립트 보존소에서는 각기 다른 정리방법이 사용되는데, 이는 기록이 입수된 방법의 차이에서 비롯된다. 이관을 주로 받게 되는 아카이브즈에서의 정리는 보통 시리즈 수준에서부터 물리적 정리의 실제 작업이 시작되는 반면에, 수집형 보존기록관인 매뉴스크립트 보존소에서의 정리는 컬렉션 가가을 대상으로 하는 경우가 많다(Miller, 1990/2002, p. 90).

정리는 기록 생산자에 대한 정보를 제공하는 '출처에 따른 정리', 즉 지적/행정적으로 정리하는 것(기록군, 컬렉션, 하위 군의 용어로 나타냄)과 파일링 구조에 따라 물리적으로 묶어주고 내적으로 분류(시리즈, 하위시리즈, 파일들의 용어로 나타냄)하여 기록 자체에 대한 정보를 제공하는 '파일 구조에 따른 정리'로 구분할 수 있다(Miller, 1990/2002, p. 92). 이러한 두 가지 정리 방식은, 실제로는 분리되어 수행되나 결과적으로 서로 연결됨으로써 융통성 있고 효율적인 정리 작업을 가능하게 한다.

출처에 따른 정리와 파일구조에 따른 정리의 두 가지는 서로 분리해서 수행되지만, 이들을 신축성 있게 다루어 기록물에 대한 정보와 기록 생산자에 대한 정보를 따로따로 나타낼 수도 있고, 정보를 링크(link)를 통해 연결시켜 역사적 발전과정을 밝힐 수도 있다. 이런 서로 다른 정보 사이의 관련성이 기록 정리와 기술을 위한 틀을 구성한다(Miller, 1990/2002, pp. 94-95). 이들 각각의 특징을 비교해보면 〈표 29〉와 같다.

〈표 29〉 출처에 따른 정리와 파일 구조에 따른 정리 비교

출처에 따른 정리	파일구조에 따른 정리
·기록물 생산자에 대한 정보를 제공	·기록물에 대한 정보를 제공
·아카이브즈 기록 그룹 및 매뉴스크립트 컬렉션	·함께 파일링된 기록 시리즈
·그룹-하위그룹순	·시리즈-하위시리즈 순
·지적인 정리	·물리적인 정리
·물리적인 묶음과는 별개의 개념	·파일링 구조에 따라 물리적으로 묶고 내적으로 정리하는 것
·서류상으로만 존재	·통합성 유지의 측면에서 필요

■ 출처에 따른 정리

출처에 따른 정리는 지적이고 행정적인 활동으로, 아카이브즈(archives)는 기록 그룹(군), 매뉴스크립트 보존소는 컬렉션이라는 각각의 개념에 따라 출처의 원칙을 다른 방식으로 적용한다. 우선 아카이브즈의 경우에 정리의 중심이 되는 '기록 그룹(군)'은 기록의 복잡성이나 수량 그리고 기록 생산 기관이나 조직의 행정적 역사를 특별히 고려하여, 출처에 기초를 두고 설정된 조직에 관련된 기록의 덩어리라고 할 수 있다(Miller, 1990/2002, p. 97).

이러한 기록군은 기록을 생산한 기관을 정확하게 나타내 준다. 기록군은 전체적으로 보존기록관의 관리와 조직, 기술을 하는데 있어서 수천 개의 분리된 시리즈보다 더 유용한 단위이다. 만약 이러한 기록 그룹 정보가 없다면, 수많은 기록 시리즈들은 사례 파일(Case File) 같은 일반적이고 모호한 제목을 갖게 될 것이다 (Miller, 1990/2002, p. 99).

한편 매뉴스크립트 보존소의 경우는 전통적인 아카이브즈 시스템과는 정리 방법이 다른데, 수집된 조직의 기록들은 보통 아카이브즈의 기록군과 비슷하게 여겨지나 개인 기록 컬렉션들은 그 기록 생산자의 기록 전체일 경우가 많으므로, 이런 경우 출처는 지적(내용적)으로뿐만 아니라 물리적으로도 그대로 유지될 수 있다.

출처에 따른 정리는 아카이브즈나 매뉴스크립트 보존소의 기록 둘 다 기록군과 그 하위 군으로 나누어질 수 있는데, 이 하위 군들은 기록들을 생산한, 행정적 단위나 활동, 즉 부서명, 과명 등을 나타내준다. 이 하위 군은 시리즈와 혼동되기도 하는데, 하위 군은 기록 생산 단위이며, 시리즈는 기록 자체를 뜻한다. 이 하위 군과 시리즈가 물리적으로 동일한 경우라 하더라도 구별하는 것은 개념적으로 중요하다(Miller, 1990/2002, pp. 99-100).

■ 파일 구조에 따른 정리

파일 구조에 따른 정리는 물리적인 활동으로 시리즈와 하위시리즈로 기록군을 조직하고 관리하는 것이며, 기록 자체를 분류하고 묶어준 뒤 서가에 배치·저장·보관하는 과정이다. 출처와 관련된 용어는 생산자와 관계된 용어-조직명, ○○과, ○○단체 등-인 반면, 시리즈에서 사용되는 용어는 실제 기록을 지칭하는 용어-일기, 의사록, 허가서 등-이다.

'시리즈'는 파일 구조에 따른 정리 시 중요한 개념으로, 기록의 파일구조와 기록 생산 활동의 문서화를 결합시켜주기 때문에 처리를 위한 핵심단위가 될 수 있다. 시리즈는 파일 시스템에 기초한 시리즈와 공통된 형식, 기능, 활동으로부터 통일성을 이루어낸 시리즈로 구분된다. 전자는 알파벳순, 연대기순, 지리적 기준, 또는 일관된 분류시스템에 근거한 시리즈이며, 후자는 특정 주제, 프로그램에 근거하는 시리즈이다. 논리적인 구분이 요구될 경우에는 하위 시리즈가 사용될 수 있다.

시리즈는 물리적인 파일의 완전성과 구체적인 기능이나 활동의 조합을 표현하기 때문에 중요하며, 이를 통해 기록을 정리하는 것이 가능하다. 특히 시리즈 명의 순서를 정하는 작업은 서가의 배치와 검색도구의 목록화와 관련되며 전통적으로 이를 통해 원질서의 원칙이 지켜졌다(Miller, 1990/2002, p. 103).

▣ 기록의 정리 단계

기록관에서 기록을 정리하는 절차를 단계별로 정리해보면, 첫 번째는 기록의 인수, 두 번째는 정리와 기술을 위한 맥락 정보 구축, 세 번째는 기록의 정리 이행, 네 번째는 기록을 물리적으로 처리하는 과정의 네 단계로 구분해볼 수 있다(〈표 30〉 참조)(Roe, 2005, p. 46). 이들을 단계별로 알아보면 다음과 같다.

〈표 30〉 기록의 정리 단계

정리의 단계	시행 업무
기록의 인수 (accession)	·기록의 물리적·행정적 이관업무 진행 ·기록의 일반적인 내용과 상태 검토 ·초기 통제도구 생산 ·정리, 기술 및 보존의 우선순위를 위해 미래의 요구 정도 파악
정리와 기술을 위한 맥락 정보 구축	·기록을 이용하여 기록을 생산, 축적, 유지 또는 사용하는데 책임 있는 사람이나 조직에 관련된 정보 파악 ·기록이 생산된 기능이나 역할 파악 ·기록에서 입증될 수 있는 기록관리 관행 파악 ·기록과 관련된 중요한 사건 및 전개 상황 등을 파악
기록의 정리 이행	·기록을 위해 물리적 정리 상태 파악하거나 정리 이행 ·기록의 지적 관계와 기록의 정리에 대해 파악
기록의 물리적 처리 과정	·필요하면 기록 재수용 ·보존 요구사항 파악 ·특별한 포맷의 기록 분리 ·불필요한 자료는 제거하고, 정보적 가치 있는 내용에 대해 기록

*출처: Roe, 2005, p. 46.

첫 번째는 기록의 인수(accession) 과정으로, 기록의 물리적·행정적 이관업무를 진행하고, 기록의 일반적인 내용과 상태를 검토하며, 초기 통제도구를 생산하고, 정리, 기술 및 보존의 우선순위를 위해 미래의 요구 정도를 파악해본다. 이를 좀 더 상세히 알아보면, 이관은 처분지침에 의하여 특정 시기에 진행하며 기록의 특별 제한이나 조건 등을 확인하고 기록관에 법적으로 이관되었음을 검증하는 사인이 필요하고, 개인기록이나 매뉴스크립트 보존소는 저작권과 활용 등을 포함한 행정적 조건에 대해 기증자와의 협상과 법적 동의를 동반한 계약이 필요하다. 이관 시에는 정리체계 등에 대해 질의 등을 통해 파악을 해야 하며, 가능하면 패키징 과정에 직원이 직접 관여하여 기록의 정리체계를 유지하는 것이 나중에 기록관에서 정리를 하기에 쉽다. 기록의 내용과 상태 점검 시에는 시청각기록물이나 깨지기 쉬운 것은 따로 보관하고, 또 젖은 상태나 해충 등에 감염되어 다른 기록에까지 영향을 줄 수 있는 기록은 따로 관리하는 등의 주의가 필요하다. 기록의 정리는, 이관에 대해 문서화한 인수파일을 작성함으로써 법적 소유권과 저작권 등에 관련되어 행정적인 접근에 문제가 없도록 하고, 전체적으로 이관된 기록의 대강을 보여주는 간략하게 요약된 내용의 기술(description)을 준비하고 이용자들의 기본적인 접근이 가능하도록 해주는 것이 바람직하다. 기록관들은 보통 일들이 저체되기 때문에 보존과 평가를 해온 관내 전문가가 있다면 의논하여 정리와 기술 및 보존에 있어 우선순위를 정하여 이용자들의 활용에 차질 없도록 하는 것이 필요하다(Roe, 2005, pp. 47-56).

두 번째는 정리와 기술을 위한 맥락 정보를 구축하는 과정으로, 다른 기록을 이용하여 기록을 생산, 축적, 유지 또는 사용하는 데 책임 있는 사람이나 조직에 관련된 정보를 파악하고, 기록이 생산된 기능이나 역할을 파악하며, 기록에서 입증될 수 있는 기록관리 관행을 파악하고, 기록과 관련된 중요한 사건 및 전개 상황 등을 파악한다. 이에 대해 좀 더 상세히 알아보면, 기록과 관련된 인물에 대해서는 다양한 필명으로 활동하는 저자명이나, 아키비스트와 이용자들이 혼돈할 수 있는 공통의 이름 등을 파악하여 맥락정보를 제공하는 것이 필요하며, 20세기 이후 특히 빈번한 조직의 개편이나 이름 변경, 합병과 분할 등에 대한 정보도 잘 파악해야 한다. 또 기록이 왜 생산되었으며, 그 기록이 어떻게 사용되었는지 등에 대한 내용이 기록 자체에 내포되지 않으므로, 조직의 기능이나 역할을 파악하는 것도 중요하다. 또한 기록이 생산된 단체나 직업(회계사, 법원, 정신과 및 의료기관, 종교 단체 등)의 기록관리 관행과 그 기록의 맥락을 이해하는 것 또한 매우 중요하다. 또한 기록들은 역사적인 배경을 가지고 생산되고, 각각 다른 시대적 상황과 업무 수행 방법 및 활동 등을 반영하게 되므로, 기록과 관련된 특정 사건과 그 전개와 관련된 정보 등의 맥락을 정리와 기술을 하기 전에 파악하는 것도 중요하다(Roe, 2005, pp. 56-60).

세 번째는 기록을 정리를 이행하는 과정으로, 기록을 위해 물리적 정리 상태를 파악하거나 정리를 시행하며, 기록의 지적 관계와 기록의 정리에 대해 파악한다. 이를 좀 더 상세히 알아보면, 기록을 정리하기 위해서는 먼저 일반적으로 인수한 기록에 대해 살펴보고 이미 기록이 정리되어 있는 방법에 대해 파악하도록 해야 한다. 일반적으로 조직의 기록은 보통 시리즈 단위로 그룹이 되어 있으며, 그 안에서 생산된 순서대로 정리되어 있을 것이므로 이를 파악하는 것이 중요하다. 만약 정리방법을 파악하기 어려우면 그 분야에서 사용되는 정리방법을 알아볼 수 있을 것이다. 개인 기록 등은 기존의 정리 방법이 없을 수 있으므로, 개인의 역할, 직업이나 관심사 등을 반영하여 다양한 방법으로 인위적으로 정리를 해야 할 것이다. 전자기록들은 생산자들을 통해, 조직의 기능과 활동이 DB나 전자파일 사이에 지적으로 어떻게 관련되어 있는지 파악해야 할 것이다. 이렇게 파악된 정리 방법들은 나중에 검색도구 등에 설명되어야 할 것이다. 아키비스트는 기록의 물리적이고 지적인 정리 패턴을 이용자들이 명확하게 이해하도록 하는 것이 필요하다(Roe, 2005, pp. 61-67).

네 번째는 기록을 물리적으로 처리하는 과정으로, 필요하면 기록을 재수용하고, 보존 요구사항을 확인하며, 특별한 포맷의 기록을 분리하고, 불필요한 자료는 제거하고, 정보적 가치가 있는 내용에 대해 기록한다. 이를 상세히 살펴보면, 먼저 기록에 대한 파악이 되고 나면 기록들을 다시 폴더에 넣고 또 박스에 넣고 하여 안정된 우수한 환경에 보존하도록 해야 할 것이다. 알칼리성 종이를 사이에 끼울 수도 있고, 특별한 포맷의 기록은 별도로 소장해야 할 수도 있다. 이렇게 재수용하는 과정은 곰팡이나 해충에 대해, 또 불안정한 필름 등의 매체 등과 관련해 빠른 조치를 취할 수 있는 기회가 될 수 있다. 일반적으로 복본은 제거하고 주석이 있다면 보관하며, 출판된 자료들은 완전히 제거하여 도서관 등에 제공할 수도 있을 것이다. 이러한 과정 중에는 기록의 내용을 면밀히 살펴서, 특히 중요한 사건이나 사람 또는 주제에 관련되거나 교육이나 연구나 전시 등에 가치가 있을 만한 기록들은 나중에 검색도구에 명시되도록 하고, 좀 더 효과적이고 상세한 기술을 해줄 수 있을 것이다(Roe, 2005, pp. 68-70).

2장_ 메타데이터와 보존기록의 기술(Description)

개 요

기록관리에 있어 메타데이터는 기록관리시스템을 움직이게 하는 핵심 도구이다. 기록관리 맥락에서 보면, 기록 메타데이터는 장기간에 걸쳐 특정영역 내 또는 타 영역 간의 기록의 생산 · 관리 및 이용을 가능하게 하는, 구조화된 또는 반구조화 된 정보이다(KS X ISO 15489-1:2016, 3.12). 기록 메타데이터는 기록과, 기록을 생산 · 관리 · 유지 · 이용하는 사람, 과정과 시스템, 그리고 기록을 관장하는 정책 등을 확인하고 승인해주며 맥락을 파악하는 데에 사용될 수 있다(KS X ISO 23081-1: 2017, 9.1). 메타데이터는 기록을 업무맥락 속에 고정시키고 기록에 대한 관리 통제를 시작하면서 획득시점에 기록을 정의한다. 기록이나 기록 집합체가 존재하는 동안에 기록이 이용되는 기록관리 맥락과 업무 과정에 관련된 정보는 계속 축적된다. 메타데이터는 장기간에 걸쳐 진본성, 신뢰성, 이용가능성, 무결성을 보장하며, 정보객체가 물리적이건 아날로그이건 디지털이건 간에 이를 관리하고 이해할 수 있도록 해준다(KS X ISO 23081-1:2017, 4).

한편 기술(description)은 기록을 위한 검색도구나 기타 접근 도구를 생산하는 과정이나 그 결과물을 의미한다. 기술의 1차적 목적은 현재 및 미래의 모든 이용자가 원하는 기록을 찾고, 그 의미를 이해할 수 있도록 도와주는 것이다. 또한 기록군이나 컬렉션의 구성 기록을 보여줌으로써 무결성을 확인할 수 있도록 하고, 기술을 통해 기록에 대한 상세한 정보를 제공함으로써 원기록을 이용하는 시간을 최소화할 수 있다. 기술은 전통적으로 보존 기록을 대상으로 한 행위이며, 기록 전체가 원래 생산 환경으로부터 이관되어 왔을 때 기록 생산 맥락에 대한 지식을 확보하여 기술에 활용하게 된다. 따라서 현용 및 준현용 단계에서 생산 · 획득된 메타데이터는 보존 기록 기술의 중요한 부분을 차지한다(기록학용어사전, 2008)

메타데이터는 국제표준인 ISO 23081-1:2017과 23081-2:2007이 메타데이터의 의미와 역할 및 기록관리시스템에서의 활용에 대해 제시하고 있다. 기술과 관련하여서는 ICA에서 ISAD(G) 표준을 제시하였고, 이와 관련된 전거레코드 기술 표준인 ISAAR(CPF)와 기능기술 표준인 ISDF을 통해 다면적으로 기록에 대한 정보를 제공하도록 하는 다중개체 모형을 제시하였다. 또한 기록의 통합검색을 촉진하는 기록소장기관에 대한 정보를 다각적으로 기술하는 ISDIAH 표준도 제시하였다.

2016년에는 ICA에서 위 4가지 표준을 통합하고 기술 요소들 간의 관계를 제시하며 정보환경의 변화와 문화유산관리기관 중심의 협력 체계에 기록관리기관도 역할을 할 수 있도록 하는 RiC 표준을 제시하고 2019년 0.2 개정판도 제시하였다. 이와 같은 표준들에 대해서도 이 장에서 알아보도록 한다.

이 장에서는 다음 내용에 대해 알아본다.

■ 메타데이터의 기본 개념과 역할 및 기능을 알아본다.

■ 더블린 코어와 국제표준 ISO 23081, 그리고 각국 메타데이터 표준들을 살펴본다.

■ 메타데이터의 상호운용을 위해 사용되는 메타데이터 레지스트리에 대해 알아본다.

■ 기록관리에 있어서 '기술'의 의미와 역할을 알아본다,

■ 국제 기술규칙 ISAD(G)를 중심으로, 국가별 기술 규칙들을 살펴본다.

■ 전거레코드의 개념과 역할 및 관련 국제 기술규칙인 ISAAR(CPF)에 대해 알아본다.

■ 업무 기능과 기록관 정보의 기술에 대한 국제 기술규칙인 ISDF 및 ISDIAH에 대해 알아본다.

■ 검색도구를 인코딩하는 데이터 구조 및 교환 표준들에 대해서도 알아본다.

■ 기술규칙을 통합하여 다차원 기술 방식으로 기록물을 기술하도록 ICA에서 제시한 RiC-CM과 RiC-O에 대해 알아본다.

1절 메타데이터

1. 메타데이터의 개념, 역할 및 기능

■ 메타데이터의 개념 및 종류

메타데이터란, 정보를 지적으로 통제하고 구조적으로 접근할 수 있도록 하기 위해서 정보 유형을 정리한 2차적인 정보이다(기록학 용어 사전, 2008, p. 97). 사물을 표현하는 특성 정보를 유형화한 정보나 데이터의 유형을 정한 데이터라는 의미에서 '데이터에 대한 데이터'라고 정의하기도 한다. 예를 들면, 하나의 드라마 동영상을 데이터로 보면 이 드라마에 대해서 '제목', '작가', '감독', '출연배우' 등의 데이터가 입력될 수 있으며, 이렇게 하나의 데이터를 설명하는 데이터가 메타데이터이다.

이와 마찬가지로 기록을 설명하는 경우에도, 기록을 검색하기 위해 데이터를 정하고 기술한 기술 메타데이터 또는 자원발견 메타데이터, 기록의 장기적 보존을 지원하는 보존 메타데이터, 개별 기록 단위에서 전체를 구성하는 각각의 부분 간의 관계를 보여주면서 기록의 내부 구조 또한 알 수 있도록 하는 구조 메타데이터 등의 다양한 메타데이터가 존재한다(기록학 용어 사전, 2008, p. 98).

메타데이터에는 다양한 종류가 있는데, 특히 인터넷 자원에 대한 메타데이터의 표준으로 개발되어 제시된 더블린 코어(Dublin Core)를 먼저 알아보고, 기록관리 메타데이터에 대해 상세히 알아본다.

■ 더블린 코어(Dublin Core)

더블린 코어(Dublin Core, 이하 DC) 메타데이터는 1995년 3월 미국 오하이오주에서 개최된 워크숍을 계기로 탄생하였으며, '메타데이터'라는 용어가 전 학문 분야에서 사용되게 되었다. 이는 OCLC(Online Computer Library Center)와 NCSA(National Center for Supercomputing Applications)가 후원하였고, 범 주제적인 전자정보에 적용 가능하면서 간단한 요소가 필요하다는 합의가 이루어졌다. 방대한 양의 웹 자원을 기술하기에 기존의 방법은 한계가 있어, 이를 극복하기 위해 DC는 웹 자원의 발견(discovery)에 필수적이면서도 비전문가가 이해할 수 있을 정도의 수준으로 요소를 단순화시키는데 주력했다. 설계 원칙은 간결성, 호환성, 확장성으로 모든 영역에서 사용이 가능하고, 어떤 유형의 자원에도 적용할 수 있으면서, 시스템과 관계없이 확장이 가능한 것이 강점이다. 이러한 원칙에 따라 더블린 코어 메타데이터 요소세트(DCMES)로 15개 요소로 정의되어, 미국(ANSI/NISO Standard Z39.85-2007) 및 국제표준(ISO 15836)이 되었다(한국서지표준, 더블린 코어). 2000년부터 요소의 의미적 정확성을 높이기 위해 한정어(qualifier)를 도입하였다. 이후 '한정어' 대신 '상세구분(refinement)'이란 용어를 사용하였고, 2003년 이후 상세구분 요소들이 'DCMI Metadata Terms'의 속성(properties)으로 정의되었다. 2017년에는 국제 ISO 표준 규격을 핵심 요소와 속성인 두 부분으로 분리시켰다(한국서지표준, 더블린 코어).

더블린 코어 메타데이터의 15개 요소는, 자원에 부여된 표제(title), 창작자(creator), 주제(subject), 설명(description), 발행자(publisher), 기여자(contributor), 날짜(date), 유형(type), 형식(format), 식별자(identifier), 출처(source), 언어(language), 관련자원(relation), 수록범위(coverage), 이용조건(right)이다(한국서지표준, 더블린 코어). 그러나 더블린 코어는 계층구조를 기반으로 하지 않는 단순한 의미를 지닌 요소를 포함함으로써, 계층성 및 맥락 등이 필수적인 기록의 특성과 기록관리 과정에 필요한 각종 정보를 모두 담기에는 역부족이다.

2. 기록 메타데이터

■ 기록 메타데이터의 역할 및 목적

기록 메타데이터는 '시간이 지나가도 영역(domain) 안과 영역 간에 기록의 생산, 관리 및 이용을 가능하게 하는, 구조화되었거나 반구조화된 정보'라고 정의된다 (KS X ISO 15489-1:2016, 3.12). 각각의 영역은 어떤 가치와 지식을 공유하는 특정 또는 제한된 인간집단과 함께 하는 사회적 및/또는 조직적 활동 영역과 지적 담론의 영역을 표현한다. 기록 메타데이터는 기록과, 기록을 생산, 관리, 유지 및 이용하는 사람과 과정 및 시스템, 그리고 기록을 관장하는 방침 등을 식별하고 승인해주며 맥락을 파악하는 데에 사용될 수 있다.

메타데이터는 기록을 업무맥락 속에 고정시키면서 기록에 대한 관리 통제를 시작하며, 획득시점에 기록을 정의한다. 기록이나 기록 집합체가 존재하는 동안에 다른 업무 또는 다른 이용 맥락에서의 새로운 이용으로 인해 메타데이터는 시간이 지나면서 계속 축적된다. 기록이 이용되는 기록관리 맥락과 업무 과정에 관련된 정보는 기록이 관리되고 이용됨에 따라 계속 축적된다. 메타데이터는 시간이 경과하여도 진본성, 신뢰성, 이용가능성, 무결성을 보장하며, 정보객체가 물리적이건 아날로그이건 디지털이건 간에 이를 관리하고 이해할 수 있도록 해준다. 그러나 메타데이터도 관리되어야 할 것이다. 디지털 환경에서 공신력 있는 기록(authoritative records)은 그 기록의 핵심적인 특성들을 정의하는 메타데이터를 가지고 있는 기록들이다. 디지털 환경에서는 기록관리 메타데이터의 생산과 획득이 기록을 생산, 관리, 이용하는 시스템 안에서 실행되도록 보장하는 것이 필수적이다(KS X ISO 23081-1:2017, 4).

KS X ISO 15489-1:2016의 기록관리 원칙에서는 특히, 기록은 내용(Contents)과 메타데이터(Metadata)로 구성된다고(4. c) 규정하여, 메타데이터는 기록의 일부분이므로 기록과 동일하게 중요하게 생성, 관리되어야 함을 의미한다. 또한 기록 메타데이터에 대한 별도의 장을 두어 메타데이터가 어떤 역할을 하는지, 어떤 정보로 구성되는지 등을 설명하고 있다. 전자 환경에서 메타데이터의 중요성을 재차 확인할 수 있다(이젬마, 2016, p. 49).

KS X ISO 15489-1:2016 표준은 메타데이터가 다음을 표현(depict)해야 할 것이라고 하였다: a) 업무 맥락(business context), b) 기록과 기록시스템 사이의 의존성과 관계, c) 법적, 사회적 맥락과의 관계, d) 기록을 생산, 관리, 이용하는 행위주체(agents)와의 관계. 그리고 메타데이터는 시간이 지나면서 축적되어감에 따라, 무엇보다도 기록의 출처(provenance)를 집합적으로 기록한다고 하였고, 기록 메타데이터는 그 자체가 기록으로 관리되어야 할 것이며, 망실이나 허가받지 않은 삭제로부터 보호받아야 할 것이다. 그리고 업무분석(appraisal)에서 식별된 요구사항에 맞게 보유 또는 파기되어야 할 것이며, 메타데이터에 대한 접근은 승인받은 접근과 허용 규칙에 따라 통제되어야 할 것이라고 하였다(KS X ISO 15489-1:2016, 5.2.3).

또한 기록 메타데이터는 다음을 기록하는 정보로 구성되어야 할 것이라고 하였다: a) 기록의 내용에 대한 기술; b) 기록의 구조(예: 형식, 포맷 및 기록을 구성하는 컴포넌트 사이의 관계); c) 기록이 생산, 접수, 이용되었던 업무의 맥락; d) 다른 기록과 다른 메타데이터와의 관계; e) 포맷 또는 저장정보와 같이 기록을 검색하고 제시하는 데 필요한 식별자나 기타 정보; f) 기록이 존재하는 동안 기록과 관련되었던 업무 행위와 사건(행위의 날짜와 시간, 메타데이터 변경사항, 그러한 행위를 한 행위주체 포함). 그리고 이러한 메타데이터를 가지지 않는 기록은 공신력 있는 기록으로서의 특성이 결여된 것이라고 하였다(KS X ISO 15489-1:2016, 5.2.3).

또한 메타데이터는 다음을 위해 정의되어야 할 것이라고 하였다: a) 기록의 식별과 검색을 가능하게 하기 위함; b) 변화하는 업무 규칙, 방침 및 법규를 기록과 연결하기 위함; c) 기록을 행위주체와 기록에 대한 그들의 권한과 권리에 연결하기 위함; d) 기록과 업무활동을 연결하기 위함; e) 접근 규칙의 변경 또는 새로운 시스템으로의 마이그레이션과 같이 기록에 대하여 행해진 프로세스를 추적하기 위함(KS X ISO 15489-1:2016, 8.2).

메타데이터는 처음에는, 기록을 업무맥락 속에 고정시키고 기록에 대한 관리 통제를 설정하며 기록 획득시점에 기록을 정의한다. 기록이나 기록 집합체가 존재하는 동안에는 다른 업무나 다른 이용 맥락에서 새롭게 이용됨에 따라 새로운 메타데이터 계층들이 추가되는데, 이는 메타데이터가 장기간에 걸쳐 계속 축적된다는 것을 의미한다. 기록이 이용되는 기록관리 맥락과 업무 과정에 관련된 정보는 기록이 관리되고 이용되기 때문에 계속 축적된다. 기록은 또한 구조적 변화와 그 외형에 대한 변화를 겪을 수 있다. 메타데이터는 여러 시스템에서 여러 목적으로 공급되거나 재사용될 수 있다. 기록의 현용기간(active life) 중 기록에 적용되었던 메타데이터는 현행 업무 목적에 더 이상 필요하지 않으나 진행 중인 연구나 다른 가치 때문에 보유되고 있을 때에도 계속 적용될 수 있다. 메타데이터는 장기간에 걸쳐 진본성, 신뢰성, 이용가능성, 무결성을 보장하며, 정보객체가 물리적이건 아날로그이건 디지털이건 간에 이를 관리하고 이해할 수 있도록 해준다. 그러나 메타데이터도 관리되어야 한다(KS X ISO 23081-1:2017, 4).

기록관리에는 항상 메타데이터의 관리가 포함되어 왔다. 그러나 디지털 환경에서 메타데이터를 식별하고 획득하며 속성을 부여하고 이용하기 위해서는 기존 전통적 요건에 대한 다른 표현과 다른 매커니즘이 필요하다. 디지털 환경에서 공신력 있는 기록(authoritative records)은 그 기록의 핵심적인 특성들을 정의하는 메타데이터를 가지고 있는 기록둘이다. 이러한 특성은 종이 기반의 과정에서와 같이 묵시적이 아니라 명시적으로 기록화 되어야만 한다. 디지털 환경에서는 기록관리 메타데이터의 생산과 획득이 기록을 생산, 관리, 이용하는 시스템 안에서 실행되도록 보장하는 것이 필수적이다. 바꿔 말하면, 디지털 환경은 메타데이터를 정의하고 생산하며, 완전하고 동시적인 기록 획득을 보장하기 위한 새로운 기회를 제공한다. 이러한 기록은 업무처리의 증거가 되거나 그 자체가 업무처리가 될 수 있다(KS X ISO 23081-1:2017, 4).

ISO 23081-1:2017에서는 기록 메타데이터의 목적과 편익을 다음과 같이 제시한다. a) 기록을 장기간 증거로서 보호하고 접근성과 이용가능성을 보장; b) 기록의 이해를 가능하게 함; c) 기록의 증거 가치를 지원하고 보장; d) 기록의 진본성, 신뢰성, 무결성을 보장할 수 있도록 지원; e) 접근, 개인정보보호, 권리를 지원하고 관리; f) 효율적인 검색을 지원; g) 기록의 재이용 및 다른 목적의 이용을 지원; h) 다양한 기술과 업무 환경에서 생산된 기록을 공신력있게 획득할 수 있게 하고 필요한 동안 기록의 지속가능성을 보장함으로써 상호운용성 전략을 지원; i) 기록과 생산맥락간의 논리적 연결을 제공하고, 구조적이고 신뢰할 만하며, 의미 있는 방식으로 이러한 논리적 연결을 유지; j) 디지털 기록이 생산되거나 획득되는 기술 환경의 식별을 지원하고, 필요로 하는 동안 진본기록이 재생산될 수 있도록 하기 위해 디지털 기록이 유지관리 되는 기술 환경의 관리를 지원; k) 하나의 환경이나 컴퓨터 플랫폼에서 다른 환경이나 플랫폼으로, 혹은 다른 보존 전략으로 기록을 효율적이고 성공적으로 마이그레이션 할 수 있도록 지원(KS X ISO 23081-1:2017, 5.1).

이런 의미에서 분류 메타데이터와 색인 메타데이터는 기록에 접근이 허용된 이용자가 더 쉽게 기록을 검색할 수 있도록 하는 데에 이용될 수 있다. 주제, 위치, 개인명과 같은 색인 메타데이터는 획득시점에 기록과 연결될 수 있고, 기록이 존재하는 동안 필요에 의해 추가해도 된다(KS X ISO 15489-1: 2016, 9.4; 현문수, 2018, pp. 383-384).

3. 메타데이터 표준 ISO 23081

■ ISO 23081의 개요

ISO 23081은 세 파트로 구성된 기록관리 메타데이터에 관한 국제 표준으로, ISO의 TC 46 산하 SC 11의 주관으로 2006년과 2007년, 그리고 2011년에 각각 공식적인 표준으로 제정되었으며, 2017년 23081-1 개정판이 제시되었다. 제1부 23081-1은 문헌정보-기록관리과정-기록메타데이터: 원칙(Information and Documentation -

Records Management Processes - Metadata for Records - Part 1: Principles)이고, 제2부 23081-2는 개념과 실행 고려사항(Conceptual and Implementation Issues), 제3부 230813은 자가 평가 방법(Self-assessment method)이다. 우리나라에서는 2007년과 2008년 제1부와 제2부가 KS X ISO 23081-1과 KS X ISO 23081-2의 국내 표준으로 제정되었다. 2017년 제정된 ISO 23081-1 표준은 2020년 국내 표준으로 부합화 되었다.

■ ISO 23081-1:2017

ISO 23081의 제1부 원칙(Principles)은 ISO 15489의 기본틀 안에서 메타데이터를 이해하고 실행하며 이용하기 위한 지침을 제공한다. 이 표준은 업무과정에서의 기록관리 메타데이터의 적합성과 업무와 기록관리 과정을 지원하는 메타데이터 의 서로 다른 역할과 유형을 다룬다. 또한 그런 메타데이터를 다루는 기본틀을 제공한다.

ISO 23081-1은 ISO 15489−1을 지원하기 위해 필요한 메타데이터의 유형을 다음 다섯 가지의 구성 요소로 나눌 수 있다고 하였다. ① 기록 자체에 대한 메타데이터, ② 업무규정이나 정책과 법규에 관한 메타데이터, ③ 행위자에 관한 메타데이터, ④ 업무활동이나 과정에 관한 메타데이터, ⑤ 기록관리 과정에 관한 메타데이터이다(ISO 23081-1:2017, 9.1).

이를 기반으로 5개 주요 메타데이터 유형과 그 관계를 명시하였는데, 〈그림 14〉에서 그 관계를 보여주고 있다. 이를 상세히 살펴보면 다음과 같다.

① 기록에 관한 메타데이터는 기록획득 시점에는, 필요한 동안 기록에 대한 접근성을 유지하고 장기 보존과 관리를 원활히 하기 위해, 포맷과 핵심적인 기술 종속성과 같은, 구조와 저장 메타데이터의 핵심 요소들을 확인하고 기록하여야 한다. 기록 획득 이후에는 이 메타데이터들은 기록의 논리적·물리적 구조와 기술적 속성의 변화를 확실하게 보여줄 뿐만 아니라, 기록이 사용된 새로운 맥락을 지속적으로 기술하고 생성해야 할 것이다. 또한 다른 기록이나 집합체와의 새로운 관

계도 기록해야 한다.

한편 지속적인 기록의 보존과 관리를 원활히 하기 위해, 기본적인 접근허용이
나 제한과 같은 보안 메타데이터의 핵심 요소들은 기록 생산과 획득 시점에서 확
인되고 적용되어야 한다. 획득 이후, 보안을 지원하는 과정 메타데이터 관련하여,
기록에 대한 접근은 업무상 요구가 있거나 법률상 요구가 있을 때만 제한되어야
할 것이며, 식별된 모든 제한의 지속적 적용을 보장하기 위해서는 보안 메타데이
터를 모니터링하고 갱신하여야 할 것이다(ISO 23081-1:2017, 9.2).

〈그림 14〉 주요 메타데이터 유형과 그 관계

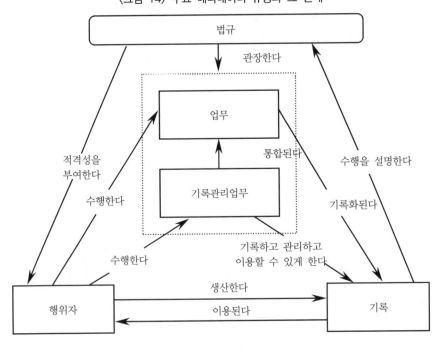

*출처: ISO 23081-1:2017, 9.1

②업무규정 · 정책 · 법규에 관한 메타데이터는 기록 획득 시점에서는 기록 생

산·관리를 위한 업무규정·정책·규제·기타 요건의 준수에 관한 내용이 기록되어야 한다. 기록 획득 이후에는 시스템이 기록 관리를 위한 업무규칙, 정책, 규정, 기타 요건들을 준수하면서 기록을 관리하고 있다는 것을 지속적으로 입증하기 위하여 메타데이터를 이용하여야 한다. 예를 들어 조직의 업무 요구에 근거하여 누가 기록시스템에 접근했었는지를 확인하는 메타데이터가 필요할 것이다. 이것은 기록관리에 대한 책임을 이관 받은 기관에게도 해당된다(ISO 23081-1:2017, 9.3).

③ 행위주체에 관한 메타데이터에는 기록 획득시점에는 적절한 기록화를 위해 기록의 생산·관리에 연관된 행위주체에 대한 메타데이터를 획득해야 한다. 또한 이를 통해 적절한 행위주체만 기록에 접근할 수 있도록 제한하고, 승인받은 행위주체만 기록시스템을 사용하거나 기록시스템 내에서 기록관리 업무를 수행하도록 할 수 있다. 행위자들의 역할은 시간이 흐르면서 변한다. 기록시스템에서는 이러한 변화에 대한 정보를 획득해야 한다. 이러한 맥락정보는 기록을 이해하는 데에 필요하다(ISO 23081-1:2017, 9.4)

④ 업무과정 메타데이터는 기록 획득 시점에는 기록시스템에서 업무기능·활동·업무처리에 관한 메타데이터, 보안 및 접근성에 관한 메타데이터, 기록 관리 과정에 관한 메타데이터를 포함한다. 기록 획득 이후의 기록시스템은 필요한 동안 기록에 적용되는 기록관리 과정, 보안, 접근성에 대한 메타데이터뿐만 아니라, 기록이 이용되는 업무과정에 관한 메타데이터를 축적하고 지속적으로 관리한다 (ISO 23081-1:2017, 9.5)

⑤ 기록관리 과정에 관한 메타데이터는 기록 획득 시점에서 특정 기록이나 기록군(group of records, 기록 그룹)과 관련되어 수행될 필요가 있는 기록관리 업무 수행을 원활하게 하거나 자동화하도록 해야 한다. 기록의 획득시점에서 보유, 처분 승인, 분류 및 등록 내역 등과 같은 기록관리 메타데이터의 핵심 요소는 기록이 존재하는 동안 기록에 대한 조직의 지속적인 설명책임과 지속적인 기록관리를 원활하게 하도록 확인되고 적용되어야 한다. 기록 획득 이후 기록관리 과정에 관한 메타데이터를 생성하는 것은 기록의 진본성·무결성·이용성가능성·신뢰성을

보장하는 필수적인 구성 요소이다. 이것은 장기간에 걸쳐 기록관리에 책임을 가질 어떠한 조직에 대해서도 동등하게 적용된다. 이러한 메타데이터의 생산은 또 특정기록 혹은 기록군(group of records, 기록 그룹)과 관련되어 수행될 필요가 있는 기록관리 업무수행을 원활하게 하고 그러한 업무수행의 자동화를 가능케 할 수 있다(ISO 23081-1:2017, 9.6)

■ ISO 23081-2:2007

2007년에 제정된 ISO 230181의 제2부, 개념과 실행 고려사항(Conceptual and Implementation Issues)은 ISO 23081-1에서 제시한 원칙과 관련하여, 실행 시 고려해야 할 이슈와 기록관리 메타데이터의 개념적 모델을 제시하고, 기록관리 환경에 맞는 넓은 차원의 요소 세트를 제안하고 있다. ISO 23081-2는 조직의 관점에서 메타데이터 스키마 개발 및 구축에 필요한 실질적인 지침을 제공하며, 그 목적은 기록과 기록의 맥락을 표준화된 방식으로 기술하고, 기록의 생애주기 전반에서 어떠한 공간이나 소프트웨어 환경에서도 메타데이터를 재사용하고 표준화하기 위한 것이다.

ISO 23081-2는 기록관리 메타데이터의 실행에서 역점을 두고 다루어야 할 고려사항을 제시하며, 문제를 처리할 때 선택할 수 있는 다양한 대안을 제시하고 설명하였다. 좋은 메타데이터 체제는 동적이며 장기간에 걸쳐 필요로 하는 한 부가적 기록관리 메타데이터 추가할 수 있어야 한다고 하였다(KS X ISO 23081-2:2008/2010, 4.1.2).

ISO 23081-2

ISO 23081-2는 기록관리 메타데이터 요소들을 명시적으로 밝히지 않고, 기록관리 기능을 충족시키는 데 필요한 일반적인 메타데이터 유형만을 제시하고 있다. 따라서 각 국가와 기관들은 실제 기록관리에 사용할 메타데이터 요소들을 직접 제정하여 사용하고 있다.

● 메타데이터 개체(entity)

ISO23081-1에서는 메타데이터 유형(type)을 기록, 규정, 행위주체, 업무과정, 기록관리과정으로 구분하였으나, ISO 23081-2에서는 유형이 아닌 개체(entity)로 명명하고, ① 기록 개체, ② 행위주체 개체, ③ 업무 개체, ④ 규정 개체, ⑤ 관계 개체의 5개 개체가 유기적인 관계를 맺도록 하는 다중 개체(multiple entity) 모형을 제시하고 있다. 여기서는 '기록관리과정'은 업무에 포함시키며, 각 개체를 연결하는 관계(relationship)를 하나의 개체로 제시한 것이 특징이다.

제시된 5개 개체 중에서는 관계 개체가 가장 핵심 개체이며, 관계 개체를 통해서만 한 개체와 다른 개체가 연계된다. 각 개체들은 〈그림 15〉와 같이 3개에서 6개의 서로 다른 계층(layer)으로 이루어지는데, 예를 들어 기록은 기록건, 처리행위순차, 파일, 시리즈, 보존 기록물, 보존 기록물 집합의 6계층, 행위주체는 사람/도구, 작업집단, 기구, 기관의 4계층, 업무는 처리행위, 활동/과정, 기능, 환경기능의 4계층, 규정은 업무규칙, 정책, 법규/규약의 3계층으로 구성된다(KS X ISO 23081-2: 2008/2010, 6).

위에 기술된 모든 개체의 계층들이 바로 다 실행으로 이어지리라고는 기대할 수 없다. 이에 대한 결정은 다양한 개체의 계층에 대한 기술 사이에 영속적인 링크를 보장할 수 있는가의 여부에 달려있게 된다. 그런 영속성을 보장할 수 없으면, 다른 개체에 대한 메타데이터를 기록 자체의 범주로 가져오는 '기록 중심'의 실행으로 나타날 것이다. 예를 들면, 행위주체, 규정 또는 업무 클래스들을 포함하지 않은 실행은 기록 클래스의 실행에서 필요한 정보를 포함할 수 있다(KS X ISO 23081-2:2008/2010, 6.3).

다중개체 모형을 적용한 국가표준 제정 사례도 있다. 1999년 제정되었던 호주의 연방정부를 위한 기록관리 메타데이터 표준(Recordkeeping Metadata Standards for Commonwealth Agencies)은 2008년 6월 호주 정부 기록관리 메타데이터 표준(Australian Government Recordkeeping Metadata Standard, AGRkMS)으로 전면 개정되었으며, 2015년 2.2판이 발표되었다. AGRkMS에서는 ISO 23081의 원칙을 충실히 반영하여 기록, 행위자, 업무, 법규, 관계의 5개의 개체 별로 기본 요소 세트와 하위 요소 세트를 제안하고 있다(설문원, 2018, p. 238).

〈그림 15〉 개체 간의 일반화/특수화 관계들을 보여주는
통합모델링언어(UML) 클래스 다이어그램으로서의 개체 모델

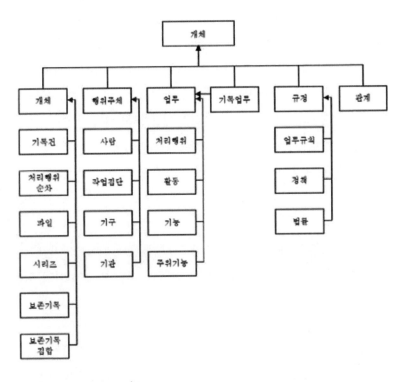

*출처: KS X ISO 23081-2:2008/2010, 6.2

• 메타데이터 그룹

메타데이터구조에 대한 이해를 돕기 위해 메타데이터를 6개의 큰 그룹(식별, 기술, 이용, 사건이력, 사건계획, 관계)으로 나누고 각 그룹의 메타데이터를 설명하는데, 각 하위 조항에 정의된 메타데이터는 기록 개체에는 필수적이고 개념적 모형 내의 모든 개체에 적용이 가능하다. 메타데이터는 정적인 것이 아니라 기록관

리 과정이 진행되어 감에 따라 지속적으로 증가하는 동적인 것으로, 이것은 기록관리 메타데이터의 지속적인 증가를 의미한다. 예로 식별, 기술, 이용, 관계 메타데이터 그룹은 현재 상태로, 사건계획 메타데이터 그룹은 개체를 관리하기 위한 향후 계획들을 포함하고, 사건 이력 메타데이터 그룹은 장기간에 걸친 개체의 이력을 포함한다. 사건계획 자체는 장기간에 걸쳐 변화할 수 있고, 이러한 변화는 사건 이력으로 기록되는 것이다(설문원 외 2010, 15-16)(〈그림 16〉 참조).

ISO 23081-2에서 제시되는 6개 그룹으로 이루어진 기록관리 메타데이터 데이터 모델은 〈그림 17〉과 같다. 즉, ① 식별(Identity) 메타데이터 그룹은 개체를 식별한다. 이 범주에 속하는 메타데이터 요소들의 예로서는 개체 유형, 집합체, 그리고 등록 식별자를 들 수 있다, ② 기술(Description) 메타데이터 그룹은 이 개체가 이용할 필요가 있는지를 결정하는데 필요한 요소들을 포함하고 있다. 이 범주에 속하는 메타데이터 요소들의 예로서는 제목, 초록, 그리고 외부 식별자들을 들 수

〈그림 16〉 ISO 23081-2의 기록관리 메타데이터 데이터 모델

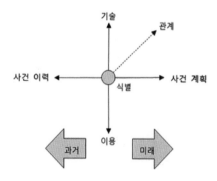

실선은 특정 객체(클래스와 인스턴스)와 관련 있는 메타데이터 유형임을 나타내며, 점선은 하나의 엔티티가 다른 엔티티와 관련이 있음을 표현한다. 시간적 측면에서, ① 기술, 식별, 이용, 관계 메타데이터 그룹은 현재 상태를 나타내고, ② 사건 이력 메타데이터 그룹은 장기간에 거친 엔티티의 과거 이력을 나타내며, ③ 사건 계획 메타데이터 그룹은 엔티티 관리에 필요한 정보를 포함하면서 장기간에 걸쳐 변화하는 미래에 대한 정보를 포함한다(출처: KS X ISO 23081-2:2008/2010, 8.1, 8.2 재편집).

있다. ③ 이용(Use) 메타데이터 그룹은 개체의 장기적인 이용을 용이하게 하는 정보를 포함한다. 이 범주에 속하는 메타데이터 요소들의 예로서는 기술 환경, 접근, 권한과 언어를 들 수 있다. ④ 사건 계획 (Event Plan) 메타데이터 그룹은 개체관리에 사용되는 정보를 포함한다. 이 그룹의 메타데이터는, 연결된 메타데이터의 순서와 개별적인 메타데이터 요소들로 구성되며 이 범주에 속하는 메타데이터 요소들의 예로서는 유형, 기술, 날짜/시간, 관계(연결된), 사건 트리거를 들 수 있다. ⑤ 사건 이력(Event History) 메타데이터 그룹은 개체와 개체 메타데이터에서의 과거의 기록 사건들과 기타 다른 관리 사건들을 기록한다. 각각의 사건에 대해 사건 이력 메타데이터 그룹은 사건의 유형, 어떤 일이 일어났는지, 언제 발생했는지, 왜 발생했는지, 그리고 누가 수행했는지를 구체적으로 밝힌다. 이 요소에서 메타데이터는 특정 사건을 순차적으로 기록하는 것이다. 이 범주 속에 속하는 메타데이터 요소들의 예로서는 날짜/시간, 유형, 기술, 그리고 관계(연결된)를 들 수 있다. ⑥ 관계(Relation) 메타데이터 그룹은 관계 개체를 가리키거나 또는 이 개체와 다른 개체 사이의 관계를 기술한다(KS X ISO 23081-2:2008/2010, 8.1).

● **메타데이터 실행에서의 주요 사항**

또한 ISO 23081-2에서는 메타데이터의 실행에 있어 중요한 사항들을 제시하고 있다. 먼저, 보존기간이나 유형 등등의 메타데이터는 상위의 집합체로부터 하위의 집합체로 상속될 수 있는데, 이는 메타데이터 속성의 일관성을 보장해 주는 기술이며, 한번 정의된 속성은 재사용되므로 반복 기술할 필요가 없다. 또한 기록관리를 위해 정의된 메타데이터 요소 중 일부는 다른 목적으로도 사용될 수 있다. 이러한 메타데이터의 재사용은 업무 효율성과 기록 자원의 지속 가능성을 높여준다 (KS X ISO 23081-2:2008/2010, pp. 14-15).

기록관리 메타데이터는 정적이지 않고 기록관리 과정이 진행되어 감에 따라 지속적으로 증가하며, 사건 계획은 장기간에 걸쳐 변화할 수 있고, 이는 사건이력으로 남겨져야 한다(KS X ISO 23081-2:2008/2010, 17). 메타데이터 스키마는 메타데이

〈그림 17〉 ISO 23081-2의 일반 메타데이터 요소들

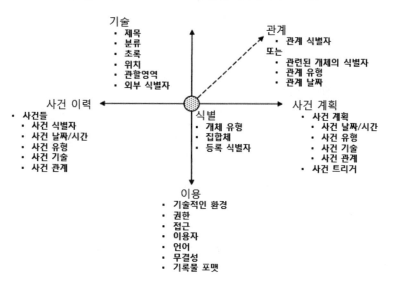

*출처: KS X ISO 23081-2:2008/2010, pp. 18-24, 재편집.

터 요소 간의 관계를 보여주는 논리적인 계획을 마련하는 것인데, 의미와 구문에 관련된 규칙을 포함하여 메타데이터 관리를 가능하게 하는 일련의 규칙을 구체화한 것이다. 이는 메타데이터의 상호운용성을 지원하고 장기지속성 보증을 돕는 강력한 도구이다(KS X ISO 23081-2:2008/2010, 25).

메타데이터 획득 과정에서 메타데이터의 속성은 가능한 한 자동화되어 획득해야 하며, 수동 획득이라 해도 가능한 한 미리 정의된 선택 목록을 이용해 처리해야 한다. 메타데이터 속성의 자동화된 획득을 위한 데이터의 정보원으로는: a) 날짜/시간을 제공하는 시스템 시계; b) 개인과 그 작업집단의 상세 정보를 제공하는 네트워크 로그온 또는 인증시스템; c) 개인과 그 작업집단의 상세 정보를 위한 인적 자원관리 시스템; d) 작업과정 상세정보, 업무 흐름, 또는 승인을 위한 작업 흐름 시스템; e) 접수/발송 그리고 전송 상세정보를 위한 전자메일 시스템; f) 생산 응용 소프트웨어의 '파일 속성들' 혹은 운영체제의 일부 데이터로부터의 메타데이

터 매핑 등이다(KS X ISO 23081-2:2008/2010, 29).

획득 시점에서 기록에 대한 메타데이터는 가능한 한 많은 내용을 그 생산 환경으로부터 상속받거나 얻어야 한다. 또 기록관리 메타데이터는 기록에 발생한 사건이력을 포함하고, 또 향후 조치가 필요한 사건 계획의 트리거를 포함하도록 하여, 행위가 필요한 시점이 다가오면 이에 대해 시스템이 호출하여 관리자에게 알리도록 해야 한다. 기록과 메타데이터 사이의 관계는 링크 혹은 포인터에 의해 관리되어져야 한다(KS X ISO 23081-2:2008/2010, 31). 일반적으로 기록 자체가 폐기된 이후에도 어떤 일정 기간에 기록의 존재 사실에 대한 증거를 남기기 위해 메타데이터의 일부가 보유되어야 한다(KS X ISO 23081-2:2008/2010, 17).

■ ISO 23081-3:2011

ISO 23081의 제3부 자가 평가 방법(Self-assessment method)은 2011년 제정되었다. ISO 23081-1과 ISO 23081-2에 기반하고 있으며, 조직 내부 혹은 조직 전체에 걸쳐 획득되고 관리되는 메타데이터의 현재 상태를 가늠하기 위한 체크리스트로 구성되어 있다. 주요 내용은 ① 체크리스트 사용방법, ② 자가진단을 위한 체크리스트, ③ 자가진단 체크리스트를 통해 프레임워크 분야에서 준비하고 수행해야 할 준비보고서, ④ 시스템 분야에서 준비하고 수행해야 할 준비보고서, ⑤ 자가진단에 활용하는 지침 설명 등으로 이루어져 있다.

이는 자가진단의 분야를 시스템과 독립적인 메타데이터 프레임워크 필수요건, 시스템 내의 구체적인 메타데이터 필수요건의 2가지로 나누었다. 시스템과 독립적인 메타데이터 프레임 워크 필수요건은 정책과 규칙, 전략, 메타데이터 구조, 메타데이터 저장소, 시스템 메타데이터 설계 원칙과 관련된 내용의 9가지 필수항목으로 구분하였다. 또 시스템 내의 구체적인 메타데이터 필수요건은 메타데이터 저장 시스템, 메타데이터 구조, 상속, 메타데이터 값의 재사용과 상호의존, 기록에 관한 메타데이터, 업무 규정, 정책, 법규에 관한 메타데이터, 기록관리 과정에 관한 메타데이터, 획득 이후의 메타데이터 유지와 관련된 19가지 필수항목으로 구분

되어 있다. 각 항목에 대해 4단계로 점수화하여 체크하도록 되어 있으며, 프레임
워크와 시스템 내 구체적인 메타데이터 요건사항에 대해 점수 상황에 따라 조직
에서 준비하고 수행해야 할 업무에 대해 조언하고 있다(설문원 외, 2010, p. 29).

〈표 31〉 ISO 23081-3:2011에서 제시된 체크리스트 필수요건 항목

체크리스트 -메타데이터 프레임워크 필수요건	
분류	필수요건 항목
정책과 규칙	F1. 메타데이터 정책과 규칙,메타데이터 구조
	F2. 할당된 규칙과 책임
전략	F3. 메타데이터 실행전략
메타데이터 구조	F4. 조직되고 구조화된 메타데이터
	F5. 메타데이터 스키마－개체, 정의
	F6. 메타데이터스키마－요소 정의, 스키마 등록
	F7. 인코딩 체계들
메타데이터 저장소	F8. 메타데이터 레파지토리 확인과 요건 평가
시스템 메타데이터 설계 원칙	F9. 시스템 메타데이터 설계 원칙
체크리스트－시스템 내의 구체적인 메타데이터 필수요건	
분류	필수요건 항목
메타데이터 저장 시스템	S1. 메타데이터 저장과 연결 메타데이터
메타데이터 구조	S2. 시스템 고유의 집합과 확장
상속, 메타데이터 값의 재사용과 상호의존	S3. 상속, 메타데이터 값의 재사용과 상호의존
기록에 관한 메타데이터	S4. 획득시점
기록에 관한 메타데이터	S5. 획득시점
	S6. 획득 이후
	S7. 획득시점에서의 기록 접근성에 관한 메타데이터
	S8. 획득 이후 기록 접근성에 관한 메타데이터 (접근성)
	S9. 획득 이후 기록 접근성에 관한 메타데이터 (승인되지 않는 접근)
	S10. 획득 이후의 보안 메타데이터
업무 규정, 정책, 법규에 관한 메타데이터	S11. 기록 획득시점에서의 업무규정, 정책과 법규에 관한 메타데이터
	S12. 기록 획득시점에서의 행위주체 메타데이터
업무과정에 관한 메타데이터	S13. 기록 획득시점에서의 업무과정에 관한 메타데이터
	S14. 기록 획득 이후 업무과정에 관한 메타데이터
기록관리 과정에 관한 메타데이터	S15. 기록 획득시점에서의 기록관리 과정에 관한 메타데이터
	S16. 기록 획득 이후 기록관리 과정에 관한 메타데이터
획득 이후의 메타데이터 유지	S17. 메타데이터의 저장과 처분
	S18. 메타데이터 유지과정과 방법
	S19. 메타데이터 고정성

*출처: 설문원 외 2010, 기록관리 메타데이터 국가표준화 용역 연구결과보고서. 18-19.

4. 우리나라의 기록관리 메타데이터 표준

▣ 기록관리 메타데이터 표준(NAK 8:2016(v 2.1))

우리나라의 메타데이터에 대한 국가표준은 앞에서 기술되었듯이 KS X ISO 23081-1과 23081-2이며, 공공표준으로는 국가기록원에서 기록관리 메타데이터 표준 (NAK 8:2016(v 2.1))이 있다. 이는 2007년에 제정되었고, 2012년 2.0으로 개정된 후, 2016년 2.1 버전으로 재개정되었다. 공공기관의 기록관리 메타데이터 요소를 표준 화함으로써 메타데이터의 이관, 메타데이터 통합 및 연계 등을 지원할 수 있다. 이 공공표준에서는 기록중심의 단일 개체 모형에 입각하여 요소를 제시하고 있다.

이 표준은 장기간에 걸쳐 기록물의 진본성, 무결성, 신뢰성 및 이용가능성을 보 장하기 위해 공공기관이 생산 또는 접수하는 기록물에 대한 맥락과 내용, 구조 및 기록생애주기 동안 기록물관리기관이 관리할 사항을 기술하기 위해 제정되었다. 이 표준은 기록물의 생산, 관리, 보존, 처분, 이용 등 생애주기 전반에 걸쳐 적용된 다. 이 표준은 결재과정에서 생산된 문서류 위주의 기록물에 대한 메타데이터 요 소를 제시하지만 시청각기록물, 웹기록물, 행정정보데이터세트 등의 기록물도 공 통 항목에 대해서는 이 표준을 적용할 수 있다. 기록물의 특성에 따라 특별히 생 산 · 관리가 필요한 메타데이터는 향후 별도의 표준에서 정의하도록 한다(NAK 8:2016(v 2.1), 1).

2012년 개정판은 장기 보존을 포함하여 기록물 생애주기 전체에 걸쳐 필요한 메타데이터가 획득될 수 있도록 적용범위를 영구기록물관리기관으로 확장하고, 관련 법령 및 현장 실무에 적합하도록 그 내용이 전면 개정되었다. 2차 개정에서 는 기록물 생산과정에서 발생하는 다양한 메타데이터 요소 및 관리가 필요한 선 택값을 추가하고, 기록관리 현장에서 메타데이터를 보다 쉽게 이해하고 적용할 수 있도록 작성방법을 구체화하여 그 내용을 보완하였다(NAK 8:2016(v 2.1), ii).

이 표준의 구성은 제1절부터 제3절까지는 표준의 적용범위와 적용근거, 용어정의; 제4절은 기록관리 메타데이터에 대한 이해를 돕기 위한 기록관리 메타데이터의 원칙; 제5절은 기록관리 메타데이터 표준의 개요; 제6절은 기록관리 메타데이터 요소를 제시한다. 부속서로 시스템 적용 시 참조할 수 있도록 (A) 기록계층별 기록관리 메타데이터 요소, (B) 기록관리 메타데이터요소의 획득 시점, (C) 기록관리 메타데이터 요소표, (D) 생산자 메타데이터요소 적용 예, (E) ISO 23081-2의 일반 메타데이터 그룹에 따른 구분, (F) 폐기 기록물을 위한 메타데이터, (G) 기록관리 메타데이터 표준(v2.0)과의 비교표를 수록하고 있다(NAK 8:2016(v 2.1)).

「공공기록물 관리에 관한 법률」에 명시된 공공기관 및 기록물관리기관은 이 표준을 적용하여 전자기록생산시스템, 기록관리시스템, 영구기록관리시스템을 구축하고 기록물의 전자적 이관 등을 위해 각 시스템과 상호 연계할 수 있어야 한다(NAK 8:2016(v 2.1), 1).

이 표준에 수록된 기록관리 메타데이터는 23개 상위요소, 66개 하위요소, 58개 세부요소의 3계층으로 구성된다. 하위요소 중 세트로 작성되어야 할 요소들은 컨테이너로 묶어 하위요소-세부요소로 계층화된다.

상위요소 중 필수요소는 총 12개로 생산자, 기록계층, 기록식별자, 기록물명, 전자기록물 여부, 유형, 크기, 분류, 일시, 보존기간, 보존장소, 권한이다(NAK 8:2016(v2.1), 5.1). 각 요소별 필수, 선택 여부는 부속서C 기록관리 메타데이터 요소표를 참고하도록 하고 있다.

전자적으로 생산된 기록물의 진본성을 보장하기 위해 기록이 생산 혹은 획득되는 시점의 메타데이터 요소 중 1 생산자, 3 기록식별자(3.1 기본식별자), 4 기록물명(4.1 제목), 13 일시(13.1 생산일시), 14 생산이력(14.6 생산경로)은 한번 등록된 후 변경될 수 없다(NAK 8:2016(v2.1), 5.1).

한편 부록서 F)(폐기 기록물을 위한 메타데이터)에는 기록시스템 내에서 기록 자체는 폐기되더라도 9개 요소는 반드시 보존해야 한다고 명시하고 있다. 이는 생산자, 기록식별자, 기록물명, 기술, 분류, 일시, 보존기간, 권한, 관리이력(관리 유형의 값이 "폐기결정"과 "폐기실행"인 경우)의 9가지 요소이다(NAK 8:2016(v2.1),

부록서 F).

　〈표 32〉, 〈표 32-1〉〈표 32-2〉는 국가기록원 메타데이터 표준의 부속서 G에 참고로 제시된 계층별 기록관리 메타데이터 요소를 보여준다. 표 다음에 각 요소들에 대한 간략한 설명을 제시한다.

〈표 32〉 기록계층별 기록관리 메타데이터 요소

상위요소			하위요소			세부요소		
요소명	필수여부	반복여부	요소명	필수여부	반복	요소명	필수여부	반복여부
1 생산자	필수	반복	1.1 생산자 유형	필수	–			
			1.2 기관명	필수	–			
			1.3 기관코드	해당	–			
			1.4 부서명	해당	–			
			1.5 부서코드	해당	–			
			1.6 개인명	해당	–			
			1.7 개인코드	선택	–			
			1.8 직위(직급)명	해당	–			
			1.9 직위(직급)코드	선택				
2 기록계층	필수	–						
3 기록식별자	필수	–	3.1 기본식별자	필수	–			–
			3.2 시스템식별자	해당	반복	3.2.1 시스템식별자 유형	필수	–
						3.2.2 시스템식별자	필수	–
			3.3 보조식별자	선택	반복	3.3.1 보조식별자 유형	필수	–
						3.3.2 보조식별자	필수	–
4 기록물명	필수	–	4.1 제목	필수	–			
			4.2 기타 제목	선택	반복	4.2.1 기타제목 유형	필수	–
						4.2.2 기타제목명		–
5 기술	선택	반복	5.1 기술 유형	필수	–			
			5.2 기술 내용	필수	–			
6 주제	선택	반복	6.1 주제 유형	필수	–			
			6.2 주제명	필수	반복			
7 전자기록물 여부	필수	–						
8 유형	필수	–	8.1 기록 유형	필수	반복			
			8.2 사본 유형	해당	–			
			8.3 기타문서 유형	해당				
			8.4 컴포넌트 유형	필수				
9 포맷	해당	반복	9.1 포맷명	필수	–			
			9.2 포맷버전	선택	–			
			9.3 생성 애플리케이션명	선택	–			
			9.4 생성 애플리케이션 버전	선택	–			
10 저장매체	해당	반복						
11 크기	필수	반복	11.1 용량	필수	–			
			11.2 단위	필수	–			

〈표 32 계속〉기록계층별 기록관리 메타데이터 요소

상위요소			하위요소			세부요소		
요소명	의무수준	반복여부	요소명	의무수준	반복	요소명	의무수준	반복여부
12 분류	필수	–	12.1 분류체계 유형	필수	–			
			12.2 분류값	필수	반복	12.2.1 분류ID	해당	–
						12.2.2 분류명	필수	–
						12.2.3 분류계층	해당	–
13 일시	필수	–	13.1 생산일시	필수	–			
			13.2 종료일시	해당	–			
			13.3 등록일시	해당	–			
			13.4 시행일시	해당	–			
14 생산이력	해당	–	14.1 생산시스템	해당	–	14.2.1 기관명	필수	–
			14.2 생산부서	해당	–	14.2.2 기관코드	해당	–
						14.2.3 부서명	필수	–
						14.2.4 부서코드	해당	–
			14.3 생산 유형	해당				
			14.4 비치기록물	해당	–	14.4.1 비치사유	필수	–
						14.4.2 비치기간	필수	–
			14.5 컴포넌트 버전	해당	반복			
			14.6 생산경로	해당	반복	14.6.1 생산자 필수	필수	
						14.6.2 의견	선택	
						14.6.3 생산컴포넌트 유형	해당	반복
						14.6.4 생산컴포넌트 버전	해당	반복
						14.6.5 처리상태	필수	
						14.6.6 처리일시	해당	
						14.6.7 처리순번	필수	
15 보존기간	필수	–	15.1 보존기간	필수	–			
			15.2 보존기간 책정사유	선택	–			
16 보존장소	필수	–						
17 권한	필수	–	17.1 비밀	해당	–	17.1.1 비밀분류	필수	
						17.1.2 비밀분류 근거	필수	
						17.1.3 보호기간	필수	
			17.2 접근범위	해당	–			
			17.3 공개	필수		17.3.1 공개구분	필수	
						17.3.2 비공개 사유	해당	반복
						17.3.3 공개제한부분	해당	
						17.3.4 공개예정일자	선택	
						17.3.5 공개관련 근거	선택	
			17.4 공공저작물 관리	해당	–	17.4.1 공공저작물여부	필수	
						17.4.2 공공저작물 자유이용허락 범위	해당	
18 위치	해당	–	18.1 소장처	필수	–			
			18.2 소장위치	필수	–			

〈표 32 계속〉 기록계층별 기록관리 메타데이터 요소

상위요소			하위요소			세부요소		
요소명	의무수준	반복여부	요소명	의무수준	반복	요소명	의무수준	반복여부
19 관리이력	해당	반복	19.1 관리유형	필수	–			
			19.2 관리설명	해당	–			
			19.3 관리일시	필수	–			
			19.4 관리행위자	필수	–	19.4.1 기관명	필수	–
						19.4.2 기관코드	해당	–
						19.4.3 부서명	해당	–
						19.4.4 부서코드	해당	–
						19.4.5 개인명	해당	–
						19.4.6 개인코드	해당	–
						19.4.7 직위(직급)명	선택	–
						19.4.8 직위(직급)코드	선택	–
			19.5 변경요소	해당	반복	19.5.1 변경요소명	필수	–
						19.5.2 변경이전값	필수	–
20 이용이력	해당	반복	20.1 이용 유형	필수	–			
			20.2 이용내용설명	선택	–			
			20.3 이용일시	필수	–			
			20.4 이용자	필수	–	20.4.1 기관명	필수	–
						20.4.2 기관코드	해당	–
						20.4.3 부서명	해당	–
						20.4.4 부서코드	해당	–
						20.4.5 개인명	해당	–
						20.4.6 개인코드	해당	–
						20.4.7 직위(직급)명	선택	–
						20.4.8 직위(직급)코드	선택	–
21 보존이력	해당	반복	21.1 보존처리 유형	필수	–			
			212 보존처리 설명	선택	–			
			21.3 보존처리 일시	필수	–			
			21.4 보존행위자	필수	–	21.4.1 기관명	필수	–
						21.4.2 기관코드	해당	–
						21.4.3 부서명	해당	–
						21.4.4 부서코드	해당	–
						21.4.5 개인명	해당	–
						21.4.6 개인코드	해당	–
						21.4.7 직위(직급)명	선택	–
						21.4.8 직위(직급)코드	선택	–
22 관계	해당	반복	22.1 관계유형	필수	–			
			22.2 관계대상식별자	필수	반복			
			22.3 관계설명	선택	–			
23 무결성 체크	해당	반복	23.1 무결성체크법	필수	–			
			23.2 무결성체크값	필수	–			

*출처 : 국가기록원. 기록관리 메타데이터 표준 NAK 8:2016(v2.1), pp. 141-146.

▣ 기록관리 메타데이터 표준의 요소

국가기록원 기록관리 메타데이터 표준(NAK 8:2016(v2.1))에 제시된 각각의 요소에 대한 설명은 다음과 같다.

1) 생산자: 기관이나 개인의 업무활동 과정 중에서 기록물을 생산, 접수, 축적, 유지하는데 책임을 질 수 있는 개인이나 기관으로, 기록물의 생산 과정에 관여한 주체를 식별하는 정보이다. 예를 들면 하위요소인 생산자 유형에는 기안자, 검토자, 결재자, 접수자, 수신자 등이 있다.

2) 기록계층: 기록물을 기술하거나 통제하는 계층 정보로, 기록계층별로 수행되는 관리행위를 통제하고 계층별로 해당 정보를 검색할 수 있다. 선택값에는 기록물철, 기록물건, 컴포넌트 등이 있다.

3) 기록식별자: 기록물에 부여된 고유한 식별자, 또는 검색이나 이용을 위해 추가적으로 생성된 식별자 정보로 기록물을 고유하게 식별하며, 기록물 검색 시 접근점으로 활용된다. 하위요소로는 기록계층에 부여된 고유의 기본식별자, 기록물 생산 및 관리 시 시스템에 의해 부여된 시스템식별자, 기록물 식별 및 검색을 위해 추가로 관리하는 보조식별자가 있다.

4) 기록물명: 기록물에 부여된 제목으로 기록물을 식별할 수 있도록 지원하고, 이용자가 기록물을 검색하고 활용할 수 있도록 기록물에 대한 접근 정보를 제공한다. 하위요소로는 기록물 생산 시 부여된 공식의 제목과 제목 이외의 부여된 부제목, 총서명, 부가 및 정정 제목, 영문제목 등의 기타제목이 있다.

5) 기술: 기록물의 내용이나 목적에 대한 자유로운 설명으로 기록물의 내용에 대한 정보를 제공함으로써 제목으로 표현하지 못하는 기록물 내용에 대한 검색을 지원하며, 기록물에 대한 이해도 제고를 목적으로 한다. 하위요소로는 기록물의 내용이나 목적 등에 대한 기술 유형과 기록물의 내용이나 목적 등에 대한 자유로운 설명인 기술 내용이 있다.

6) 주제: 기록물에 포함된 중요한 내용을 주제어를 통해 기술하는 것으로 기록물의 내용에 대한 주제어를 통해 기록물을 검색할 수 있는 접근점을 제공한다.

하위요소로는 기록물의 내용을 설명하는 주제 유형과 기록물의 중요한 내용을 간결하게 표현해 주는 단어인 주제명이 있다.

7) 전자기록물 여부: 해당기록물의 전자기록물, 비전자기록물, 혼합기록물 여부를 확인하는 것으로 전자기록물 여부와 관련된 기록물 유형을 식별함으로써 기록물 속성에 근거한 기록관리 지원 및 검색 접근점을 제공한다.

8) 유형: 기록물의 형태나 업무처리의 목적 또는 문서작성 방식에 따른 구분으로 기록물의 유형을 식별하여 관리함으로써 기록물의 진본성, 무결성을 유지하고, 기록물 유형에 따른 검색 접근점을 제공한다. 하위요소로는 기록 유형, 사본 유형, 기타문서 유형, 컴포넌트 유형이 있다.

9) 포맷: 전자기록물의 데이터 포맷 종류 및 생성 애플리케이션 정보로 전자기록물의 포맷 정보관리는 적절한 장기 보존 및 저장 전략을 위해 필요하며 포맷 유형별 기록물 검색을 지원한다. 하위요소로는 포맷명, 포맷버전, 생성 애플리케이션명, 생성 애플리케이션 버전이 있다.

10) 저장매체: 기록물이 생산, 저장 또는 보존되는 물리적인 매체를 의미하며 기록물의 매체에 관한 정보를 관리함으로써, 매체종속적인 기록물의 무결성 확보 및 매체별 검색을 지원한다. 선택값에는 자기디스크, 자기테이프, 광매체, 반도체저장매체, 음반, 필름, 종이, 기타가 있다.

11) 크기: 기록물의 수량이나 용량으로 기록물의 규모에 대한 정보를 제공한다. 하위요소로는 용량과 바이트, 장, 쪽, 권, 건, 점, 개 등의 단위가 있다.

12) 분류: 논리적으로 구조화된 규칙, 방법, 절차에 따라 업무활동이나 기록을 특정 범주로 체계적으로 구분하거나 정리하는 것으로 기록물을 생산하게 한 업무기능과의 관계를 문서화하고 분류체계를 통해서 기록물을 검색할 수 있는 접근점을 제공하며 기록물이 어떤 업무 수행과정과 어떤 목적 하에 생산되었는지 구분하여 기록물의 맥락정보를 제공한다. 또한 기록물관리기관에서 기록물을 일관된 방식으로 관리 · 서비스하고 서로 다른 기관 간 기록물 연계를 위한 접근점을 제공한다. 하위요소로는 BRM, 기록물분류기준 등의 분류체계 유형과 각 분류체계에 사용된 분류계층, 분류명, 분류ID 등의 분류값이 있다.

13) 일시: 기록물의 생산, 접수와 같은 기록물 획득 행위가 발생한 일시를 의미하며 기록물의 획득 시점을 식별함으로써, 해당 기록물의 진본성을 입증하는 증거를 제공한다. 하위요소로는 생산일시, 종료일시, 등록일시, 시행일시가 있다.

14) 생산이력: 기록물의 생산과정에서 발생하는 이력정보로 기록물 생산당시의 이력정보를 획득하여 이후 기록물의 진본성 보장을 지원한다. 하위요소로는 생산시스템, 생산부서, 생산유형, 비치기록물, 컴포넌트 버전, 생산경로가 있다.

15) 보존기간: 기록물의 법률적·행정적·역사적 가치에 따라 의무적으로 보존하여야 하는 기간으로 기록물의 효율적 관리와 기록물에 대한 기관의 지속적인 설명책임성을 촉진하고 폐기대상 기록물을 선정한다. 하위요소로는 보존기간과 보존기간책정사유가 있다.

16) 보존장소: 기록물이 최종적으로 보존되어야 하는 기록물관리기관으로 기록물의 보존기간 및 비치기록물 여부에 따른 보존장소를 명시하여 이관대상 기록물을 명확히 선별한다. 선택값에는 기록관, 영구기록물관리기관이 있다.

17) 권한: 기록물의 이용 및 접근을 관리하고 통제하기 위한 권한 정보로 비밀 또는 비공개로 분류된 기록물에 대하여 적절한 관리를 수행하고, 기록물에 대한 불법 접근을 방지하고 기록물의 무결성을 유지할 수 있도록 지원한다. 기록물의 접근과 이용은 국가안보·기밀사항, 개인정보, 기관의 업무를 보호하기 위한 정책에 따라 운용된다. 하위요소로는 비밀, 접근범위, 공개, 공공저작물관리가 있다.

18) 위치: 기록물의 현재 소장 장소 및 상세 소장 위치(서고 배치정보) 또는 시스템 저장위치에 대한 정보로 기록물의 현재 위치를 식별하여 신속한 검색을 지원한다. 하위요소로는 소장처, 소장위치가 있다.

19) 관리이력: 기록물의 생산부터 폐기까지 기록관리 전 과정에 걸쳐 기록물의 상태에 영향을 미치는 모든 관리행위에 대한 이력정보로 기록물의 인수나 이관과 같은 기록물의 이동이나 기록물에 행해진 주요 관리행위 내용을 누적 관리함으로써 기록에 대한 관리 및 통제행위에 대한 이력을 제공하고 기록물과 관련하여 수행된 관리 과정에서 취해진 이력 확인을 통해 기록물의 진본성·무

결성 · 신뢰성 · 이용가능성을 확보한다. 하위요소로는 관리 유형, 관리설명, 관리일시, 관리행위자, 변경요소가 있다.

20) 이용이력: 내부이용자에 부여된 접근권한에 따른 기록물 이용에 대한 이력으로 인가받지 않은 불법 이용행위로부터 적절하게 기록물을 보호하여 기록물의 무결성을 보장한다. 하위요소로는 이용 유형, 이용내용설명, 이용일시, 이용자가 있다.

21) 보존이력: 기록물관리기관으로 기록물이 인수된 이후 행해진 모든 보존처리 행위에 대한 이력정보로 기록물에 행해진 모든 보존행위를 관리하고 이를 통해서 기록물을 유지관리하기 위해 수행한 모든 업무에 대한 증거를 제공한다. 또한 특정 기록물이나 기록집합체와 관련되어 수행될 필요가 있는 보존처리 업무의 설명책임성을 증명하고 기록물의 진본성 · 무결성 · 신뢰성 · 이용가능성을 보장한다. 하위요소로는 보존처리 유형, 보존처리 설명, 보존처리 일시, 보존행위자가 있다.

22) 관계: 기록물과 다른 기록물간의 수직 · 수평적인 관계, 변환, 사본, 참조 관계 등 기록물의 다양한 관계를 의미한다. 업무행위의 증거로서 생산된 기록물들과의 관계와 그 대상의 위치를 기록함으로써 기록물의 생산 및 관리에 대한 맥락정보를 제공하며, 서로 관련되는 기록물과 정보원들을 위한 접근점을 제공한다. 하위요소로는 관계 유형, 관계대상식별자, 관계 설명이 있다.

23) 무결성 체크: 전자기록물이 인가받지 않은 접근이나 행위에 의해 위변조 혹은 훼손되지 않았음을 의미하는 무결성을 점검하기 위한 방법으로 기록물이 조작되거나 훼손되지 않았음을 증명하여 기록물의 무결성을 보장한다. 하위요소로는 무결성체크법, 무결성체크값이 있다.

5. 각국의 기록관리 메타데이터 표준

■ 호주의 기록관리 메타데이터 표준

호주 정부 기록관리 메타데이터 표준(AGRkMS, Australian Government Record-keeping Metadata Standard) version 2.2는 2015년 발표되었는데, 이는 ISO 23081 표준의 원칙을 충실히 반영하고, 다중 엔티티 모델을 도입하여, 기록(Record), 행위주체(Agent), 업무(Business), 법규(Mandate) 및 관계(Relationship)의 5개 개체에 대한 기술을 가능하게 하였다. 26개의 속성(property)으로 이루어지는데, 이는 기존의 요소(element)를 대체하는 것으로, 이 중 8개는 다중엔티티의 실행에 있어 필수적이다. 이에 속하는 속성은 특히 다중엔티티의 운용에 필수인 개체유형(Entity Type)과 범주(Category), 식별자(Identifier), 이름(Name), 날짜 범위(Date Range), 연관개체(Related Entity), 처분(Disposal), 규모(Extent) 등이다. 12개의 속성은 조건적으로, 기술되는 개체의 유형과 개체가 운용되는 맥락에 따라 사용된다. 이에 속하는 요소는 개체유형(Entity Type), 변경 이력(Change History), 보안분류(Security Classification), 보안 경고(Security Caveat), 허가(Permissions), 권한(Rights), 접촉(Contact), 언어(Language), 키워드(Keyword), 포맷(Format), 매체(Medium), 무결성 점검(Integrity Check), 배포 제한 표시자(Dissemination Limiting Markers) 등이다. 다른 6개 속성은 선택적으로, 예를 들면 중요하거나 복잡한 기록이나 국가 보존기록으로 유지되도록 보존기한이 주어진 기록 등, 좀 더 상세한 기술이 요구될 때 상황에 맞게 사용될 수 있다. 많은 속성들은 보조속성(sub-property)으로 이루어지는데, 일부는 필수이고 일부는 조건적이거나 선택적이다. 이 표준을 준수하기 위해서는 시스템에서 필수 속성들은 반드시 실행되도록 해야 한다(National Archives of Australia, 2015, pp. 20-23).

해당 표준을 시행함으로써, 업무 과정 및 처리행위에 대한 적절한 맥락정보가 기록되고 관련 기록으로 링크되도록 할 수 있으며, 통제 용어와 인코딩 스키마 및 표준화된 기술적(descriptive) 스키마의 적용을 통해 기록의 발견과 검색을 돕는다.

또한 생산시점부터 기록의 보존과 사용에 대한 보안이나 법적 상태를 지정해두거나 기타 경고사항을 두어 기록에 대한 접근을 통제하며, 기능상 책임이 바뀌었을 때에도 기관간의 기록에 대한 접근이나 기록의 전달을 쉽게 하고, 권한이 없는 자의 부당한 접근이나 이용과 같은 위험은 줄일 수 있다. 또한 법적인 기록의 폐기를 가능하게 하여, 불필요한 기록의 저장비용이 늘지 않도록 하며, 새로운 시스템의 실행에도 핵심기록이 손실되지 않도록 해준다. 또 데이터 마이그레이션 등 보존을 계획하도록 해주며, 기록관리의 품질을 측정하는 데에 있어 기준을 제공하고, 공공기록에 대한 정보를 국가기록관의 지적통제시스템과 공공 기록검색도구에 효율적인 편입이 가능하게 해준다(National Archives of Australia 2015, 10-11).

주요 특징으로는, 다양한 시스템에 적용가능하다는 융통성, 많은 속성과 보조속성들이 그 특성과 역할을 적절히 설명하기 위해 한번 이상 개체에 적용될 수 있다는 반복성, 개별 기관들이 새로운 속성이나 보조속성을 추가할 수 있는 확장성 기관 간의 상호운용성, 자원의 발견과 검색을 위한 AGLS 메타데이터 표준과의 호환성, 그리고 다른 시스템에서 획득한 메테데이터 속성의 재사용성 등을 들 수 있다(National Archives of Australia 2015, 16-17).

◾ 영국의 기록관리 메타데이터 표준

영국에서는 2002년 Requirements for Electronic Records Management Systems의 2권으로 Metadata Standard가 발간되었다. 이는 영국 중앙정부의 전자기록관리시스템에 적용되는데 전자기록관리에 필요한 기능을 충족시키기 위한 메타데이터를 제시하고 있으며, 17개 요소로 구성되어 있다.

기본요소에는 식별자(identifier), 제목(title), 주제(subject), 기술(description), 생산자(creator), 날짜(date), 수신인(addressee), 기록 유형(record type), 관계(relation), 집합(aggregation), 언어(language), 위치(location), 권한(rights), 처분(disposal), 전자 서명(digital signature), 보존(preservation), 법규(mandate)가 있다(The National Archives 2002).

한편 영국의 TNA(he National Archives)는 전자 포맷으로 생산된 본디지털(born-digital) 기록(예를 들면 email, Word 등 문서, PPT 등 프리젠테이션, Excel 등 스프레드시트, PDF, images & videos, CAD drawings, 3D models, data sets & data bases) 등의 장기적 접근을 위한 맥락 제공 및 보존에 대해 필요한 메타데이터의 예로 다음을 포함한다고 제시하고 있다. 즉 식별자(identifier), 파일 제목(file title), 파일 포맷(file format), 날짜(dates, 생산일이나 마지막 수정일, 마지막 접근일 등), 체크섬(checksum, 검사합계), 종결 정보(closure information, 즉 보유기간 또는 적용된 면제 정보), 기술(description), 저작권 정보(copyright information), 보호 표시(protective marking) 등이 포함된다(The National Archives Website, 2019).

■ 미국의 기록관리 메타데이터 표준

미국 NARA에서는 영구 전자기록의 기술에 필요한 최소한의 메타데이터 목록을 Bulletin 2015-04, Metadata Guidance for the Transfer of Permanent Electronic Records에서 제시하고 있다. 이는 Dublin Core 메타데이터(Dublin Core Metadata Initiative: DCIM)로부터 조정된 것으로, 식별자(Identifier) [File Name: 컴퓨터 파일의 확장자까지 포함하는 완전한 파일명], 식별자(Identifier)[Record ID: 기관이나 기록관리시스템에서 부여한 고유의 식별재, 제목(Title: 기록에 주어진 이름), 기술(Description: 기록의 내용에 대한 설명적 기술), 생산자(Creator: 기록의 생산에 1차적 책임이 있는 행위자), 생산일자(Creation Date: 파일이 연방기록의 정의를 충족시킨 일자), 권한(Rights: 기록과 관련하여 국가보안 분류나 개인적으로 식별할 수 있는 정보, 개인정보보호법, 또는 정보공개법이나 저작권이나 상표권 관련 활용권한 등의 접근 권한을 포함하여 기록에 대해 행사될 수 있는 권한이나 제한에 대한 정보)가 포함된다(The U.S. National Archives and Records Administration, 2015)

6. 메타데이터 상호운용성

■ 상호운용성 확보 방안

메타데이터의 상호운용성은 대체로 메타데이터의 구문(syntax), 구조(schema or framework), 의미(semantic)의 상호운용과 관련되어져 있음을 알 수 있다. 이러한 상호운용성을 확보하기 위한 시도는 대체로 다음의 범주에서 이루어지고 있다.

첫째, 자원을 하나의 표준 메타데이터로 통합하여 표현하려는 시도로, 대표적인 사례가 더블린 코어(Dublin Core) 메타데이터이다. 2003년 ISO 표준(15836:2009)으로 채택된 바 있는 더블린 코어는 웹을 통한 검색효율을 향상시키기 위하여 15개의 최소 요소로 메타데이터 통합을 시도한다. 그러나 이는 수많은 메타데이터 표준들을 충분히 표현할 수 없으며, 상호 연계 또한 어려운 한계를 지니고 있다. 이러한 한계를 극복하기 위한 방안으로 DCMI(Dublin Core Metadata Initiative)는 메타데이터 요소들 간의 의미적 연계를 지원하기 위하여 더블린 코어 메타데이터 레지스트리(Metadata Registry)를 구축하여 운영하고 있다.

둘째, 다양한 메타데이터 형식과 기술 구조를 유지하면서 메타데이터 표준들을 상호 매핑(Crosswalk)하여 새로운 표준을 개발하는 방법이다. 상호 매핑은 메타데이터가 표현하고 있는 자원의 속성을 잘 표현할 수 있는 방법으로 가장 많이 사용되는 방식이다. 그러나 의미상의 일치를 위해서는 고도의 지식을 가진 전문가의 분석 능력이 필요하고, 메타데이터의 잦은 수정으로 인한 유지관리의 부담과 정확한 1:1 대응이 되지 않는 한계가 있다.

셋째, 광범위한 범용적 구조와 체계를 확보하여 메타데이터 상호운용성을 확보하려는 시도이다. 이는 앞서 제시된 두 가지 상호운용 방안이 지닌 한계들을 극복하면서도 보다 근본적인 해결책을 모색한다. 대표적으로 제시되고 있는 방법론이 ISO/IEC 11179 표준으로 제시되는 메타데이터 레지스트리(Metadata Registry, MDR)이다. 특히 메타데이터 레지스트리를 이용한 상호운용성 방안은 국내외에서 다양한 연구와 함께 실제 적용이 이루어지고 있다.

이외에도, 메타데이터 상호운용성에 대한 방식을 보다 구체화하여 방안으로 언급하기도 한다. 예를 들어 하나의 표준에서 새로운 메타데이터 스키마를 파생시키는 시도, 애플리케이션 프로파일(AP)을 이용하여 다양한 스키마들을 등록하는 시도(Schema Registry), 3개 이상의 스키마들을 비교하여 새로운 표준을 도출하려는 시도 (Switching Across) 등을 독립된 방안으로 보는 시각도 있다(왕호성 2007, 15-16).

■ 메타데이터 레지스트리(MDR)

메타데이터 레지스트리(Metadata Registry, MDR)는 메타데이터를 등록하고 관리하기 위한 정보시스템을 의미하는 것으로 메타데이터의 등록과 인증을 통하여 표준화된 메타데이터를 유지 관리하며, 데이터의 의미, 구문, 표현을 표준화하여 다양한 메타데이터 간의 상호운용성을 확보하는 것이 그 목적이다(왕호성 2007, 17).

MDR은 데이터 사용자와 관리자들을 위하여 데이터를 공유하는데 필요한 기본적인 데이터 요소 특징들에 따라 메타데이터를 저장한다. 또한 식별자(Identifiers), 정의(Definition), 분류체계(Classification Categories)에 따라 메타데이터를 설명하며, 사용자에게 데이터에 대한 정확한 의미를 발견할 수 있도록 한다. 또한, 사용자들이 데이터베이스로부터 데이터 값들을 검색하고자 한다면 원하는 데이터의 타입을 식별할 수 있도록 한다. ISO/IEC 11179: 메타데이터 레지스트리(Metadata Registry: MDR) 표준은 ISO의 IEC JTC1 산하 SC 32(Data Management and Interchange)에서 제정한 표준으로, 총 6개의 하위 표준으로 구성되어 있다. 데이터의 의미, 구문, 표현의 표준화 프레임워크 등을 제시하고 있으며, 메타데이터의 명세와 의미를 공유하기 위해 메타데이터의 등록과 인증을 통한 표준화된 메타데이터를 유지, 관리함으로써 데이터의 호환성을 유지하도록 하고 있다.

이 표준의 Part 1은 Framework로 메타데이터 레지스트리에서 관리하는 데이터 요소의 개념과 구성요소를 제시하고, Part 2는 Classification으로, 데이터요소의 분류체계관리를 위한 개념모델을 제시하고, Part 3은 Registry Meta Model & Basic Attribute로 메타데이터 레지스트리의 메타모델과 기본 속성을 제시한다. Part 4는 Formulation of Data Definition으로, 데이터와 메타데이터 정의에 필요한 필수 요건 및 권고 요건을 제시하며, Part 5는 Naming & Identification으로 관리항목에 이름과 식별자를 부여하는 원칙을 제시하고, Part 6은 Registration으로, 등록자를 통하여 데이터요소를 등록하고, 검증과 인증을 통하여 표준화를 지원하는 부분이다.

MDR 관련하여 가장 대표적인 구현사례로는 미국 환경청(EPA: U.S. Environmental Protection Agency)의 EDR(Environmental Data Registry), 미국 교통부(the Department of Transportation)의 ITS (Intelligent Transportation System) 데이터 레지스트리와 미국 보건복지부의 USHIK(the United States Health Information Knowledge-base) 데이터 레지스트리, 인구조사국(Census Bureau)의 인구 경제 데이터 레지스트리 등이 있고, 그 외에도 호주 보건국의 NHIK(National Health Information Knowledge-base)가 있다(백두권 2005, 8). 또 인터넷 자원들의 메타데이터 요소들을 제시한 Dublin Core Metadata Initiative도 메타데이터 레지스트리로, 각 메타데이터 요소들과 속성들 각각에 대한 설명들을 제시하고 있다(Dublin Core Metadata Initiative 웹사이트).

국가기록원도 ISO/IEC 11179 국제표준을 기반으로 기록관리 MDR시스템을 구축하였다. 메타데이터의 의미와 내용에 대한 공유를 통한 메타데이터의 재사용 및 상호운영성을 지원하며, 향후 범국가적 기록정보 공유와 통합 활용을 높이는 것을 그 목적으로 하며, 기록관리 MDR의 주요기능은 다음과 같이 제시되었다. ① 명확하게 정의된 데이터요소와 값 영역의 원천제공, ② 기록 메타데이터에 대한 명확한 기술, 목록관리, 분석 분류 기능, ③ 기록 메타데이터의 공유, 통합, 비교 가능, ④ 기록 메타데이터의 중앙 저장소 역할 제공, ⑤ 기록 메타데이터 표준 개발 프로세스와 보급 지원이 그것이다(국가기록원) 기록관리 MDR 소개). 그러나 2020년에는 MDR 소개만 되어 있고, 실제 시스템의 사용은 불가하다.

〈그림 18〉 국가기록원 MDR 소개 화면

*출처: http://mdr.archives.go.kr/

2절 보존기록의 기술(Description)

1. 보존기록 기술(Description)의 개념과 기술 원칙

■ 기술의 개념과 역할

기술(description)이란 기록을 위한 검색도구나 기타 접근 도구를 생산하는 과정 또는 그 결과물을 의미하며(기록학 용어 사전, 2008, p. 63), 보존 기록을 생산한 맥락과 기록의 구조, 그리고 기록을 선별, 관리, 배치, 설명하는 데 도움이 되는 정보를 획득, 분석, 조직, 기록하는 과정(Cook, 1999, p. 93)으로 정의된다. 또한, 기록의 정리 결과 '생산된 기록물에 관한 생산맥락, 내용과 구조, 열람조건, 관리내력, 관련기록물 등'의 내용을 분석 · 서술하여 열람을 위해 제공함으로써 소장 기록물에 대한 최상의 검색도구를 마련하는 일련의 과정을 말한다(국가기록원, 2006).

또한 기술은 기록물의 한 단위(unit)에 대해 기록물을 식별하도록 하고, 또 그 기록을 생산한 맥락과 기록시스템에 대해 설명하도록 하기 위해, 정보를 획득하고 연결하고 분석하고 조직화하는 절차를 통해 정확한 표현을 생산하는 것으로도 정의된다(Roe, 2005, p. 13).

기술의 역할은 현재 및 미래의 모든 이용자가 원하는 기록을 찾고, 그 의미를 이해할 수 있도록 도와주는 것이다. 또한 기록군이나 컬렉션의 구성기록을 보여줌으로써 무결성을 확인할 수 있도록 하며, 기록에 대한 상세한 정보를 제공하여 원기록을 이용하는 시간을 최소화할 수 있다. 기술은 전통적으로 보존 기록을 대상으로 한 행위이며, 기록 전체가 원래 생산 환경으로부터 이관되어 왔을 때, 기록 생산 맥락 정보를 확보하여 기록에 대한 기술을 수행하게 된다. 따라서 현용 및 준현용 단계에서 획득한 메타데이터는 보존 기록을 기술하는 데 있어 중요한 부분을 차지한다(기록학 용어 사전, 2008, pp. 63-64).

기록 기술의 목적은 기록물로의 접근을 좀 더 쉽게 하기 위해 기록물의 맥락과 내용정보를 확인하고 설명하는데 있다. 이는 정확하고 적절한 설명을 작성하고 미리 결정된 모델에 따라 기록을 조직함으로써 가능하다. 기술과 관련된 작업은 기록이 생산되거나 생산되기 이전에 시작되며 기록의 생애 전반에 걸쳐 지속적으로 이루어진다. 이러한 작업은, 신뢰할 수 있고, 진본성을 가지며, 의미 있고, 접근 가능하도록 기술된 기록이 시간을 두고 지속적으로 유지되는데 필요한 지적인 통제의 도입을 가능하게 한다. 만약 기록이 한편으로는 안전하게 보존되고 통제되고 있으며 다른 한편으로는 적절한 시점에 관리 권한을 가진 모든 사람이 기록에 접근할 수 있도록 하고 있다면, 기록물에 관한 특정정보들은 기록관리의 모든 단계에 걸쳐 기록되고 기술에 반영되게 된다(예: 생산, 평가, 접근, 보존, 정리)(ICA 2000, p. 7).

기록을 기술하기 위해서는 기록 이외의 다양한 정보원이 필요하다. 이를 위해서는 기록관에서 만든 검색도구를 활용하여 기록에 대한 정보를 추출하거나 기록의 생산 및 등록 시점부터 기록에 대한 정보를 획득할 수 있는 시스템을 활용할 수 있다. 또한 기록 기술 시에는 개별 생산자보다는 생산기관이나 부서에 대한 정보가 중요하게 여겨지고, 기록 생산의 맥락을 충분히 제공하기 위해 서술형으로 기술된다. 이는 기록이 기관의 업무 과정에서 발생하면서 생산기관의 조직 또는 기능에 관한 정보가 기록 검색에 더 중요한 단서를 제공하는 경우가 많기 때문이다(설문원, 2008, p. 144).

기록 기술을 위한 정보원

기록은 기술을 위해 필요한 정보를 추출할 수 있는 조직적 구조를 갖고 있지 않다. 즉 표제지, 저작권 표시, 제작사항, 배포사항 등의 기술을 위한 일반적인 정보원이 기록 내에 존재하지 않는다. 그러므로 다양한 검색도구 등 여러 정보원으로부터 획득한 정보를 활용해야 한다.

보존기록 기술과 관련하여 중요한 원칙은 집합적 기술(collective description)과 다계층 기술(multilevel description)의 원칙이다

■ 집합적 기술의 원칙

집합적 기술의 원칙(collective description rule)은 기록의 기술이 개별 건이 아닌 집합적 수준에서 이루어져야 한다는 것으로, 개별 기록의 내용보다는 전체적인 구조를 설명하는 것을 통해 맥락을 파악할 수 있도록 하는 것이다. 즉 집합적 기술은 "나무보다 먼저 숲을 보여준다"라는 비유로 설명된다. 기록건보다 상위의 기록 집합체, 즉 기록군 · 하위군 · 시리즈 · 하위 시리즈 · 철 등에 대한 기술을 개괄적으로 해줄 경우, 기록이 생산된 전후 맥락은 물론 어떤 업무 및 어떤 조직과 관련된 기록인지를 파악할 수 있다. 집합적 기술에서도 기록(집합체)의 구조, 맥락, 내용, 관리 이력이 포함되어야 한다(설문원, 2018, p. 246).

집합적 기술의 목표는 보존기록관의 소장 기록에 대한 통일적인 개관을 제공하는 것이다. 즉 보존기록관의 소장 기록 기술에 있어 중요한 것은 기술의 결과가 하나의 안내서 역할을 해야 한다는 것이고, 또 소장품의 내용에 대한 윤곽을 알려주는 것이어야 한다는 것으로, 이는 출처의 원칙과 원질서 존중의 원칙을 유지하려는 또 다른 하나의 방법으로 제시된 것이다.

기록의 기술은 도서처럼 정해진 표제 페이지에서 정보를 옮겨 적을 수 있는 것이 아니라, 기록 자체를 총체적으로 검토하고 그 기록이 생산된 상황을 연구하여 기술할 만한 정보를 찾아내야 하므로, 그 기록의 저자와 제목을 아키비스트가 결정해야 하는 경우가 많다. 즉 아키비스트는 집합적인 검색도구를 사용하여 이용자들을 구체적인 기록물로 인도해주어야 하고, 이용자들은 특정 파일을 검색하기 전에 전체적인 기록 세트와 그 내용을 이해해야 하므로, 집합적 기술은 보존기록관 기록의 본질적인 특성을 토대로 볼 때 정당할 뿐 아니라, 대량의 기록물을 다루는데 대단히 실용적인 방법이기도 하다.

셸렌버그(Schellenberg)는 집합적 기술의 기법은 기록보존소의 소장물을 통제할 수 있는 지름길을 제공해준다고 하였다. 기록의 기술은 큰 기록의 집합에서 시작해 세분된 하위 단위로 진행해가므로, 아키비스트는 하나의 아이템보다는 큰 규모의 논리적으로 묶인 기록물의 집합에 대해 기술해야 하는데, 그 모든 논리적인 묶음들은 그 자체의 공통 특성을 갖게 될 것이다. 따라서 집합적 기술은 가장 광범위한 단계에서부터 시작해 그 집합체의 그런 특성들을 기술해 내려감으로써, 분리된 기록 세트 각각에 대해 특성을 기술하는 불필요한 작업을 제거하기도 하는 적절하고 효율적인 방법인 것이다(Miller, 1990/2002, pp. 48-49).

■ 다계층 기술의 원칙

보존기록 기술을 위한 국제표준인 ISAD(G)는 다계층 기술의 원칙(multi-level description rule)을 제시하고 있다. 즉 출처와 원질서를 존중하여 기록을 계층별로 기술하고 각 계층의 기술은 서로 연결될 수 있도록 한다고 하는데, 다음의 4가지 내용을 포함한다. 첫째, 일반적인 것에서 특수한 것으로 기술하는 것으로, 상위계층의 기술을 먼저 한 이후에 하위계층의 기술을 하도록 하는 원칙이다. 둘째, 기술되는 기록계층에 적절한 정보만을 기술하라는 것이다. 예를 들어, 기록물 그룹의 경우에는 기록철에 대한 상세한 내용정보를 제공할 필요가 없다. 셋째, 상위계층과 현재 기술 중인 계층을 연결해야 한다는 것이다. 기술 계층의 위치를 명확히 표현해야 하며, 각각의 기술은 상위의 기술 계층과 연결시켜 주어야 한다. 넷째, 상위 계층 기술에서 이미 제공한 정보를 하위 계층에서 반복하여 기술하지 않도록 하는 것이다. 이는 계층적으로 관련된 기술 간에 정보가 중복되지 않도록 하기 위한 것이다(기록학 용어 사전, 2008, p. 71).

2. 보존기록의 기술을 위한 ICA 표준들

■ 기술 규칙 개념

기술 규칙(Descriptive Standard)은 기록을 표준 형식으로 기술하기 위해 정한 규칙이다. 즉 기술에 포함되는 제목, 날짜 등과 같은 정보를 통일되고 표준화된 형식으로 제공하는 방식을 결정하여 제시한 것이다. 기술 규칙은 국제적 · 국가적 · 기관 차원 등에서 일관성 있는 기술을 위해 정할 수 있다.

ICA에서는 메타데이터 표준 ISO 23081-2에서 제시된 것과 같은 다중 개체 구조의 기록 기술을 위한 네 가지 기술표준을 제시하였다. 이는 기록의 기술을 위한 표준인 ISAD(G)(General International Standard Archival Description), 전거레코드의 구성 및 요소기술을 위한 ISAAR(CPF)(International Standard Archival Authority Record for Corporate Bodies, Persons and Families), 기록 생산자의 기능을 설명하기 위한 기술지침 ISDF(International Standard for Describing Functions), 기록 소장기관을 일관성 있게 기술하기 위한 별도의 표준으로 제시된 ISDIAH(International Standard for Describing Institutions with Archival Holdings)의 네 가지이다.

2016년 가을 ICA는 ICA에서 제정해왔던 이 네 가지 기술 표준을 조정 · 통합 · 구축하여 포괄적인 새로운 기술표준인 'Record in Context'(RiC)을 개발하여 발표하였다. 먼저 앞에서 제시되어 현재 사용되고 있는 네 가지 기술표준들 각각에 대해 먼저 살펴보고 각 국가의 채택 현황과 국가별 기술표준도 살펴본 후 'Record in Context'(RiC) 표준에 대해서도 알아본다.

3. 국제 보존기록 기술규칙 ISAD(G)

먼저 보존기록의 기술을 위해 ICA에서 제시한 국제 보존기록 기술규칙인 ISAD(G) (General International Standard Archival Description)를 살펴본다.

◼ ISAD(G) 개념 및 특징

ISAD(G)의 공식 명칭은 국제 보존기록 기술규칙(일반)(General International Standard Archival Description)으로, 국제 기록 기구 회의(ICA)가 일관성 있고 체계적인 기술 목록의 생산과 교환 및 통합을 원활히 하기 위하여 제정한 표준으로, 매체나 유형에 관계없이 모든 보존 기록에 적용되는 기술의 원칙과 요소를 제안하고 있다. 각 요소에 기재될 내용과 구조는 국가별 기술 규칙을 따르도록 제안하고 있다(기록학 용어 사전, 2008, p. 37).

ISAD(G)는 일반적 규칙(general rules)으로, 기록의 생애주기 중 최종의 전문기록 관리 기관으로 이관된 보존 기록을 대상으로 기술할 때 적용되는 기술규칙이다. 또한 기술 단위의 성격이나 범위에 관계없이 모든 기록물의 기술에 광범위하게 적용되도록 만들어졌다.

ISAD(G)는 일관성 있고 적절하며 완결성 있는 기술의 생산, 기록에 대한 정보 검색과 교환의 촉진, 전거데이터와의 원활한 연계, 여러 곳에 산재하는 기술을 하나의 정보시스템으로 통합하는 것을 지원함을 목적으로 제시된다. ISAD(G) 제1판은 1994년에 제시되었으며, 제2판은 1999년에 발행되었다. 제2판에서는 보존 기록을 위한 26개 요소를 7개 영역에 따라 제시하고 있다(〈표 33〉 참조).

7개 영역 중, 식별 영역은 기술 단위를 식별하고 기록 고유의 특성을 식별하기 위한 필수정보 영역으로, '참조코드, 제목. 일자, 기술계층, 기술단위의 규모와 유형(부피, 크기, 정량)'의 요소를 포함한다. 배경 영역은 기술단위의 근원과 보관에 관한 정보를 나타내는 영역으로, '생산자명, 행정연혁/개인이력, 기록관리 이력, 수집/이관의 직접적 출처'의 요소를 포함한다.

내용과 구조 영역은 '기술단위의 주제와 정리(배열)에 관한 정보 영역으로, 범위와 내용, 평가 · 폐기 · 처분일정 정보, 추가, 정리체계'의 요소를 포함한다. 접근과 이용환경 영역은 기술단위의 이용가능성에 관한 정보(존재와 위치, 이용방법)를 담은 영역으로, '접근환경, 복제 조건, 언어와 문자(script), 물리적 특성과 기술적 요구사항, 검색도구'의 요소를 포함한다.

관련자료 영역은 기술단위와 중요한 관련성을 지닌 기록물에 관한 정보를 담은 영역으로, '원본의 존재와 위치, 사본의 존재와 위치, 관련기술 단위, 출판주기'의 요소를 포함한다. 주기 영역은 다른 영역에 포함시킬 수 없는 정보 및 특수정보 영역으로, '주기'의 요소를 포함한다. 기술통제 영역은 어떻게, 언제 그리고 누구에 의해서 기술직성 되었는지에 대한 정보 영역으로, '아키비스트 주기, 규칙과 협약'의 요소를 포함한다(ICA. ISAD(G), 2nd ed., 1999).

ISAD(G)는 부록에서, 전거레코드와 ISAD(G) 출처정보와의 연계에 대해 보여주면서, 배경영역의 생산자 행정연혁과 개인이력의 정보는 전거레코드에 의해 관리되어야 함을 제시하고 또 강조하고 있다.

ISAD(G)라는 국제 보존 기록 기술 규칙이 있음에도 불구하고, 각국에서는 국가차원의 기술 표준을 개발하고 있다. 국제표준은 국제적 범용성을 유지하기 위해 가장 일반적이고 문화와 환경에 구애받지 않고 적용될 수 있는 원칙을 제시한다는 특징을 가지기 때문에 자국의 언어 및 기록문화에 맞게 내용을 기술할 수 있는 규칙이 필요하다. 기록의 언어가 외국어라 해도 기술은 자국어로 만들어지는 것이 원칙이므로 해당 국가의 언어문화에 맞게 기술해야 한다. 국가차원의 이러한 기술 표준들은 정부기관이 아니라 전문단체나 협회가 개발하는 경우가 많다(설문원, 2010a, 154). 국가 차원에서 규정한 기술 규칙에는 우리나라에서는 '영구기록물 기술규칙'(NAK 13 :2011(v2.0))이 있다. 그 외에 영국의 기록 기술 규칙은 MAD(Manual of Archival Description), 캐나다의 기록 기술 규칙은 RAD(Rules for Archival

Description), 미국의 기록 기술 규칙은 DACS(Describing Archives: A Content Standard)
이다.

〈표 33〉 ISAD(G) 영역과 기술요소

기술영역	기술요소		
식별영역 (Identity Statement Area)	참조코드*	3.1.1	Reference code(s)*
	제목*	3.1.2	Title*
	일자 *	3.1.3	Dates*
	기술계층 *	3.1.4	Level of description*
	기술단위의 매체와 규모	3.1.5	Extent and medium of the unit
배경영역 (Context Area)	생산자명 *	3.2.1	Name of creator*
	행정연혁/개인이력	3.2.2	Administrative/Biographical history
	기록물이력	3.2.3	Archival history
	수집/이관의 직접적 출처	3.2.4	Immediate source of acquisition
내용과 구조영역 (Content and Structure Area)	범위와 내용*	3.3.1	Scope and content*
	평가,폐기,처리 일정정보	3.3.2	Appraisal, destruction and scheduling
	추가	3.3.3	Accruals
	정리체계	3.3.4	System of arrangement
접근과 이용환경 영역 (Conditions of Access and Use Area)	접근 관리의 조건	3.4.1	Conditions governing access
	복제 관리의 조건	3.4.2	Conditions governing reproduction
	자료의 언어와 문자	3.4.3	Language/scripts of material
	물리적 특성과 기술적 요구사항	3.4.4	Physical characteristics and technical requirements
	검색도구	3.4.5	Finding aids
관련자료영역 (Allied Materials Area)	원본의 존재와 위치	3.5.1	Existence and location of originals
	사본의 존재와 위치	3.5.2	Existence and location of copies
	관련 기술 단위	3.5.3	Related units of description
	출판주기	3.5.4	Publication note
주기영역 (Notes Area)	주기	3.6.1	Note
기술통제영역 (Description Control Area)	아키비스트 주기	3.7.1	Archivist's note
	규칙과 협약	3.7.2	Rules or conventions
	기술 일자	3.7.3	Date(s) of descriptions

※ 요소명 옆에 *표가 있고 음영이 있는 요소는 필수(essential) 요소.

4. 우리나라의 영구기록물 기술규칙

■ 영구기록물 기술 규칙 (NAK 13:2011(v2.0))

국가기록원은 2008년 12월 영구기록물 기술규칙을 제정하고, 2011년 개정하였다(국가기록원. 영구기록물 기술규칙 NAK 13:2011(v2.0)). 2008년도 기술규칙은 이전에 발표되었던 국가기록원 기록물기술규칙을 부분적으로 개정, 대체한 것으로, 다계층 기술 및 집합적 기술 원칙을 반영하고, 기록계층별로 기술해야 할 요소를 제시하고, 모든 기록 매체와 형식을 포괄할 수 있도록 설계되었다. 2011년에 수정, 보완된 개정판이 발표되었는데, 이는 영구기록물을 보존 · 관리하는 기록물관리기관의 기록물 기술에 필요한 일반적인 지침을 제공하는 것으로, 중앙기록물관리기관, 헌법기관기록물관리기관, 지방기록물관리기관, 대통령기록관 및 기타 기록물을 영구보존하는 기록물관리기관에 소장된 모든 유형의 영구기록물 기술업무에 적용하는 것을 원칙으로 하되, 기관별 기록물 관리의 특수성에 따라 한시기록물의 기술업무에도 적용할 수 있다(NAK 13:2011(v2.0), 1).

이 표준은 ISAD(G)와 영국의 MAD3, 캐나다의 RAD를 참고하며 ISAD(G)와 마찬가지로 7개의 영역(식별, 배경, 내용과 구조, 접근과 이용환경, 관련자료, 추가설명, 기술통제)으로 구분되어 있다. 그러나 ISAD(G)와 비교해 볼 때, 내용과 구조 영역의 색인어 요소가 더 추가되어 1개 더 많은 27개 요소로 구성되었다.

이에 포함된 기술항목들은 모두 사용가능하나, 다른 기록물관리기관과의 기술정보 교환을 위해 필수항목을 지정하였다. 필수항목은 6개 항목으로, 참조코드, 제목, 일자, 기술계층, 생산자명, 범위와 내용이다(〈표 12〉 참조)(국가기록원. 영구기록물 기술규칙).

부록에서는 기록관리 메타데이터(현용, 준현용, 기록물용)와의 기술요소 매핑표를 제시하고 있으며, 기록 검색도구 연계 구조를 제시하고, 인물, 사건, 단체 등의 전거레코드와 기록 기술의 생산자가 연계되어야 함을 비롯하여 기능 시소러스가 기술의 기능과 연계되어야 함에 대해 도해로 제시하고 있다. 또한 기록의 색인에 대해서는 일반 주제시소러스로 연계되어야 함 역시 제시하고 있다.

〈표 34〉 국가기록원 영구기록물 기술규칙의 영역과 요소

영역	기술내용	기술요소
1 식별	기술단위를 식별하는데 필요한 필수정보	1) 참조코드*
		2) 제목*
		3) 일자*
		4) 기술계층*
		5) 기술단위의 규모와 유형
2 배경	기술단위의 출처 및 관리이력에 대한 정보	6) 생산자명*
		7) 행정연혁/개인이력
		8) 기록물 이력
		9) 수집/이관의 직접적 출처
3 내용과 구조	기술단위의 주제와 정리에 관한 정보	10) 범위와 내용*
		11) 평가, 폐기, 처리일정 정보
		12) 추가수집 예상기록물
		13) 정리체계
		14) 색인어
4 접근과 이용환경	기술단위의 이용조건에 관한 정보	15) 접근환경
		16) 이용환경
		17) 자료의 언어
		18) 물리적 특성과 기술적 요구조건
		19) 검색도구
5 관련자료	기술단위와 밀접하게 관련된 자료에 관한 정보	20) 원본의 존재와 위치
		21) 사본의 존재와 위치
		22) 관련 기술단위
		23) 출판물 설명
6 추가설명	어떤 영역에도 기술할 수 없는 특별한 정보(주기사항)	24) 추가설명
7 기술통제	언제, 어떻게, 누구에 의해 기술되었는가에 관한 정보	25) 기술담당자
		26) 규칙과 협약
		27) 기술일자

※ 요소명 옆에 *표가 있고 음영이 있는 요소는 필수 요소.
*출처 : 국가기록원. 영구기록물 기술규칙. NAK 13:2011(v2.0), 부속서 C 64-65 수정.

■ 영구기록물 기술 규칙의 요소

1) 참조코드(필수요소): 참조코드는 국가 코드, 영구기록물관리기관 코드, 기록물군

코드(컬렉션 코드), 기록물하위군 코드, 기록물계열 코드, 기록물철 코드, 기록물건 코드순으로 구성한다.

2) 제목(필수요소): 기록물의 제목은 본제목, 부제목, 기타제목, 대등제목으로 구분하여 기술하며, 본제목은 반드시 기술하여야 한다. 간행물의 경우 원서명, 총서명을 추가할 수 있다. 본제목은 생산기관이나 이관기관에서 작성한 기록물명을 표기하는 것을 원칙으로 한다. 일반적으로 기록물 표지에 기재된 제목이 해당되며, 해당 제목에 사용되었거나 표기된 언어와 문자를 그대로 적는다. 기록물 표지에 두개 이상의 언어나 문자가 사용된 경우에는 본문의 언어나 문자와 일치되는 것으로 본제목을 작성한다. 본제목 없이 대등제목, 부제목, 기타제목을 작성하지 않는다.

간행물은 본제목을 대신하여 본서명을 작성하는데, 본서명은 당해 간행물의 핵심이 되는 표지의 제목으로 한다. 행정박물의 본제목은 행사명, 주제, 사용자(기관), 사용위치, 작가, 색상, 지명, 행정박물의 형태 등 다양한 요소를 결합하여 부여한다. 도면 · 지도의 본제목은 건축물의 명칭이나 종류, 지리적 위치를 지시하는 단어나 문구를 적절히 조합하고 도면의 종류나 형식명을 부쳐서 작성한다. 고문서의 본제목은 문서의 명칭을 쓰되, 작성자, 발급자, 수취자 등으로 병기할 수 있다.

부제목은 본제목 뒤에 기재된 부연제목이 해당되며, 본제목 다음에 쌍점(:) 표시를 하고 부제목을 작성한다. 기타제목은 본제목을 수정, 보충, 번역하여 기재할 필요가 있을 경우에 작성한다.

3) 일자(필수요소): 일자는 연 · 월 · 일로 표시하며, 연 · 월 · 일은 빗금(/)으로 구분하고, 시작연 · 월 · 일과 끝 연 · 월 · 일의 표시는 그 사이에 붙임표(-)를 사용하여 기술한다. 일자는 아라비아숫자로 통일하여 기술하고, 일자가 서력기원이 아닌 경우에는 서력기원으로 환산하여 기술한다. '서기'와 '연'은 모두 생략하며, 연호는 추가 설명(주기)에 기술한다. 일자는 생산시작일자 및 생산종료일자로 구분하고, 기록물이 생산자에 의해 생산, 보존, 축적된 시작일과 종료일을 기술한다. 생산시작일자와 생산종료일자와 별도로 집중생산시기를 기술할 수 있다. 시

청각기록물의 일자는 촬영, 제작, 편집, 활용된 모든 일자를 기술하는 것을 원칙으로 한다.

4) 기술계층(필수요소): 기술단위를 나타내는 기록물군, 기록물하위군, 기록물계열, 기록물하위계열, 기록물철, 기록물건 등 현재 취급하고 있는 기술단위의 계층을 기술한다.

5) 기술단위의 규모와 유형: 모든 기록물은 구분, 종류, 유형, 형태로 분류하며, 기록물의 계량단위는 각각의 수량이나 길이, 용적, 용량 등으로 기술한다. 기록물은 각 영구기록물관리기관의 기록물 이관이나 수집방법, 생산시기 등에 따라 구분할 수 있다(예시: 일반행정기록물, 민간기록물, 조선총독부기록물, 해외기록물, 구술기록물 등). 기록물 종류는 해당기록물이 수록된 매체의 종류에 따라 전자기록물과 비전자기록물로 구분한다. 전자기록물은 문서, 시청각기록물, 간행물·도서, 도면·지도, 특수유형 전자기록물로 분류·기술하며, 비전자기록물은 문서, 시청각기록물, 간행물·도서, 도면·지도, 행정박물로 분류·기술한다. 기록물의 유형은 기록물의 종류별로 기록물의 생산시기, 생산목적이나 형식등을 고려하여 하위유형을 분류하며, 필요한 경우 세부유형으로 분류하여 기술할 수 있다.

전자기록물의 계량단위는 용량으로 기술하되 용량을 B(Bytes), KB(Kilobytes), MB(Megabytes), GB(Gigabytes), TB(Terabytes), PB(Petabytes) 등으로 기술한다. 비전자기록물의 계량단위는 수량이나 길이, 용적 등으로 기술한다. 기록물의 계량단위는 아라비아 숫자로 기술한다. 문서 종류의 계량단위는 "권"과 "건"으로 한다. 다만, 고문서는 "권"과 "매"로 한다. 시청각기록물의 계량단위는 "권"과 "점"으로 한다. 간행물의 하위유형은 연감백서류, 통계집, 업무편람, 법규집, 사업보고서, 연구조사보고서 교육자료, 기관지, 회의자료, 목록류, 사료연혁집, 연설강연집 전시·도감·화보집, 기타로 구분하여 기술한다. 간행물의 계량단위는 "권"으로 한다.이 밖에 특수유형 전자기록물은 웹기록, 데이터세트, 전자우편, 기타 등으로 유형을 구분하여 기술할 수 있다.

6) 생산자명(필수요소): 기록물의 생산, 축적 및 유지에 책임이 있는 기관명이나 개

인명을 기술한다. 생산자인 기관명과 개인명은 연계된 전거파일이나 기록물의
기술에서 국제적, 국가적으로 표준화된 형식을 참조하여 기술한다. 생산기관의
명칭이 변하여 여러 개인 경우에는 가장 오래된 것을 먼저 기술하고, 가장 최근
의 것을 마지막에 기술한다. 외국기관의 명칭을 외국어로 표기하는 경우 각 단
어의 첫 글자를 대문자로 써야 한다. 기관명의 계층표현은 기관단위를 연결하는
행정계층으로 기술한다.

시청각기록물은 생산기관 또는 제작자, 녹음자, 작곡가, 작사가, 가수, 감독 등을
생산자명으로 기술할 수 있다. 간행물은 생산기관, 공저자명, 저자명, 편저자명,
역자명 등을 생산자명으로 기술할 수 있다. 행정박물은 생산기관, 작가나 제작
자 등을 생산자명으로 기술할 수 있다. 도면 · 지도는 생산기관, 제작자 등을 생
산자명으로 기술할 수 있다. 고문서는 발급자, 수취자 등을 생산자명으로 기술
할 수 있다.

7) 행정연혁/개인이력: 기록물의 생산과 축적에 책임이 있는 기관이나 개인(가문)
   에 대한 행정연혁이나 개인의 이력을 기술한다. 행정연혁에는 기관이나 조직의
   명칭변경, 존립기간, 기관연혁, 기관업무, 기능, 설치근거, 조직구성, 하부변천
   등에 관한 정보를 기술한다. 개인이나 가문은 이름, 직함, 출생일과 사망일, 출
   생지, 거주지 변천, 활동, 직업과 직책, 본명과 다른 이름, 주요 업적, 사망지 등
   에 관한 정보를 기술한다. 행정연혁이나 이력정보는 국제표준에 따르는 생산자
   전거레코드를 구축하여 연혁이나 이력정보를 별도로 관리할 수 있다. 이 경우
   행정연혁/개인이력 기술요소와 연결되도록 한다.

8) 기록물 이력: 기록물의 소유권, 보존 책임자, 보존장소 등에 변동이 있었을 경우
   이를 날짜순으로 정리하여 기술한다. 기록물의 영구기록물관리기관 내 보존장
   소와 보존변천사항, 기타 보존관리와 관련된 이력정보를 기술한다. 확인할 수
   없다면 그 내용을 기술한다. 이외에 최신 검색도구의 제작, 기록물의 재사용이
   나 소프트웨어 이전(migration), 현재 기록물의 조직과 정리 상태에 영향을 미친
   활동 등을 기술할 수 있다.

9) 수집/이관의 직접적 출처: 기록물의 수집/이관 출처와 수집방법, 수집이관일자,

인수인계 정보를 기술한다. 수집이관출처는 수집이관의 출처가 되는 기관이나 개인명을 기술한다. 수집이관방법은 수집, 이관 받은 방법을 수집·이관·구입·기증·위탁으로 구분하여 기술한다. 수집이관일자는 기록물을 수집했거나 이관 받은 일자를 기술한다. 확인할 수 없다면 그 내용을 기술한다. 인수인계 정보는 인수인계자의 정보와 이관번호 또는 인수인계일자를 포함하여 기술한다. 인수인계자의 정보는 소속, 직급, 성명을 포함한다.

10) 범위와 내용: 기록물의 범위와 구조, 내용, 가치를 요약하여 기술한다. 대장이나 카드류 등 일정한 형식으로 구성된 기록물의 경우 구성요소 등 확인이 가능한 정보나 기록물을 생산한 목적 등을 기술한다. 시청각기록물의 사진/필름류, 녹음/동영상류의 건단위 주요설명을 육하원칙에 의해 기재한다. 사진/필름류는 육하원칙 이외에 사진상 주요인물의 성명, 직위, 위치를 추가기술하고, 녹음/동영상류는 녹음내용이나 영상의 내용을 요약하여 추가 기술한다. 간행물은 간행물이 담고 있는 관련 정책과 사업의 범위와 내용을 파악할 수 있도록 내용요약 및 목차를 기술한다. 행정박물은 특정사건, 행사, 박물의 모양, 주제, 특정시기, 관련기관이나 단체, 용도, 박물에 새겨진 글자나 내용 등을 기술한다. 도면·지도는 제작목적이나 용도, 설계, 조직이나 프로젝트에 대한 상세한 내용, 기록물이 나타내는 지역이나 건축물에 대한 정보, 축척·좌표·도법표시를 기술한다. 고문서는 가문 및 지명, 문서의 형식, 주제, 내용과 상태 등에 대한 요약을 간결하게 기술한다.

11) 평가, 폐기, 처리일정 정보: 기록물의 보존기간을 재분류했거나 보존매체수록 및 폐기 등을 결정하고, 처리한 결과에 관한 내용을 기술한다.

12) 추가수집 예상기록물: 기록물의 추가 수집이나 이관이 예상되는 정보를 기술한다. 주로 기록물의 유형, 추가 수집이나 이관이 발생되는 빈도와 추가되는 기록물 분량의 추정치, 추정일자를 기술한다.

13) 정리체계: 기록물의 내부구조, 질서 혹은 정리체계에 대한 정보를 기술한다. 원질서의 재정리가 필요한 기록물의 경우 정리한 내용과 과정을 기술할 수 있다.

14) 색인어: 색인어는 기능어, 인명, 지명, 단체명, 주제명, 사건명 등으로 구분하여

기술한다. 기능어는 기록물 생산과 관련된 업무과정, 활동 등을 나타내는 명사나 명사구로 구성한다. 효과적인 검색과 관리를 위하여 기능어에 대한 기능 시소러스(검색어 사전) 등을 구축하여 운영할 수 있다. 인명은 기록물건명이나 내용과 관련이 있는 인물의 이름을 기술한다. 지명은 기록물건명이나 내용과 관련이 있는 장소를 나타내는 대륙, 국가, 도시, 장소, 건물 등의 이름을 기술한다. 단체명은 기록물건이나 내용과 관련이 있는 기관, 회사, 법인, 학교 등의 이름을 기술한다. 주제명은 기록물 내용과 관련이 있는 주제어를 기술한다. 사건명은 기록물건이나 내용과 관련이 있는 행사명, 회의명, 기념일, 사건/사고명 등을 기술한다. 인명, 지명, 단체명, 주제명, 사건명 등에 대한 효과적인 검색과 관리를 위하여 일반주제 시소러스(검색어 사전) 등을 구축하여 운영할 수 있다.

15) 접근환경: 기록물에 대한 접근을 제한할 수 있는 법적 근거나 규정, 판례 등에 대한 정보를 기술한다. 주로 기록물의 정리상태, 비공개정보의 보유여부 등을 고려하여 접근정보를 제공한다. 공개여부, 비공개기간, 비공개 재분류 일자, 공개가능한 시점, 원본 또는 사본 열람의 가능여부, 보존매체를 이용한 열람방법 등에 관한 정보, 기록물의 접근환경에 대한 변경사항, 열람이 제한되는 대상 정보, 열람이 제한되는 범위(쪽단위) 등을 기술할 수 있다.

16) 이용환경: 접근이 가능한 기록물에 대해 저작권, 복제, 출판조건에 관한 정보를 기술한다. 이런 조건의 존재가 알려져 있지 않다면 그 사실을 기술한다.
기록물이 저작권에 의해 보호된다면 저작권자와 저작권 만료일자를 기술한다.

17) 자료의 언어: 기록물에 사용된 언어 정보를 기술한다. 다수의 언어가 사용되었다면 각각의 언어가 사용된 범위를 기술할 수 있다.

18) 물리적 특성과 기술적 요구조건: 모든 기록물의 물리적 특성에는 형태, 원본매체나 재질, 크기, 원본구분, 포맷정보 등을 기술한다. 기록물의 형태는 비전자, 전자로 나누고, 원본매체는 종이, 필름 등의 종류에서 선택하여 기술한다. 기록물의 크기는 세로, 가로, 높이(깊이)의 순서로 기술한다. 일반문서류 등 표준규격의 기록물은 크기에 대한 기술을 생략한다. 기록물의 원본구분은 원본, 사본, 부본 중 선택하여 기술한다. 기록물의 상태평가 정보는 상태평가일자, 훼손상태

등의 정보를 기술한다. 이외에 기록물의 보존조건이나 열람을 도와주는 소프트웨어나 하드웨어를 기술할 수 있다. 시청각기록물의 하위유형이나 세부유형별로 형태, 원본매체 외에 색채, 크기, 극성, 용기, 재생시간 등의 물리적 정보를 기술한다. 행정박물은 세부유형별로 원본매체(재질)를 구분하여 기술하고, 재질에 관한 추가내용은 추가설명 요소에 기술한다. 도면·지도의 경우에는 형태, 원본매체(재질), 축척, 색채, 크기 등을 기술한다. 고문서의 형태, 원본매체 외에 결락이 있는 경우에는 낙장의 면수와 장수를 추가설명(주기)에 기술한다. 확인할 수 없는 경우에는 그러한 사실을 기술한다. 전자기록물의 포맷은 파일의 종류와 역할을 표시하는 파일 확장자(file extension)를 사용하여 기술한다. 포맷의 버전정보가 있는 경우에는 버전정보를 함께 기술한다.

19) 검색도구: 영구기록물관리기관이나 기록물 생산자가 갖고 있는 모든 검색도구에 관한 정보를 기술한다. 기록물 검색도구의 종류, 위치, 이용방법 등을 기술한다.

20) 원본의 존재와 위치: 기록물이 사본인 경우 원본의 존재, 위치, 이용가능성 여부, 파기에 관한 정보 등을 기술한다. 원본이 존재하지 않거나 소재를 알 수 없을 때는 그 내용을 기술한다. 기술대상 기록물이 사본인 경우 원본을 소장하고 있는 곳에서 관리해 온 기록물군, 기록물계열 및 컬렉션명이 있다면 이를 기술할 수 있다.

21) 사본의 존재와 위치: 기록물이 원본인 경우 사본의 존재, 위치, 이용가능성, 사본제작 정보 등에 관한 내용을 기술한다. 사본은 대체사본(원본은 폐기하고 보존매체만을 보존하기 위해 제작한 보존용사본), 열람사본(열람용을 위해 원본기록물과 별도로 제작한 사본), 발췌사본(원본기록물을 훼손하지 않고 개인정보 등의 민감한 정보를 제거하거나 숨김처리를 하여 활용하기 위해 생산한 사본)으로 구분하고 이를 기술한다.

22) 관련 기술단위: 기술단위의 기록물이 다른 기록물군이나 계열과 직접적이고 중요한 연관이 있다면 그 정보를 기술한다. 이외에 다른 기록물관리기관이나 기관에서 소장 하고 있는 기록물이 기술단위의 기록물과 관련이 있다면 그 정보를 기술할 수 있다. 이 경우 적당한 소개문을 작성하고 관련된 기록물의 정보를 기

술한다. 관련기록물 정보에는 목록, 색인, 주제명표, 안내책자, 인터넷 주소, 도서명, 저자, 출판사, 출판연도 등이 포함된다.

23) 출판물 설명: 기록물을 이용해서 연구하고, 분석하는 데 기초가 된 정보, 그리고 기술단위를 출판한 온·오프라인 출판물에 대한 모든 정보와 인용사항을 기술할 수 있다. 이 경우 출판된 영인본이나 사본에 대한 정보가 포함된다.

24) 추가설명: 다른 기술요소에서 설명할 수 없는 내용이거나 추가적인 설명을 기술한다. 수정하거나 보충한 제목에 대한 근거나 설명, 서력기원 이외의 년도 표시, 생산일자 이외의 주제일자, 방송일자를 기술한다.

25) 기술담당자: 기술내용에 책임이 있는 기술담당자의 정보를 기술한다. 최초 기술담당자와 최근 기술담당자의 소속부서, 직급, 성명을 기술한다.

26) 규칙과 협약: 기술서의 작성과정에서 사용한 국제적, 국가적 또는 지역적 규칙이나 관행을 기술한다.

27) 기술일자: 기록물을 최초로 기술한 일자, 최근에 수정한 일자를 기술한다. 최초 기술일자 및 최근 수정일자는 연/월/일로 기술한다.

■ 영구기록물 기술 규칙 적용 예

〈표 35, 36〉은 영구기록물 기술규칙(NAK 13:2011(v2.0))의 부속서 A에서 참고로 제시된 기록물군과 기록물 계열의 기술 예제이며, 〈표 37〉은 기록물철의 기술 예제이다. 실제 요소들이 사용되는 사례를 통해 각 요소의 쓰임을 이해할 수 있을 것이다.

〈표 35〉 기록물군 기술 예제 (영구기록물 기술규칙 (NAK 13:2011(v2.0)) 부속서 A)

□ 병무청 기록물군 기술내용

참조코드	KR/NA/AG35
제목	병무청 기록물군
일자	1970-2006
기술계층	기록물군
기술단위 유형과 규모	문서 361권, 사진필름 4권, 정부간행물 165권
생산기관	병무청
행정연혁	정부수립 이후 한국의 병무행정은 국방부 제1국에서 담당하다가 1949년 육군본부 예하 병사구사령부로 이관되었다. 1953년 6.25 전쟁이 발발하면서 징집기능은 국방부 소관으로, 소집은 내무부 소관으로 이원화 되었다가 1954년 소집기능이 국방부 예하 병사구사령부로 이관되었다. 1962년 「병역법」 개정에 의해 국방부 소속으로 각 시·도에 병무청이 설치된 후 1970년 8월 20일 「정부조직법」 개정에 의해 국방부의 외청으로 병무청이 창설되었으며, 기존의 시·도 병무청은 병무청 소속의 지방병무청으로 편입되었다. 주요업무는 징집·소집·향토예비군 편성 및 관리 그 밖에 병무행정에 관한 사무를 관장한다.
보존이력	병무청 기록물은 2000년 이후 수차례에 걸쳐 대전본원 인수실에서 이관받았고, 부산서고에서 보존하였다. 다만, 2005년 이후 이관분과 시청각 기록은 대전서고에서 보존하였다. 2008년 3개 서고간 기록물 재배치 사업에 의해 현재 대전(본원)서고에 보존하고 있으며, 시청각기록물은 성남(나라기록관)서고, 정부간행물은 부산(역사기록관)서고에서 보존하고 있다.
수집이관이력	2000년 2월, 2001년 3월과 4월, 2002년 6월, 2003년 4월, 2004년 3월, 2005년 9월, 2006년 9월 병무청에서 이관하였다.
수집이관기관	병무청 총무과
범위와 내용	병무청은 징집 및 소집과 그 밖의 병무행정에 관한 사무를 관장하고 있는 기관으로 병무청 기록물군은 조직의 기능과 기록물 유형에 따라 행정지원, 국외자원관리, 병역제도 개선, 정부간행물, 병역소송 관리의 5개 기록물계열로 구성되며, 지방병무청은 기록물하위군으로 구성되어 광주전남지방병무청, 대구경북지방병무청, 대전충남지방병무청, 강원지방병무청, 인천경기지방병무청, 부산지방병무청, 서울지방병무청, 전북지방병무청, 제주지방병무청, 충북지방병무청의 10개 기록물하위군으로 구성된다.
추가수집정보	기록물 287권이 2012년말이나 2013년 초에 이관될 예정이다. ※ 지방병무청은 2011년에 132권이 이관될 예정이다.
보존장소	병무청 기록물군의 문서는 국가기록원 대전(본원)서고에서 보존하고 있으며, 사진필름, 비디오테이프, 오디오는 성남(나라기록관), 정부간행물은 부산(역사기록관)서고에서 보존하고 있다.
기술담당자	공개서비스과 사서주사보 김○○
기술일자	2010/03/25

〈표 36〉 기록물계열 기술 (영구기록물 기술규칙 (NAK 13:2011(v2.0)) 부속서 A)

□ 병무청 기록물군>국외자원관리 기록물계열 기술내용

참조코드	KR/NA/AG35/S2
제목	국외자원관리 기록물계열
일자	1972-1995
기술계층	기록물계열
기술단위 유형과 규모	문서 28권
생산기관	병무청 충원국 국외자원관리과
행정연혁	병무청 충원국 국외자원관리과는 1970년 8월 20일 「정부조직법」 개정에 의해 국방부의 외청으로 병무청이 신설됨에 따라, 병무청 징모국 징집자원과로 존재하다가 「병무청과그소속기관직제시행규칙」[일부개정 2003.12 1 국방부령 제555호]에 따라 병무청 충원국 국외자원관리과로 변경되었다. 그 이후 「병무청과 그 소속기관 직제 시행규칙」[전부개정 2006. 6.29 국방부령 제599호]에 따라 병무청 현역입영본부 국외자원팀으로 변경되었고, 「병무청과 그 소속기관 직제 시행규칙」[전부개정 2008. 3. 5 국방부령 제648호]에 따라 병무청 현역입영국 국외자원과로 변경되었다. 2010년 현재는 「병무청과 그 소속기관 직제 시행규칙」[일부개정 2008. 8.11 국방부령 제653호]에 따라 병무청 현역입영국 고객지원과이다.
보존이력	병무청 충원국 기록물은 2001년 이후 대전(본원) 인수실에서 이관받았고, 부산 서고에서 보존하고 있다. 다만, 2006년 이후 이관분과 시청각 기록은 대전(본원) 서고에서 보존하고 있다.
수집이관이력	2001년 3월과 4월, 2006년 9월 병무청에서 이관하였다.
수집이관기관	병무청 총무과
범위와 내용	국외자원관리 계열은 국외이주자의 병역관리, 병역의무자의 국외여행 허가 및 체류기간 연장허가 관련 내용으로 강제송환자처리, 병역면제원출원자명부, 미귀국자지침, 국외여행방침, 특정국가국외여행 등에 관한 기록물로 구성되어 있다.
평가, 폐기, 처리일정 정보	2006년 매체수록평가 결과는 원본보존이다. 2008년 상태평가 결과, 훼손상태는 중열화(18권), 약열화(10권) 이다.
정리체계	국외자원관리 계열내의 기록물철은 생산년도별로 정리되어 있다.
기능어	병역의무자 국외이주관리
색인어	병역, 국외여행허가, 병무청
접근환경	30년 미경과 기록물은 「공공기관의 정보공개에 관한 법률」제9조제1항 각호에 의거 공개가 제한될 수 있다. 30년이 경과한 기록물은 개인정보를 제외하고 공개가능하다.
이용환경	상업적 이용이나, 2차적 활용시 국가기록원과 협의가 필요하다.
언어	한국어
검색도구	나라기록 포털을 통해 이 계열의 기록물철/건 목록을 확인할 수 있다.
원본의 존재 (사본일 경우)	해당사항 없음
사본의 존재 (원본일 경우)	해당사항 없음

관련기록	KR/NA/AG28/S24(국방부/징집인력관리)
출판정보	해당사항 없음
기술담당자	공개서비스과 사서주사보 김○○
기술일자	2010/03/25

〈표 37〉 기록물철 기술 예제 (영구기록물 기술규칙 (NAK 13:2011(v2.0)) 부속서 A)

□ 병무청 기록물군>국외자원관리 기록물계열>미귀국자지침철 기술내용

참조코드	KR/NA/AG35/S2/BA0850681
제목	미귀국자지침철
일자	1972-1972
기술계층	기록물철
기록물구분	일반기록물
기록물형태	일반문서류
기술단위의 유형과 규모	문서 56건
생산기관	병무청 충원국 국외자원관리과
보존장소	국가기록원
원내보존시설	대전
서고서가위치	C205-80
수집이관일자	2005년 9월 병무청에서 이관하였다.
수집이관기관	병무청
수집이관방법	이관
인수인계정보	인수자 : 기록연구사 김○○ 인계자 : 기록연구사 이○○ 이관번호 : 2005-37 이관일자 : 2005.09.14
범위와 내용	해외체재 미 귀국자의 처리에 관한 기록으로 병역의무자 국외체재에 관한 보고, 국외체재기간 연장허가, 병역미필 재일교포에 대한 처리, 영주권취득자의 병역관계 등과 관련된 기록들이 포함되어 있다.
보존기간재분류	보존기간 : 준영구
보존방법	원본보존
매체수록결정	· 보존매체 : MF수록 · 매체수록의견 : 공공기관의 업무수행증빙 기록물로서, 병무행정과 관련 　　　　　　　　된 주요기록물로 매체수록 기준에 의거 MF 수록 결정 · 평가일자 : 1999.08.30

5. 국가별 기록 기술규칙

■ 영국의 MAD (Manual of Archival Description)

영국 보존 기록 기술 규칙인 MAD는 영국도서관 연구개발부와 영국 아키비스트 협회의 지원을 받아 리버풀 대학의 프로젝트를 통해 작성되었으며, 마이클 쿡 (Michael Cook)과 마가렛 프록터(Margaret Proctor)가 책임 편집을 담당하였다. 2000년 에 발간된 제3판(MAD 3)은 기록물 기술의 본질(Nature of Archival Description, 1부), 기록물 기술의 데이터 구조(Data Structure of Archival Description, 2부), 기술 모형(Model for Description, 3부), 기록물기술유형(Typology of Archival Description, 4부), 특수매체(Special Formats, 5부)의 5개 파트로 구성된다. 주로 기록 기술 계층, 기술수준, 다른 기술규칙과의 관계, 기술 영역과 요소 및 적용 규칙, 기록 계층별 기술 모형에 대해 설명하며, 특히 5부는 서신, 사진, 지도 기록, 건축 및 다른 계획, 음향기록, 필름 및 영상기록, 전자기록 등 특수 형태의 기록을 위한 기술 규칙 등 을 다루고 있다(Procter & Cook, 2000).

MAD는 ISAD(G)의 용어와 원칙을 수용하고 있으나 계층명이나 영역 구분에서는 일치하지 않는다. 영국의 보존 기록관리 전통을 반영한 검색도구 형식을 강조하 고 있으며, 기술 자체보다 분류체계나 관리 방식을 더 강조하고 있다는 평가를 받 기도 한다(기록학 용어 사전, 2008, p. 167).

■ 캐나다의 RAD (Rules for Archival Description)

캐나다 보존 기록 기술 규칙인 RAD은 캐나다 아키비스트 사무국의 기술 표준 기획 위원회가 캐나다 보존 기록관 협의회의 캐나다 보존 기술 위원회와 협력하 여 개발한 것이다. RAD는 영미 목록 규칙 제2판 수정본(AACR2R)을 기반으로 하면 서 보존 기록 기술에 적합하게 조정하였고, 퐁(fonds) 존중의 원칙에 따라 보존 기록에 대해 집합적 기술을 하도록 제시하고 있다.

1990년에 제정된 RAD는 CUSTARD(Canadian-United States Task force on ARchival Description) 프로젝트 결과를 반영하여 2003년에 개정되었으며(RAD 2), 이는 접근점의 선택과 접근점이 되는 개인명, 단체명을 통제하는 전거제어 등에 관한 규칙을 다루었다. 2008년 RAD의 재개정판이 발표되었는데, 이는 좀 더 융통성 있게 기록에 대한 기술을 가능하게 하였다. 예를 들면, 시리즈를 기반으로 기록을 기술하는 현장에서도 사용 가능하도록 하여, 캐나다의 국가 보존 기록 데이터베이스에 더 많은 기관이 참여하도록 독려하였다. 또한 공통의 특성에 기반에 조합된 기록의 컬렉션에 대한 기술을 위한 가이드와, 큰 덩어리에 속하지 않는 분리된 개별 아이템의 기술에 대한 규칙도 포함하였다.

CUSTARD 프로젝트

CUSTARD(Canadian-United States Task force on ARchival Description)는 보존 기록의 기술 요소를 표준화하기 위해 미국과 캐나다 아키비스트들이 참여하여 진행한 프로젝트로, 2001년 미국 아키비스트 협회(SAA)가 미국 국립 인문학 재단과 글래디스 크리벨 델마스 재단의 재정을 지원받아 발족하였다. 이 프로젝트의 목표는 미국 보존 기록 기술 규칙인 APPM2와 캐나다 보존 기록 기술 규칙인 RAD를 조정하여 ISAD(G)와 ISAAR(CPF)의 모든 요소를 수용하고, 모든 유형의 보존 기록을 기술할 수 있는 기술 표준을 생산하는 것이었다. 그러나 미국과 캐나다의 기술 업무가 상당히 달라서 공통 내용 표준을 만드는 것이 불가능하다는 결론에 도달하였다. 이에 2003년 봄, 캐나다에서는 프로젝트 결과물 규칙 초안을 반영하여 RAD 제2판을 개발하였고, 미국은 DACS를 개발하였다(설문원, 2008, 150).

RAD는 Fonds, Sub-fonds, Series, Sub-series, File, Item의 6개 층으로 기록을 기술하도록 하였다. 일반 규칙이 제시되고 텍스트 및 그래픽자료 , 지도, 건축 및 기술도면, 동영상 이미지, 녹음, 전자형태 기록, 마이크로폼 기록, 우표 등 다양한 매체별 기술 규칙에 대해 다룬다. Title, Dates, Extent, Administrative History, Biographical Sketch, Biographical Sketch는 필수요소로 제시되었다(Bureau of Canadian Archivists, 2008).

■ 미국의 DACS (Describing Archives: A Content Standard)

기존의 미국 보존 기록 기술 규칙인 APPM2를 대체하는 기술 규칙으로 개발된 미국 보존 기록 기술 규칙인 DACS는, 2004년 CUSTARD 프로젝트의 결과물로, 미국 아키비스트 협회(SAA)의 승인을 받았으며, 2013년 2판을 발표하였다. DACS에 의해 생산된 기술은 MARC21, EAD 및 EAC를 통해 공유될 수 있다고 하였으며, 특히 ICA의 ISAD(G), ISAAR(CPF) 표준을 따르며, 이 두 표준의 모든 요소들 중 기술 계층 요소를 제외하고는 모두 포함되었다고 하였다. 1부, 보존기록의 기술 파트와 2부, 보존기록 전거레코드 파트로 나뉘어 있다(Describing Archives: A Content Standard (DACS), 2013).

앞에서는 원칙에 대한 선언을 하고 있는데, 먼저 기록소장물의 성격을 설명하였다. 첫째, 아카이브의 기록은 고유의 특성을 가지고 있다(개인이나 조직이 일을 수행하면서 생산, 축적, 사용된 지속적인 가치를 가진 기록으로 이뤄져 있는데, 이들은 대부분 집합으로 형성되고 그렇게 관리된다고 하였다). 둘째, 퐁존중의 원칙은 기록의 정리와 기술의 기본이다.

제1부, 보존기록의 기술 파트에서는 보존 기록을 일관성 있고 적절하며 부가설명 없이 기술을 생산할 수 있도록 하는 규칙을 제공하고 있는데, 이는 기록 매체나 형식에 상관없이 모든 보존 기록 및 매뉴스크립트를 기술하는 데에 적용할 수 있으며, 또한 모든 계층 기술에 사용할 수 있다(Describing Archives: A Content Standard (DACS), 2013, p. 3). 제2부, 전거레코드 파트에서는, 보존 기록의 구조와 내용이 생산 맥락에 대한 지식없이는 완전히 이해할 수 없고, 생산자 이름 정도는 부족함을 지적하면서, 보존 기록의 생산, 조직, 축적 및 이용에 책임이 있는 개인 · 가문 · 조직에 대한 설명이 필요함을 제시하고, 이러한 맥락을 제시하는 정보에 대해 기술한다고 하였다. 그리고 이 전거레코드 정보는 기록의 기술에 바로 포함될 수도 있고, 따로 따로 제시되어 링크될 수도 있다고 하였다(Describing Archives: A Content Standard (DACS), 2013, p. 87).

APPM (Archives, Personal Papers, and Manuscripts)

영미목록규칙 2판(AACR2)에 따라 만들어진 도서관의 서지 목록과 상호 교환할 수 있는 보존 기록의 기술 목록 규칙으로, 제1판은 미국 의회도서관이 1983년에 발간하였고, 1989년 수정되어 APPM2로 2판이 발간되었다. APPM2는 2004년 ISAD(G)를 반영하여 개발된 DACS로 대체되었다.

3절 전거레코드 기술

1. 전거레코드의 개념과 역할

■ 전거레코드의 개념

전거레코드(Authority Record)는 목록(catalog)에서 접근점으로 선정된 인명, 단체명, 통일 서명, 주제명, 총서명, 지명 등의 표준화된 표목 형태를 다른 형태로 연결하여 상호 참조할 수 있도록 관련 정보를 모아놓은 레코드를 의미하는데(기록학 용어 사전 2008, p. 193), 특히 기록관리를 위한 전거레코드는 기록물 목록에서 접근점으로 선정된 단체·인물·사건 등을 표준화된 형식으로 상세기술하고, 다른 전거레코드와 연결하여 상호 참조할 수 있도록 관련정보를 조직화한 레코드(국가기록원. 2020b)로 정의된다.

기록의 전거레코드에는 개인의 이력 사항이나 단체의 연혁 정보나 사건의 개요 등이 상세히 기입됨으로써, 용어의 상호참조뿐 아니라, 생산 맥락 혹은 출처에 대한 정보를 제공한다는 '정보' 기능이 강조된다. 전자기록 관리 환경이 발전함에 따라, 그간 독립적으로 기술하여 기록과 연계되도록 하던 전거레코드에 대해, ICA의 통합 기록기술표준인 RiC(Records in Context)은 기록과 기록의 기능과 활동, 기록의 전거레코드 및 기록 소장기관에 대한 기술을 통합적으로 연계하여 제시하도록 하고 있다.

이러한 전거레코드를 생성하고 활용하도록 하는 것을 의미하는 전거 제어(authority control)는 동일한 실체의 변화된 이력 변경사항 및 주요 관련자 등의 정보까지 상세하게 파악하도록 해주어 이용자의 검색 효과를 높이고 기록 생산자에 대한 정보를 얻도록 지원한다.

■ 전거레코드의 역할

전거레코드의 역할은 다음과 같이 설명할 수 있다. 첫째, 기록의 생산 맥락에 대한 정보를 체계적으로 축적하여 제공할 수 있다. 생산자에 관한 정보를 기록에 관한 정보와 분리하여 별도로 획득, 유지할 경우 업무 관리와 정보공유에 도움이 된다. 변화가 많고 구조가 복잡한 조직의 경우 전거레코드를 이용하여 조직의 기능과 활동은 물론 그 변화 이력을 효과적으로 수집, 관리할 수 있다. 이를 통해 이용자는 기록 생산의 맥락을 이해하고, 기록의 의미와 중요성을 더욱 잘 알 수 있다. 둘째, 기록의 생산기관이나 개인의 이름을 일관성 있게 관리할 수 있도록 한다. 기록 생산자에 대한 전거레코드를 구축함으로써 개인, 가문, 단체명에 대해 동일한 인물이나 단체를 지칭하는 다양한 이름을 연결시킬 수 있는 전거제어가 가능할 뿐만 아니라, 상이한 실체에 대한 동일한 이름을 구별할 수도 있다. 특히 자주 변하는 조직이나 단체는 전신과 후신 관계, 파생 관계 등을 파악하는 것이 쉽지 않은데 전거제어를 통해 이러한 변화를 확인하고 관련 조직이나 단체들을 연결해 줄 수 있다. 셋째, 전거레코드는 기록과 생산자, 또는 생산자 간의 다차원적이고 중층적인 관계를 표현할 수 있도록 해준다. 전거레코드를 적절히 이용하면 기록과 생산자 간의 복합적인 관계를 쉽게 표현해 줄 수 있으며, 아울러 생산자 간의 복합적인 관계도 명확히 표현할 수 있다. 조직의 위계 관계도 전거레코드 간의 관계로 표현할 수 있다(설문원, 2018, pp. 253-254).

전거레코드와 시소러스의 차이는, 전거레코드가 인명, 단체명, 서명, 주제명, 지명, 총서명 등 고유명사를 대상으로 상이한 표현들에 대해 연혁 및 관련 표현들을 서로 상호참조 할 수 있도록 하여 연결해주는 반면, 시소러스는 일반 명사들에 대해 계층관계에 있는 용어나 유의어 등을 상호 참조 되도록 연결해준다는 점에서 차이가 있다. 특히 기록관리에서의 전거레코드는 참조 용어만 제공하는 도서관에서의 전거레코드와 달리, 예를 들면 인명의 경우 모든 개인 이력에 관련 인물 정보까지, 또 조직의 경우 관련 조직 및 상·하위 조직과 관련된 사항 및 연혁 등에 관한 정보들을 상세히 제시해준다.

ISAD(G)에서도, 전거레코드가 기술에 있어서 배경영역에서 행정연혁/개인이력 정보를 제공하는 기반이 되어야 함을 명시하고 있다(ISAD(G), 부록 A-2). 특히 이러한 전거레코드가 표준화된 형식으로 제시되고 활용되면, 기록의 속성 상 여러 기관에 분산되어 보유되고 있는 동일한 생산자나 조직에 대해, 한 기관에서 상세히 작성한 전거레코드를 다른 기관에서도 같이 활용할 수 있고 작성에 들이는 노력이나 시간의 낭비 없이 효율적으로 이용이 가능하며, 서로 연계하여 정보를 공유할 수 있다. 이러한 전거레코드의 표준화된 구성 및 기술요소 등에 대해 ICA에서 제시하는 규칙을 다음에서 알아본다.

2. 국제 전거레코드 기술규칙 ISAAR(CPF)

■ ISAAR(CPF)란?

국제 전거레코드 기술규칙인 ISAAR(CPF)(International Standard Archival Authority Record for Corporate Bodies, Persons and Families)는 기록을 위한 전거레코드의 구성 및 요소 기술을 위한 국제 표준 규칙이다. ISAAR(CPF)의 1차 목적은 기록 생산자인 단체(corporate body), 개인(persons), 가문(families)의 이름을 기입하는 형식을 표준화하고 기록 생산 배경을 이해하는 데 필요한 생산자에 대한 정보를 상세히 설명하는 방법을 표준화하는 것이다.

ISAAR(CPF)는 ISAD(G)와 함께 사용되어야 하는 표준이다. ISAD(G) 2판은 부록 A-2에서 ISAD(G)와 ISAAR(CPF)에 따라 작성된 기록 기술레코드와 전거레코드 간의 관계를 모형으로 제시하고 있으며, 각각의 전거레코드들은 계층성을 유지하면서 연계될 수 있도록 구조화하고 있다. 그래서 전거레코드가 ISAD(G)를 적용한 기록 기술을 포함해서 기록 및 다른 자원과 어떻게 연계되는지를 설명하는 부분을 포함하고 있다. 1993년부터 1995년까지 국제기록기구회의(ICA) 기술표준특별위원회(ICA/CDS)가 개발한 제1판은 1996년 출간되었으며, 2004년 제2판이 공표되었다.

■ ISAAR(CPF) 1판 vs 2판

1996년 발간된 제1판은 전거제어(authority control), 정보(information), 주기(note)의 3개 영역으로 구성되었으며, 2004년 발간된 제2판은 식별(identity), 기술(description), 관계(relationships), 통제(control) 등의 4개 영역을 포함한다.

1판에서 2판으로 개정된 후 각 영역의 변화를 살펴보면, 기존의 전거제어 영역은 식별영역으로, 정보영역은 기술영역으로, 주기영역은 통제영역으로 개편되었으며, 관계영역이 추가로 신설되었다. 그리고 1판의 정보영역에서 단체, 개인, 가문으로 나뉘어졌던 것이 2판에서는 기술영역으로 통합되었다. 특히 기록과 생산자 간의 관계를 관계영역에서 구분해줌으로써 검색이 좀 더 편리할 수 있도록 하고, 조직의 다변화와 복합출처 등 현대 출처주의의 딜레마를 극복하는 방안을 제시하였다. 2판의 서술 형식은 1판에 비해 각 영역을 보다 간결하고 축약하여 기술하도록 하고 있다. 즉 해당 내용을 연대기형식 등으로 간략하게 나타내고 해당 사항을 뒷부분에서 다시 간략하게 명사형으로 나타내어 후에 키워드로 사용하는 등 좀 더 자동화에 적합하도록 만들었다(김성희, 2005, pp. 67-73).

〈표 38〉은 ISAAR(CPF)의 영역과 요소들을 보여준다. 4개 영역의 27개 요소로 구성되며, 개체유형, 전거명, 존속 기간 및 전거레코드 식별자 등의 4개 요소는 핵심요소이다.

〈표 38〉 ISAAR(CPF)의 영역과 요소

기술영역	기술요소	필수요소
5.1 식별 영역 (Identity Area)	개체 유형*	5.1.1 Type of entity
	전거명*	5.1.2 Authorized form of name
	대등명	5.1.3 Parallel forms of name
	기타 규칙에 의한 표준명	5.1.4 Standardized forms of name according to other rules
	기타 이형명	5.1.5 Other forms of name
	기관 고유식별자	5.1.6 Identifiers for corporate bodies
5.2 기술 영역 (Description Area)	존속 기간*	5.2.1 Dates of existence
	이력	5.2.2 History
	장소	5.2.3 Places
	법적 지위	5.2.4 Legal Status
	기능, 직업, 활동	5.2.5 Functions, occupations and activities
	관련 규정/ 전거출처	5.2.6 Mandates/Sources of authority
	내부구조/ 가계	5.2.7 Internal structures/Genealogy
	일반적인 배경	5.2.8 General context
5.3 관계 영역 (Relationships Area)	관련단체, 개인, 가문의 이름/식별자	5.3.1 Names/Identifiers of related corporate bodies, persons or families
	관계의 범주	5.3.2 Category of relationship
	관계의 기술	5.3.3 Description of relationship
	관계된 날짜	5.3.4 Dates of the relationship
5.4 통제 영역 (Control Area)	전거레코드 식별자*	5.4.1 Authority record identifier
	기관 식별자	5.4.2 Institution identifiers
	작성 규칙/ 규약	5.4.3 Rules and/or conventions
	상태	5.4.4 Status
	상세 정도	5.4.5 Level of detail
	작성, 수정, 삭제 일자	5.4.6 Dates of creation, revision, or deletion
	언어와 문자	5.4.7 Language and script
	정보원	5.4.8 Sources
	유지 주기	5.4.9 Maintenance notes
기록과 자원 관련 단체, 개인, 가문 (Relating Corporate Bodies, Persons, and Families to Archival Materials and Other Resources)	관련 자원의 식별자와 제목	6.1 Identifier and title of related resource
	관련 자원의 유형	6.2 Type of related resource
	관계의 성격	6.3 Nature of relationship
	관련 자원과 관계된 날짜	6.4 Dates of related resources and/or relationships

※ 요소명 옆에 *표가 있고 음영이 있는 요소는 핵심(essential) 요소.

또한 ISAAR(CPF) 2판은 1판에서 문제점으로 지적되었던 ISAD(G)와의 연계 방안을 제시하였다. 즉 ISAD(G)에 의한 기록의 기술과 ISAAR(CPF)에 의한 기록 전거레코드를 연계시키기 위한 구체적인 연계모델을 그림으로 제시해주고 있다(ICA, ISAAR(CPF) 2nd ed., 2004, p. 30)(〈그림 19〉 참조).

〈그림 19〉 ISAD(G)에 의한 기록기술과 ISAAR(CPF)에 의한 기록 전거레코드를 연계시키기 위한 구체적인 연계모델

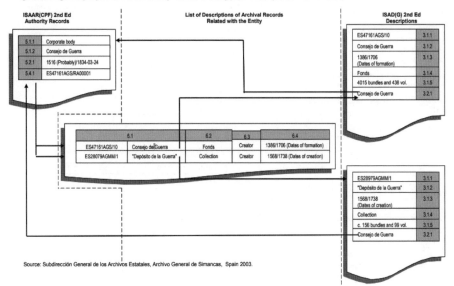

*출처: ISAAR(CPF) 2nd ed., p. 30.

ISAAR(CPF) 2nd ed.에서 제시된 전거레코드의 사용 예의 일부는 〈그림 20〉과 같다.

〈그림 20〉 ISAAR(CPF) – Corporate Body 사용 예(일부)

5.1 IDENTITY AREA		
5.1.1 Type of entity		Corporate body
5.1.2 Authorized form(s) of name		Department of State. Peace Corps. (03/03/1961-07/01/1971)
5.1.2 Authorized form(s) of name		ACTION. Peace Corps. (07/01/1971-1982)
5.1.2 Authorized form(s) of name		Peace Corps. (1982-)
5.1.4 Standardized forms of name according to other rules	AACR2R	Peace Corps (U.S.)

5.2 DESCRIPTION AREA		
5.2.1 Dates of existence		1961-
5.2.2 History		The Peace Corps was established as an operating agency in the Department of State by Department of State Delegation of Authority 85-11, effective March 3, 1961 pursuant to Executive Order (E.O.) 10924, March 1, 1961. It was recognized legislatively
5.2.5 Functions, occupations and activities		Agricultural assistance Community development Education Environmental protection Nation assistance

5.3 RELATIONSHIPS AREA		
First Relation		
5.3.1 Name / identifier of the related entity	*Authorized form of name*	Department of State.
	Other form of name	
5.3.2 Category of relationship		Hierarchical
5.3.3 Description of relationship	*Title*	Subordinate agency
	Narrative	
5.3.4 Dates of the relationship		03/03/1961-07/01/1971
	Dates ISO 8601	1961/03/03-1971/07/01
Second Relation		
5.3.1 Name / identifier of the related entity	*Authorized form of name*	ACTION.
	Other form of name	
5.3.2 Category of relationship		Hierarchical
5.3.3 Description of relationship	*Title*	Subordinate agency
	Narrative	
5.3.4 Dates of the relationship		07/01/1971-1982
	Dates ISO 8601	1971/01/01-1982

5.4 CONTROL AREA		
5.4.1 Authority record identifier		ARC ID 976172
5.4.2 Institution identifiers		DNA
5.4.3 Rules and/or conventions		U.S. National Archives and Records Administration, Lifecycle Data Requirements Guide (for creating the authorized form of the name).
5.4.4 Status		Approved
5.4.6 Dates of creation, revision or deletion		2001/11/03
5.4.7 Languages and scripts		English
5.4.8 Sources		National Archives Guide, Section 490.1

6. RELATING CORPORATE BODIES, PERSONS AND FAMILIES TO ARCHIVAL MATERIALS AND OTHER RESOURCES		
First Related Resource		
6.1 Identifier and title of related resource	*Title*	Photographs of Arts and Culture in Ghana
	Unique Identifier	US DNA 558686
6.2 Type of related resource		Archival materials (series)
6.3 Nature of relationship		Creator
6.4 Dates of related resources and/or relationships		ca. 1970 (approximate date of the recordkeeping system)

3. 국가기록원 전거레코드 지침

■ 국가기록원 전거레코드 지침

국가기록원은 '국가기록원 전거레코드 지침'을 국가기록원 원내표준(NAK/A 12:2009(v1.0))으로 유지·관리하다가 2019년 기록관리 표준화 추진결과 '원내표준'을 폐지하기로 함에 따라 소관부서 자체 지침으로 관리한다(국가기록원, 2020b). 여기서는 국가기록원에서의 전거레코드 기술(記述) 작성에 필요한 사항을 규정하고 있다.

이 지침에서는 전거레코드를 '국가기록원의 기록물 목록에서 접근점으로 선정된 단체·인물·사건 등을 표준화된 형식으로 상세 기술하고, 다른 전거레코드와 연결하여 상호 참조할 수 있도록 관련 정보를 조직화한 레코드'로 정의하고 있다.

이 지침에서 제시하는 전거레코드 유형은 단체(Corporate Body), 인물(Person), 사건(Event)이 있다. ISAAR(CPF)와 차이가 나는 것은 가족 대신 사건에 대한 유형을 포괄했다는 점이다.

단체는 하나의 독립된 개체로 활동하면서 특정한 이름으로 식별되는 조직이나 집단이다. 공공기관은 물론 주요 사건과 관련되거나 사회적으로 커다란 영향을 끼친 민간단체, 회의체 등이 포함된다. 인물은 정치, 사회, 문화 등 각 분야에서 두드러진 활동을 했던 사람으로 내국인뿐만 아니라 외국인이 포함된다. 사건(Event)은 역사적, 사회적으로 주목을 받았던 일은 물론 국민생활에 커다란 영향을 끼친 정책이나 개발사업 등이 포함된다(국가기록원, 2020b).

이는 ISAAR(CPF)를 준용하며, 국가기록원의 영구기록물 기술규칙과 기록관리·검색용 시소러스 개발지침과 연계된다. ISAAR(CPF)와 마찬가지로 식별영역, 기술영역, 관계영역, 통제영역, 관련 자료영역의 4개 영역으로 구분하여 작성하도록 하고 있다.

각 영역별로 단체, 인물, 사건의 세부 항목은 〈표 39〉에 제시된다. 각 유형의 필수 요소는 5개로, 세부유형, 대표어, 존립기간(단체에 해당. 인물은 생몰일, 사건은 발생일), 단체연혁(단체에 해당, 인물은 주요약력, 사건은 사건개요), 기술주기 등이다(〈표 39〉의 *표 및 음영 부분). 각 배경과 요소들을 상세히 살펴보면 다음과 같다.

■ 국가기록원 전거레코드 지침의 영역별 요소

먼저 식별영역은 전거레코드로 작성하는 대상을 식별할 수 있는 접근점을 제공하는 요소들을 포함하는 영역이다. 단체 유형의 요소로, 세부유형, 대표어, 대등명, 단체코드/단체명, 대등코드/단체명, 차수, 비대표어의 요소가 포함되며, 인물과 사건 유형은 세부유형, 대표어, 대등명 및 비대표어로 이루어져 있다.

기술영역은 단체, 인물, 사건의 배경정보, 주요활동 사항 등을 작성하는 영역이다. 단체 유형의 요소로 존립기간, 단체연혁, 설치근거, 소재지, 하위조직변천, 단체장, 기능어, 기타정보가 포함되고, 인물 유형은 생몰일*, 주요약력*, 국적, 본관, 출생지, 직업, 주요직책, 종교가 포함되며, 사건 유형에는 발생일*, 사건개요*, 발생장소가 포함된다.

관계영역은 전거대상과 관련성이 있어 상호참조가 필요하다고 판단되는 단체, 인물, 사건을 작성하는 영역이다. 세 유형 모두 단체, 인물, 사건의 요소로 이루어져 있다.

통제영역은 전거레코드의 생산과 유지에 관한 정보를 작성하는 영역으로 전거레코드의 생산, 관리에 관한 구체적 책임사항과 내용들을 나타내는 요소들로 구성되어 있다. 세 유형 모두 작성기관, 작성규칙, 현재상태, 상세정도, 기술주기*, 참고정보원, 작성언어, 주기사항, 누락내용(사유), 비고의 요소로 이루어져 있다.

관련자료 영역은 전거레코드와 관련하여 다른 기관에서 보유하고 있는 자료에 대한 정보를 기술하기 위한 영역이다.

〈표 39〉 전거레코드 항목

영역 \ 유형	단체	인물	사건
	세부항목	세부항목	세부항목
식별 영역	세부유형*	세부유형*	세부유형*
	대표어*	대표어*	대표어*
	대등명	대등명	대등명
	단체코드/단체명	비대표어	비대표어
	대등코드/단체명	-	-
	차수	-	-
	비대표어	-	-
기술 영역	존립기간*	생몰일*	발생일*
	단체연혁*	주요약력*	사건개요*
	설치근거	국적	발생장소
	소재지	본관	-
	하위조직변천	출생지	-
	단체장	직업	-
	기능어	주요직책	-
	기타정보	종교	-
관계 영역	단체	단체	단체
	인물	인물	인물
	사건	시간	사건
통제 영역	작성기관	작성기관	작성기관
	작성규칙	작성규칙	작성규칙
	현재상태	현재상태	현재상태
	상세정도	상세정도	상세정도
	기술주기*	기술주기*	기술주기*
	참고정보원	참고정보원	참고정보원
	작성언어	작성언어	작성언어
	주기사항	주기사항	주기사항
	누락내용(사유)	누락내용(사유)	누락내용(사유)
	비고	비고	비고
관련 자료	관련자료	관련자료	관련자료

*요소명 옆에 *표가 있고 음영이 있는 요소는 필수 요소.
*출처: 국가기록원 2020b, pp. 4-5.

■ 전거레코드 기술 예시

　국가기록원 전거레코드 지침(2020)에서는 단체와 인물과 사건 유형별로 전거레코드가 작성된 예시를 제공하고 있다. 〈표 40〉은 단체 전거레코드의 예시이다. 이를 통해서 각 영역의 요소들이 어떻게 사용되고 있는지 확인할 수 있다.

〈표 40〉 국가기록원 전거레코드 지침 기술 예시 (단체)

<table>
<tr><td>no.1</td><td>일자</td><td colspan="2" style="text-align:center">2009-05-01</td><td>전거유형</td><td>단체</td></tr>
<tr><td rowspan="7">식별
영역</td><td>세부유형</td><td colspan="4">공공 〉 중앙행정기관 〉 부</td></tr>
<tr><td>단체명</td><td colspan="2">행정안전부</td><td>기관코드
/ 단체명</td><td>1311000/행정안전부</td></tr>
<tr><td rowspan="2">대등명</td><td rowspan="2" colspan="2">行政安全部
Ministry Of Public
Administration and Security</td><td rowspan="2">대등코드
/ 단체명</td><td rowspan="2">-</td></tr>
<tr></tr>
<tr><td>비채택어</td><td colspan="2">행안부, 行安部, MOPAS</td><td>차수</td><td>1</td></tr>
<tr><td colspan="5"></td></tr>
<tr><td colspan="5"></td></tr>
<tr><td rowspan="10">기술
영역</td><td>존립기간</td><td colspan="4">20080229　　　　　　폐지여부(존재 ■, 폐지 □)</td></tr>
<tr><td>단체역사</td><td colspan="4">1984년 총무처로 신설, 1953년 국무원사무국으로 개편되었다가 1960년 국무원사무처로 명칭을 변경했으며 1961년 내각사무처로 개편되었다. 1963년 총무처로 다시 환원되었고, 1998년 내무부와 통합하여 행정자치부로 출범하였다. 이후 2008년 2월 행정자치부, 중앙인사위원회, 국가비상기획위원회, 정보통신부 일부 기능이 통합되어 행정안전부로 출범하였다.</td></tr>
<tr><td>설치근거</td><td colspan="4" style="text-align:center">정부조직법 [일부개정 2008.02.29 법률 제 8867호 제22조, 제29조]</td></tr>
<tr><td>소재지</td><td colspan="4" style="text-align:center">위치명
서울시 종로구</td></tr>
<tr><td rowspan="6">하위
조직
변천</td><td>일 자</td><td colspan="2" style="text-align:center">규 모</td><td>내 용</td></tr>
<tr><td>20080229</td><td colspan="2">1차관보 5실 3국 22관(단) 92과(팀)</td><td>차관보, 기획조정실, 혁신조직실, 인사실, 재난안전실, 정보화전략실, 지방행정국, 지방세제국, 지역발전 정책국</td></tr>
<tr><td>20080319</td><td colspan="2">1차관보 5실 3국 22관(단) 96과(팀)</td><td>지역발전정책국 기업협력지원과 신설</td></tr>
<tr><td>20080514</td><td colspan="2">1차관보 5실 3국 21관(센터) 64과</td><td>고위공무원운영센터 · 안전기획관 · 정보보호정책관 폐지, 인사기획관 · 기업협력지원관 신설, 혁신조직실 → 조직실로 명칭변경</td></tr>
<tr><td>20080807</td><td colspan="2">1차관보 5실 3국 21관(센터) 64과</td><td>의정담당관 → 정부청사관리소로 공무원 통근차량 관리기능 이관</td></tr>
</table>

		20090301	1차관보 5실 3국 21관(센터) 64과		지식경제부 → 행정안전부 재난안전실로, 승강기와 어린이놀이시설 안전관리 기능 이관
	단체장	직 책	성 명		재임기간
		장관	원세훈		20080229 - 20090212
		장관	이달곤		20090220 -
	기능어	-			
	기타정보				
관계 영역	관련단체	관계범주	관계형식		단체명
	관련단체	시간	이전		행정자치부
		시간	이전		중앙인사위원회
		시간	이전		국가비상기획위원회
		시간	이전		정보통신부
		계층	최상위		행정안전부
		계층	차상위		행정안전부
	관련인물	인물명			
	관련사건	사건명			
통제 영역	작성기관	국가기록원		작성규칙	국가기록원 전거레코드 작성규칙
	현재상태	초안		상세정도	상세
	유지주기	등록 - 공개 서비스과, 김○○, 20090501			
	참고 정보원	1. 정부조직법 2. 행정안전부와 그 소속기관 직제 3. 행정안전부 홈페이지, www.mopas.go.kr, 20090501 4. 행정안전부(2008), 「2008행정안전백서」			
	작성언어	한국어			
	주기사항			누락내용 (사유)	
	비고				
관련 자료 영역	관련자료	기관명칭	식별코드	제목	자료 유형

*출처 : 국가기록원, 2020b. 국가기록원 전거레코드 지침. pp. 42-43.

한편 국가기록원은 2006년부터 ISAAR(CPF)를 준수하여 생산기관 연혁 데이터베이스를 구축해왔는데, 조직을 기관-하부조직(국)-하부조직(과)이라는 3계층으로 구분하고, 각 계층별로 레코드를 구성한 후 상·하위 조직을 연계하는 구조를 이루도록 하였다(설문원, 2010b, p. 18). 국가기록원 홈페이지에서는 이 DB를 기록물 생산기관 변천정보 메뉴를 통해 확인할 수 있다. 조직을 중앙행정기관, 지방자치단체, 교육청, 공사·공단의 4개로 크게 구분하여 각 기관의 정보를 확인할 수 있다. 예를 들면 〈그림 21〉은 중앙행정기관을 선택할 수 있는 페이지이다. 여기서 행정자치부를 선택하면 〈그림 22〉와 같은 내용을 확인할 수 있다.

〈그림 21〉 국가기록원 홈페이지 기록물 생산기관 변천정보 – 중앙행정기관

〈그림 22〉 국가기록원 홈페이지 행정자치부 변천정보

Home > 변천정보 검색 > 기관 기본정보

글자크기 + − 인쇄 🖨

■ 행정자치부

생산기록물 목록보기

기관코드	1740000
기관명	행정자치부(OG0121226)
존립기간	2014.11.19 ~ 현재 (존재)
기관연혁	**행정자치부**는 1948년 7월에 신설된 내무부와 총무처로 시작되었다. 총무처는 1995년 2월 국무원 사·무국으로 되었다가, 1961년 10월 내각사무처로 개편되었다. 1963년 12월 내기사무처가 폐지되고 총무처로 부활한 후, 1998년 2월 총무처가 내무부가 통합되어 **행정자치부**가 설치되었다. 이후 2008년 2월 행정안·진부로 개편되었다가· 2013년 3월 안전행정부로 명칭이 바뀌었다. 2014년 11월 '정부조직법 [시행 2014.1'.19.] [법률 제12844호, 2014.11. 9.. 일부개정]'에 따라 안전행정부에서 **행정자치부**로 명칭이 바뀌었다.
기관변천 흐름도	◎ 체신부 → 정보통신부 → 행정안전부 → 간전행정부 → **행정자치부** ◎ 총무처 → 국무원사무국 → 국무원사무처 → 내각사무처 → 총무처 → 행정자치부 → 행정안전부 → 간전행정부 → **행정자치부** ◎ 내무부 → 행정자치부 → 행정안전부 → 간전행정부 → **행정자치부** ◎ 비상기획위원회 → 국가비상기획위원회 → 행정안전부 → 간전행정부 → **행정자치부** ◎ 국무원사무처인사국 → 내각사무처인사국 → 총무처인사국 → 행정자치부인사복무국 → 행정자치부인사국 → 중앙인사위원회 → 행질안전부 → 간전행정부 → **행정자치부** ◎ 총무처능률국 → 행정자치 부고시훈련국 → 행정자치부인사국 → 중앙인사위원회 → 행정안전부 → 간전행정부 → **행정자치부**

검색결과로 돌아가기   기관연혁정보 상세보기

4절 기능 기술 및 기록소장기관 기술

1. 다중개체 모형과 국제 기능기술 규칙 ISDF

■ 국제 기능기술 규칙 ISDF(International Standard for Describing Functions)

국제 기능기술 규칙인 ISDF(International Standard for Describing Functions)는 기록의 생산에 있어 기능의 중요성을 인식하고 보존기록 정보시스템에 기능의 기술을 위한 국제표준으로, ICA에서 만들었다. 즉 기록의 생산과 관련된 단체(corporate body)의 기능을 기술하는 데에 있어 안내를 제공한다. 여기서 기능은 기능 외에도, 하위기능, 업무과정(business process), 활동(activity), 과업(task), 업무처리(transaction) 등 하위개념들을 포괄하여 사용된다(ICA. ISDF, 2007, P2, 1.1, 1.2).

이는 식별영역(유형, 공인 명칭, 대등 명칭, 분류체계), 배경영역(날짜, 기술, 연혁, 법제), 관계영역(여러 관련 기능의 공인 명칭, 유형, 관계의 종류 및 기술, 관계 지속 기간), 통제영역(기능 기술 식별자, 기관 식별자, 관련 규칙, 상태, 상세수준, 작성, 수정 및 삭제 일자, 언어, 정보원, 유지 정보 등)의 네 개 영역 및 기능/행위를 단체, 기록자료 그리고 기타 정보원으로 연결하는 자료의 표목과 식별자를 제시하는 내용으로 이루어져 있다(ICA. ISDF, 2007). ISDF의 요소들은 〈표 41〉과 같으며, 필수 요소는 유형, 인가형식의 명칭, 기능기술 식별기호의 세 가지가 지정되었다.

〈표 41〉 ISDF 요소

기술영역	기술요소	
식별 영역 Identity Area	유형*	Type*
	인가 형식의 명칭*	Authorized form(s) of name
	대등 형식의 명칭	Paralleled form(s) of name
	이형의 명칭	Other form(s) of name
	분류	Classification
맥락 영역 Context Area	일자	Dates
	기술	Description
	이력	History
	입법	Legislation
관계영역 Relationships Area	유형	Type
	관계 범주	Category of relationship
	관계 기술	Description of relationship
	관계 일자	Dates of relationship
제어 영역 Control Area	기능 기술 식별기호*	Function description identifier*
	기관 식별기호	Institution identifiers
	사용된 규칙/규약	Rules and/or conventions used
	상태	Status
	상세수준	Level of detail
	생산/개정/삭제 일자	Dates of creation, revision or deletion
	언어와 문자	Language(s) & script(s)
	출처	Sources
	유지관리 주기	Maintenance notes

※ 요소명 옆에 *표가 있고 음영이 있는 요소는 필수(essential) 요소.

ICA에서 제시한 ISDF의 사용 예는 〈그림 23-1〉, 〈그림 23-2〉와 같다.

〈그림 23-1〉 ISDF - 업무활동(Activity) 기술의 예 (앞, 일부)

5.1 IDENTITY AREA

5.1.1 Type		Activity
5.1.2 Authorised form(s) of name		Fundraising campaign management, University of Glasgow
5.1.3 Parallel form(s) of name		
5.1.4 Other form(s) of name		
5.1.5 Classification		

5.2 CONTEXT AREA

5.2.1 Dates		1984 - ...
5.2.2 Description		The design, conduct and review of the effectiveness of fundraising campaigns in the University.
5.2.3 History		The University has, from its foundation, been the beneficiary of legacies from alumni and supporters. It first became pro-active in fundraising, however, with the establishment of the University of Glasgow Trust in 1984 for the application of charitable funds to the University's purposes.
		In March 1990, the Chancellor launched a development campaign to raise money to coincide with the forthcoming 550th anniversary of the foundation of the University in 2001. This was administered by the Development Campaign Office. In 1998, the Development and Alumni Office was established, replacing the Development Campaign Office. The duties of the new office included administration of the development campaign, raising funds for projects agreed by the University Management Group, negotiating with major donors to the University, developing fundraising publications and providing campaign news for *Avenue*, the University's magazine for alumni and friends.

5.3 RELATIONSHIPS AREA

First Relation		
5.3.1 Authorised form(s) of name/Identifier of the related function		Fundraising, University of Glasgow (C0740-F028)
5.3.2 Type		Function
5.3.3 Category of relationship		Hierarchical
5.3.4 Description of relationship		Fundraising campaign management was one of the activities performed to fulfil the function of fundraising.
5.3.5 Dates of relationship		1984 - ...
Second Relation		
5.3.1 Authorised form(s) of name/Identifier of the related function		Financial accounting, University of Glasgow (C0740-F028-007)
5.3.2 Type		Activity
5.3.3 Category of relationship		Associative
5.3.4 Description of relationship		Incoming funds were handled as part of the activity of financial accounting.
5.3.5 Dates of relationship		1984 - ...

〈그림 23-2〉 ISDF - 업무활동(Activity) 기술의 예 (뒤, 일부)

5.4 CONTROL AREA

5.4.1 Function description identifier		C0740-F013-006
5.4.2 Institution identifiers		University of Glasgow
5.4.3 Rules and/or conventions used		ISDF – International Standard for Describing Functions, 1st ed., International Council on Archives, 2008.
5.4.4 Status		Final
5.4.5 Level of detail		Full
5.4.6 Dates of creation, revision or deletion		Created October 2006 Revised October 2007
5.4.7 Language(s) and script(s)		English
	ISO 639-2	eng
	ISO 15924	latn
5.4.8 Sources		University of Glasgow Court minutes University of Glasgow website (www.gla.ac.uk)
5.4.9 Maintenance notes		Description prepared and revised by Victoria Peters, Glasgow University Archive Services

6. RELATING FUNCTIONS/ACTIVITIES TO CORPORATE BODIES, ARCHIVAL MATERIALS AND OTHER RESOURCES

First Relation		
6.1 Identifier and/or authorised form(s) of name/title of related resource	*Authorised form(s) of name*	University of Glasgow
	Identifier	C0740
6.2 Nature of relationship		Corporate body performing the activity.
6.3 Dates of relationship		1984 - ...

2. 국제 기록소장기관 기술규칙 ISDIAH

■ 국제 기록소장기관 기술 규칙 ISDIAH(International Standard for
Describing Institutions with Archiving Holdings)

ISDIAH(International Standard for Describing Institutions with Archiving Holdings)는
기록을 관리하고 일반 대중에게 제공하는 것이 주 목적인 기록소장기관에 대한
기술을 표준화하기 위한 별도의 표준으로서 2008년 발표되었다. 이는 이용자들이
다양한 기록 소장 기관들을 확인하고 접촉하여 가들의 소장기록과 유용한 서비스
에 접근할 수 있도록 하는 실용적인 안내를 제공하여 주고, 기록소장기관들이 전
거목록을 작성하도록 해주며, 도서관과 박물관의 전거목록을 통한 연결 및 다양
한 관련 문화유산기관에 대한 목록 작성을 가능하게 해주고, 다양한 수준의 기록
소장기관에 대한 통계자료 제작이 가능하도록 해줄 수 있다. 또한 기록기술 시스
템 내에서 기록소장 기관에 대해 기술하고, 디렉토리나 시스템, 네트워크 상에서
기록 소장기관에 대한 표준화된 접근을 가능하게 해 줄 수 있다. 이는 기록소장기
관 뿐 아니라, ISAD(G)와 ISAAR(CPF)를 준용한 기록과 기록 생산자들에 대한 기술
이 상호 연결되도록 해준다(ICA. ISDIAH, 2008, p. 9).

기록 소장기관과 관련하여 6개 영역(식별영역, 연락영역, 기술영역, 접근영역,
서비스영역, 통제 영역)으로 이루어져 있으며, 아카이브즈 기록 및 기록 생산자와
아카이브 소장 기관을 연결해 주는 기술 부분에서는 관련 기록의 제목과 식별자
및 관계 정보와 날짜, 그리고 관련 전거 기록의 공인된 명칭과 식별자 등을 제시
한다(ICA. ISDIAH, 2008). ISDIAH의 요소들은 〈표 42〉와 같으며, 필수 요소는 식별
기호, 전거명, 위치 및 주소의 세 가지이다.

〈표 42〉 ISDIAH 요소

기술영역	기술요소	필수요소
식별 영역 Identity Area	식별기호*	Identifier*
	전거명*	Authorized form(s) of name*
	대등명	Parallel form(s) of name
	기타 이형명	Other form(s) of name
	기록 소장기관 유형	Type of information with archival holdings
연락영역 Contact Area	위치 및 주소*	Location & address(es)*
	전화, 팩스, 이메일	Telephone, fax, email
	연락인	Contact persons
기술영역 Description Area	기록 소장기관의 이력	History of the institution with archival holding
	지리 및 문화적 맥락	Geographical & cultural context
	관련 규정/ 전거출처	Mandates/Sources of authority
	행정구조	Administrative structure
	기록관리 및 수집 정책	Records management & collecting policies
	건물	Building(s)
	기록 및 기타 소장물	Archival & holdings
	검색도구, 가이드, 출판물	Finding aids, guides & publications
이용영역 Access Area	개관시간	Opening times
	접근·이용 조건과 요건	Conditions & requirements for access & use
	접근성	Accessibility
서비스영역 Service Area	연구 서비스	Research services
	복제 서비스	Reproduction services
	공공(서비스) 영역	Public areas
제어영역 Control Area	기술 식별기호	Description identifier
	기관 식별기호	Institution identifier
	사용된 규칙/규약	Rules and /or conventions used
	상태	Status
	상세 수준	Level of detail
	생산/개정/삭제 일자	Dates of creation, revision or deletion
	언어와 문자	Language(s) & script(s)
	출처	Source
	유지 주기	Maintenance notes

※ 요소명 옆에 *표가 있고 음영이 있는 요소는 필수(essential) 요소.

〈그림 24〉 ISDIAH 사용 예 (일부)

5.1 IDENTITY AREA		
5.1.1 Identifier		GB0041
5.1.2 Authorised form(s) of name		Hampshire Archives and Local Studies
5.1.3 Parallel form(s) of name		
5.1.4 Other form(s) of name		Hampshire Record Office
5.1.5 Type of institution with archival holdings		Local Authority Archive
5.2 CONTACT AREA		
5.2.1 Location and address(es)		Sussex Street Winchester SO23 8TH England URL: http://www.hants.gov.uk/archives
5.2.2 Telephone, fax, email		Tel: 01962 846154 Fax: 01962 878681 Email: enquiries.archives@hants.gov.uk
5.2.3 Contact persons		County Archivist: Janet Smith Assistant County Archivist and Head of Stewardship: Gill Rushton Head of Access: Caroline Edwards Principal Archivist (Records and Research): Sarah Lewin Principal Archivist (ICT and e-services): Heather Needham Archive Education Officer: David Bond Contact us: http://www.hants.gov.uk/rh/hro/mailto.html
5.3 DESCRIPTION AREA		
5.3.1 History of the institution with archival holdings		Hampshire Record Office was set up by Hampshire County Council in 1947. It has been located in a number of premises in Winchester since then, including the redundant church of St Thomas between 1972 and 1993, and, since 1993, purpose- built premises in Sussex Street, Winchester. In 1975 the Winchester City Archive was transferred to the Record Office under a special agreement, the City Council continuing to fund a part-time archivist; in 2008 another partnership was formed with the Chapter of Winchester Cathedral for the care of the Cathedral archives. Since 1976 the Record Office has provided a records management service for Hampshire County Council records. Hampshire Archives Trust was formed in 1986 to support the work of Hampshire's archive services, and Wessex Film and Sound Archive, jointly administered by the Trust and the County Council, opened in 1987. In 2008, Hampshire Record Office merged with the county's Local Studies Library, to form Hampshire Archives and Local Studies.
5.3.2 Geographical and cultural context		Hampshire is a county in the south of England, which borders Dorset, Wiltshire, Berkshire, Surrey and West Sussex. Southampton County Council was established under the Local Government Act (1888), with the name changed to Hampshire County Council in 1959. The current administrative county comprises 11 districts: East Hampshire, Hart, New Forest, Test Valley, the boroughs of Basingstoke and Deane, Eastleigh, Fareham, Gosport, Havant, Rushmoor and the city of Winchester. The cities of Southampton and Portsmouth are both unitary authorities within the geographic county of Hampshire. The Isle of Wight, part of the historic county of Hampshire, became a separate administrative unit following the 1888 Act. Bournemouth, formerly part of Hampshire, was ceded to Dorset in 1974. Local government is currently provided by Hampshire County Council, with headquarters in Winchester, and 11 district councils. In addition there are 256 parish and town councils in Hampshire.
5.3.3 Mandates/Sources of authority		Hampshire Record Office was set up under the auspices of the 1947 Local Government Act. Subsequently, the Local Government (Records) Act 1962 empowered Hampshire County Council to acquire records of local significance over and above its own administrative records; to care for them and make them available for study by the public. In addition, the provision of the Hampshire Record Office fulfilled the requirement under the Local Government Act 1972 (s.224) for local authorities to 'make proper arrangements with respect to any documents that belong to or are in the custody of the council or any of their officers.'

3. 다중 개체 모델과 ICA-AtoM

■ 다중 개체(entity) 모델

기능 출처주의(functional provenance) 개념이 대두되면서 조직 기반의 분류체계가 기능 기반으로 전환되는 계기가 됨과 동시에 과거 기록물이나 생산자 기술요소의 하나로 기입되던 '기능'을 별도 개체(entity)로 분리하여 기술하도록 권고되었다. 기록-생산자-기능이라는 다중 개체 구조는 준현용 기록관리 영역에서도 공식 표명되었는데, 기록관리 메타데이터의 실행 문제를 다룬 ISO23081-2에서 다중 개체 개념을 제시하고 있다. 보존기록관리시스템에서 ISAD(G)에 따라 기록을 기술하고, ISAAR(CPF)에 따라 생산자를 기술하며, ISDF(International Standard for Describing Functions)에 따라 기능을 별도로 기술한 후 이를 연계하는 개념 모형은 〈그림 25〉와 같이 표현할 수 있다(설문원, 2018, 255). 기능을 별도의 레코드로 기술하는 방식은 국제 및 국가 기록관리 메타데이터 표준의 구조가 다중 개체방식으로 변환하고 있는 것과 맥을 같이한다.

〈그림 25〉 보존기록과 생산맥락 기술의 연계 구조

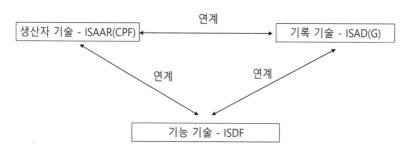

*출처: 설문원, 2018, p. 255.

■ ICA-AtoM

앞에서 제시한 다중 개체 모델은 국제기록기구회의(International Council on Archives, ICA)가 개발하여 2009년부터 배포하기 시작한 ICA-AtoM에도 구현되어 있다. ICA-AtoM은 웹기반 기록 기술을 위한 오픈 소스 소프트웨어로서 ICA의 표준 ISAD(G), ISAAR(CPF), ISDF, ISDIAH 등에 따라 복수의 기록관리기관이 소장한 기록을 다국어로 기술할 수 있도록 지원한다. 이 소프트웨어의 데이터모델은 다음의 〈그림 26〉과 같다.

〈그림 26〉 ICA-AtoM의 데이터 모델

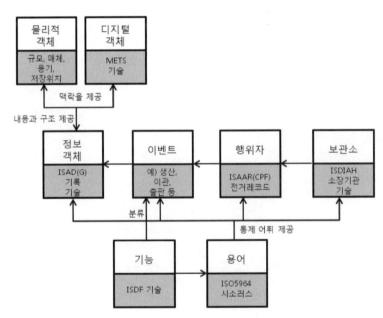

*출처: 설문원, 2010b, p. 17.

ICA-AtoM을 이용하여 제시된 전거레코드와 소장기관의 기술 예는 다음과 같다.

〈그림 27〉 ICA-AtoM의 전레코드와 소장기관의 기술 예

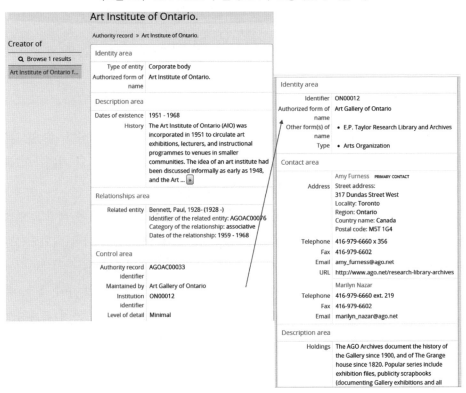

5절 데이터 구조 표준과 다차원 보존기록 기술 표준

1. 도서관 목록을 위한 표준 포맷 MARC

■ MARC

MARC(Machine-Readable Cataloging)는 목록 정보를 컴퓨터가 인식할 수 있도록 인코딩하는 데이터 구조 및 교환 형식을 표준화한 것으로, 국내·외 기관간의 목록 정보 교환과 상호협력의 바탕이 되는 것이다.

MARC는 도시권의 자동화된 목록 작성에 사용되는 대표적인 목록 레코드 형식 표준으로, 도서관 시스템 간의 목록 레코드의 상호 교환을 위해 미국 의회도서관(LC)이 개발하였다(기록학 용어 사전, 2008, p. 296). 컴퓨터를 통해 서지데이터를 효율적으로 처리하기 위해서 정형화된 형식으로 목록 정보를 식별하여 축적, 유통할 수 있도록 코드화한 일련의 표준형식으로, 분담목록이 가능하여 목록작성 업무의 중복을 피할 수 있게 되었으며 기술의 표준화와 서지정보의 공유에 기여하였다. 또한 서지기관 간의 상호협력이 촉진되었고 국제적인 서지정보 유통망의 구축이 가능하여 문헌에 대한 접근성이 확대되었다. 온라인 검색의 실현으로 검색도구로서 목록의 기능이 신장될 수 있었다(김정현, 2011, p. 73).

1965년 LC MARC I이 발표되었고, 1968년에 LC MARC II가 개발되었으며, 각국은 이를 받아들여 자국의 자료처리에 가장 적합한 MARC을 개발하여 국가 표준으로 제정하였다. 우리나라에서도 1980년부터 2000년까지 국립중앙도서관의 주관 아래 한국 문헌 자동화 목록법(KORMARC)의 단행본 총6종을 개발하여 KS로 제정하였다. 2000년 MARC 21이 발표됨에 따라, 우리나라는 MARC 21을 기본 틀로 하고 기존의 KORMARC 형식을 통합한 2005년 통합 서지용 한국 문헌 자동화 목록(KORMARC)

을 KS 규격(한국 문헌 자동화 목록 형식–통합 서지용)으로 제정하였다.

MARC 레코드는 리더와 디렉토리, 그리고 제어필드와 데이터필드로 구성된다. 각 리더는 레코드의 유형을 식별하고 레코드 처리에 관련된 데이터를 수록하는 24자리 고정필드로 레코드의 길이, 상태, 형태와 서지수준, 입력수준 등으로 구성되어 있다. 일반 도서에서의 서문이나 표제지에 해당한다. 리더에 들어가는 내용의 대부분은 컴퓨터가 자동으로 입력한다(〈그림 28〉 참조).

〈그림 28〉 MARC 레코드의 구조

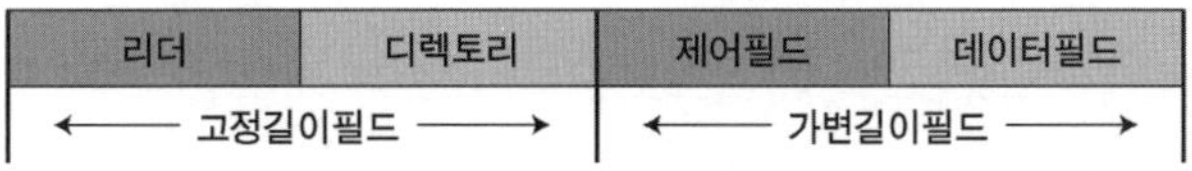

디렉토리는 태그번호, 데이터길이, 데이터 시작위치를 나타내는 12개의 문자로 구성된다. 레코드를 구성하는 각 필드와 해당 필드의 레코드 상의 위치를 제시하는데 이는 책의 목차와도 같은 기능을 수행한다.

제어필드는 레코드 처리에 필요한 정보를 부호로 수록하는 필드로서, 목록데이터베이스 내에서 해당 목록레코드의 저장 위치를 지시하거나 목록레코드에 포함된 간략한 특성을 요약함으로써 이들을 검색요소로 사용할 수 있게 한다(Caplan 2004, pp. 41-46).

데이터필드는 해당 자료의 실질적인 서지정보가 기록되는 곳으로, 일반 책에서의 본문에 해당한다고 볼 수 있다. 태그 첫 번째 숫자는 다음과 같이 10개의 영역으로 구분하여 유사한 성격의 필드들을 모아준다.

0XX　제어정보(control numbers, provenance)
1XX　기본 표목(main entry)
2XX　서명과 서명관련 사항(titles and related information)

> 3XX 형태사항(physical description)
> 4XX 총서사항(series statements)
> 5XX 주기사항(notes)
> 6XX 주제명 부출표목(subject access)
> 7XX 부출표목; 연관저록필드(added entries; linking fields)
> 8XX 총서명 부출표목(series added entries)
> 9XX 자관용 필드(reserved for local fields)

한편 보존 기록과 매뉴스크립트를 위한 기계가독형 목록인 MARC AMC (Machine Readable Cataloging for Archival and Manuscripts Control)는 1977년 미국 아키비스트 협회(SAA)의 국가 정보시스템 태스크포스팀이 보존 기록을 위한 국가 데이터베이스 개발을 위해 완성하였다(기록학 용어 사전, 2008, p. 297). MARC AMC는 도서관에서 광범위하게 사용되고 있는 MARC 포맷에 보존 기록 기술에 필요한 요소들을 추가하여 기록관리기관이 소장하고 있는 보존 기록과 매뉴스크립트 기술에 적용하고자 하는 과정에서 개발되었고, 1983년에 SAA와 미국 의회도서관의 승인을 받았다. 그러나 MARC AMC는 2단계의 기술만을 허용하기 때문에 두 계층 이상으로는 전개할 수 없어 기록 고유의 계층성을 검색도구에 반영하지 못한다는 단점을 갖는다. 또한 ISAD(G) 기술요소를 대부분 반영하지 못하였으며, 하드웨어에 대해 자유롭지 못하고, 웹(WWW)환경에서의 기록정보 상호교환이 어렵다는 한계를 갖는다(한경신, 2003). 따라서 이를 극복하기 위한 일환으로 EAD가 개발되었다.

2. 기록기술을 위한 데이터구조 표준 EAD

◼ EAD (Encoded Archival Description)

EAD는 보존 기록 검색도구를 인코딩하는 데 적용되는 데이터 구조 및 교환 표

준으로서, 미국 의회도서관의 네트워크 개발 및 MARC 표준국과 미국 아키비스트
협회의 협력하에 관리되고 있다(기록학 용어 사전, 2008, p. 290). EAD는 1998년에
제1판이 발표되어 SGML과 XML을 모두 사용할 수 있도록 하였으나, 이후 개정판
에서는 XML만을 사용하도록 하고 있다.

XML(eXtensible Markup Language)

웹 문서를 구조화하는 사실상의(de facto) 표준형식으로, 인터넷의 대중화에 기여한
HTML이 발전한 형태이며, W3C(World Wide Web Consortium)가 제안하였다. XML은
디지털 문서의 내용과 구조, 그리고 외관을 분리하기 때문에 디지털 정보의 결정적인
취약점인 운영 체제나 애플리케이션 소프트웨어 의존성을 극복할 수 있게 한다. 데이
터베이스나 스프레드시트와 같이 구조화된 데이터들은 XML로 쉽게 마이그레이션할
수 있다는 장점을 가진다(기록학 용어 사전, 2008).

EAD는 ISAD(G)의 다계층 기술 원칙을 수용하여 보존 기록의 계층적인 특성을
반영하고, 기록 컬렉션의 컴포넌트뿐 아니라 컬렉션 전체를 기술하기 위한 데이
터 구조를 갖는다. EAD2002는 EAD 스키마를 제공하여 실제로 EAD가 Tag를 이용
하여 표현되는 형식 구조를 제공한다. EAD는 하나의 태그를 여러 곳에서 사용
가능하며 MARC와는 달리 레코드 길이에 제한이 없어 자유롭게 서술식 기술을
가능하게 하였다(〈그림 29〉 참조).

EAD2002의 2010년 개정 이후, ICA-AtoM 등 다양한 기록관리시스템의 활용 확산
과 LOD(Linked Open Data)가 시맨틱 웹을 구현하는 중요한 방법론으로 등장하는
등, 기록 기술을 둘러싼 환경의 변화가 매우 컸으며, 이를 반영하기 위하여 2015년
에는 EAD3가 재개정판으로 출판되었다(Society of American Archivists, EAD Tag
Library, 2015).

EAD는 미국, 캐나다, 영국, 프랑스, 호주 등에서 광범위하게 채용되고 실행되고
있다. 예를 들면 미국 California 대학 시스템의 OAC(Online Archive of California) 등에

서는 EAD를 이용하여 기술을 하고 있으며, 기술의 공유를 위해 EAD Web Template도 제시하고 있다(Online Archive of California, EAD Web Templates).

EAD는 XML Tag에 대해 표준화된 요소와 속성 값을 제시함으로써 웹을 통한 기록관 기록물의 체계적인 관리와 기록관들을 아우르는 통합검색을 가능하도록 한다. ⟨ead⟩라는 최상위 요소 아래 ⟨eadheader⟩, ⟨frontmatter⟩, ⟨archdesc⟩의 세 가지 상위 레벨 요소로 구성되었는데, EAD3에서는 ⟨eadheader⟩가 ⟨control⟩로 대치되었다. 이들 상위레벨 요소 아래에 다양한 하위요소들이 나열되는 트리 구조의 계층적 구조를 갖고 있다. 기존의 ⟨eadheader⟩는 검색도구에 대한 간단한 안내를 제공하는 부분이고, ⟨frontmatter⟩는 이에 대한 부가사항을 덧붙이도록 하고, 실제 기록물의 계층별, 단계별로 기록군, 시리즈, 기록철, 기록건들에 대해 상세내용을 제시하도록 하고 있다.

또 ⟨archdesc⟩(archival description) 요소는 Level 속성을 사용하여 '컬렉션', '시리즈' 등 속성 값을 입력함으로써 기술하고 있는 기록 집합의 계층을 제시하고, ⟨did⟩(descriptive identification) 요소를 이용해서 기록 집합 전체의 기본적인 정보와 내용, 생산배경, 크기 등에 대한 부가적인 서술 정보 등 기록물의 내용들을 상세하고 계층적으로 기술하여 전달할 수 있다. ⟨did⟩요소는 EAD와 다른 시스템간의 주요 기술 데이터를 교환하기 쉽게 하기 위해 EAD3에서 크게 업데이트 되었다(Society of American Archivists, EAD Tag Library, 2015).

디지털 자료에 대한 접근 면에서도, 디지털 객체를 전자 검색도구에 통합시키기 위한 기술요소인 ⟨dao⟩(digital archival object)와 ⟨daogrp⟩(digital archival object group)를 이용할 수 있다. 특히 ⟨dao⟩ 요소를 이용해서 디지털 객체를 검색도구 안에 직접 삽입하거나, 링크 속성을 이용하여 외부 웹페이지로 연결하는 것이 가능하다. ⟨daogrp⟩ 요소는 EAD3에서 더 간단히 두 개나 그 이상의 ⟨dao⟩ 요소를 결합시키도록 ⟨daoset⟩로 교체되었다.

EAD는 요소 기술규칙에 있어 특별한 규칙을 요구하지 않아 MARC에 비해 유연하다는 특징을 지니고 있다. 이로 인해 ISAD(G), 더블린 코어, MARC 등의 여러 메타데이터와 상호 연계에 있어 주목받고 있다(강소연, 2003, pp. 200-201; Caplan 2004, pp. 182-188, 박지영·김태수, 2007).

〈그림 29〉는 Tag Library 부록에 제시된 ISAD(G) 요소에 따른 EAD3 Tag들을 보여주고 있다(Society of American Archivists, EAD Tag Library, 2015). 그리고 〈그림 30〉은 EAD를 사용하는 예의 일부를 보여준다(박지영·김태수, 2007).

〈그림 29〉 ISAD(G) 요소와 EAD3 Tag 비교 표

ISAD(G) to EAD3

ISAD(G)	EAD
3.1.1 Reference code(s)	\<agencycode> and \<recordid> within \<control>; \<unitid> with @countrycode and @repositorycode
3.1.2 Title	\<unittitle>
3.1.3 Dates	\<unitdate>, \<unitdatestructured>
3.1.4 Level of description	\<archdesc> and \<c> @level
3.1.5 Extent and medium of the unit	\<physdesc>, \<physdescstructured>
3.2.1 Name of creator	\<origination>
3.2.2 Administrative/Biographical history	\<bioghist>
3.2.3 Archival history	\<custodhist>
3.2.4 Immediate source of acquisition	\<acqinfo>
3.3.1 Scope and content	\<scopecontent>
3.3.2 Appraisal, destruction and scheduling	\<appraisal>
3.3.3 Accruals	\<accruals>
3.3.4 System of arrangement	\<arrangement>
3.4.1 Conditions governing access	\<accessrestrict>
3.4.2 Conditions governing reproduction	\<userestrict>
3.4.3 Language/scripts of material	\<langmaterial>
3.4.4 Physical characteristics and technical requirements	\<phystech>
3.4.5 Finding aids	\<otherfindaid>
3.5.1 Existence and location of originals	\<originalsloc>
3.5.2 Existence and location of copies	\<altformavail>
3.5.3 Related units of description	\<relatedmaterial>, \<separatedmaterial>
3.5.4 Publication note	\
3.6.1 Note	\<didnote>, \<odd>
3.7.1 Archivist's note	\<processinfo>
3.7.2 Rules or conventions	\<conventiondeclaration>
3.7.3 Date(s) of descriptions	\<maintenanceevent>\<eventdatetime>

*출처: Society of American Archivists, 2015. Encoded Archival Description Tag Library Version EAD3. https://www2.archivists.org/sites/all/files/TagLibrary-VersionEAD3.pdf

〈그림 30〉 EAD2002 활용 사용 예의 일부

4.19 컬렉션 EAD 2002 "Archival Description" 영역

〈ead xmlns="urn:isbn:1-931666-22-9"〉

〈eadheader audience="internal" countryencoding="iso3166-1" dateencoding="iso8601" langencoding="iso639-2b"〉

  〈eadid countrycode="KR" url="http://archives.yonsei.ac.kr/"〉ys_manuscript_419 〈/eadid〉

    〈filedesc〉

      〈titlestmnt〉

        〈titleproper〉4.19 혁명 연구반〈/titleproper〉

          〈subtitle〉(4.19 혁명 연구반 컬렉션 목록)〈/subtitle〉

          〈author〉연세대학교 기록보존소〈/author〉

      〈/titlestmt〉

    〈/filedesc〉

    〈profiledesc〉

      〈creation〉연세대학교 기록보존소 목록을 기반으로 박지영 작성

      〈date〉2008년 1월 6일.〈/date〉〈/creation〉

      〈langusage〉작성언어;〈language langcode="kor"〉한국어〈/language〉

      〈/langusage〉

    〈/profiledesc〉

〈/eadheader〉

  〈archdesc level="collection"〉

    〈did〉

      〈head〉요약 기술〈/head〉

      〈unittitle label="Title"〉4.19 혁명 연구반 컬렉션 기록물군〈/unittitle〉

        〈unitdate type="inclusive"〉1960-1993〈/unitdate〉

        〈unitid countrycode="KR" label="Collection number"〉M412〈/unitid〉

      〈origination label="Creator"〉〈corpname〉4월 혁명 연구반〈/corpname〉

      〈/origination〉

      〈physdesc label="Extent"〉

        〈extent〉보존상자 12개(1상자는 320x250x100mm)〈/extent〉

      〈/physdesc〉

      〈repository label="Repository"〉

        〈corpname〉연세대학교 기록보존소〈/corpname〉

        〈address〉〈addressline〉서울 신촌동 134번지 중앙도서관 1층 자료실

        〈/addressline〉〈/address〉

      〈/repository〉

        〈abstract label="Abstract"〉

          이 컬렉션은 4월혁명 연구반의 구성원이었던 김달중 교수(연세대학교 정치외교학과 명예교수)가 수집한 4월 혁명 관계 자료로 1960년 4월 혁명 당시 자료(4월 26일 이승만 대통령 하야 전)가 비교적 풍부한 점이 특징이다. 자료 수집은 안병준과 김달중이 같이 하였고 현 이화여대 교수인 김충석은 나중에 수집에 참여하였다. … [중략]〈/abstract〉

    〈/did〉

… [중략] 〈/archdesc〉

〈/ead〉

---

*출처 : 박지영 · 김태수, 2007, p. 35.

3. 전거레코드 기술을 위한 데이터구조표준 EAC-CPF

■ EAC(Encoded Archival Context)의 역할

EAC(Encoded Archival Context)는 개인, 가문, 단체 등 기록 생산자에 대한 기술을 코드화하기 위하여 XML을 기반으로 설계한 프로토타입 표준으로, EAC는 ICA의 국제 전거레코드 기술규칙인 ISAAR(CPF)에 규정된 기술 요소들을 표현하기 위한 데이터 구조표준으로 개발되었다. EAD는 아카이브 기술 데이터의 교환을 위한 표준이라, 전거레코드로의 링크를 허용하는 속성을 가진 개인명, 가문명, 단체명 등의 요소를 가지고 있지만 별도의 전거 및 맥락정보 파일을 지원하지는 않는다.

EAC Working Group은 2001년 EAC 설계 목적과 원칙을 발표하였는데, 여기서는 이 모델의 주목적이 기록 생산자가 전자 환경에서 발견되어 보일 수 있도록 함은 물론, 기록물을 생산한 엔티티들 간의 관계가 보일 수 있도록 서로 연결시키며, 기록 생산자와 기록물에 대한 기술이 연결될 수 있도록 생산자에 대한 기술을 표준화하는 것이라고 하였다. 또한 이 모델이 추구하는 방향은 맥락정보의 교환 및 공유를 지원하는 것이라고 명시하였다. 같은 해 버지니아대학에서 가진 회합에서 EAC의 XML DTD 초안이 완성되었다. ISAAR(CPF)가 EAC의 출발점이 되기는 하였으나 EAC는 2004년에 개정된 ISAAR(CPF) 2판에 영향을 미쳤다(김성희, 2005, p. 74).

■ EAC-CPF 표준

2011년 EAC는 EAC-CPF(Encoded Archival Context for Corporate Bodies, Persons, and Families)로 미국 SAA(Society of American Archivists)에서 채택한 표준이 되었다. SAA의 EAC Working Group에서 2010년 개발한 Tag Library는 EAC-CPF를 위해 사용할 수 있는 Tag들을 제시하고 있다. 〈그림 31〉은 부록에 제시된 ISAAR(CPF)의 영역과 요소에 따른 Tag들을 보여주고 있다(EAC-CPF Tag Library, 2018).

〈그림 31〉 ISAAR(CPF) 요소와 EAC-CPF Tag 비교 표

ISAAR(CPF) CROSSWALK [TOC]

ISAAR (CPF)	EAC-CPF
5.1 Identity area	<identity>
5.1.1 Type of entity	<entityType>
5.1.2 Authorized form(s) of name	<nameEntry> or <nameEntryParallel> with <authorizedForm>
5.1.3 Parallel forms of name	<nameEntryParallel>
5.1.4 Standardized forms of name according to other rules	<nameEntry> or <nameEntryParallel> with <authorizedForm> <nameEntry> or <nameEntryParallel> with <alternativeForm>
5.1.5 Other forms of name	<entityId>
5.1.6 Identifiers for corporate bodies	<description>
5.2 Description area	<existDates>
5.2.1 Dates of existence	<biogHist>
5.2.2 History	<place> or <places>
5.2.3 Places	<legalStatus> or <legalStatuses>
5.2.4 Legal status	<function> or <functions>, <occupation> or <occupations>
5.2.5 Functions, occupations and activities	<mandate> or <mandates>
5.2.6 Mandates/Sources of authority	<structureOrGenealogy>
5.2.7 Internal structures/Genealogy	<generalContext>
5.2.8 General context	<relations>
5.3 Relationships area	<cpfRelation>
5.3.1 Names/Identifiers of related corporate bodies, persons or families	<cpfRelation cpfRelationType="[value]">
5.3.2 Category of relationship	<objectXMLWrap> or <objectBinWrap> or <relationEntry>
5.3.3 Description of relationship	<cpfRelation>/<date> or <dateRange> or <dateSet>
5.3.4 Dates of the relationship	<control>
5.4 Control area	<recordId>
5.4.1 Authority record identifier	<maintenanceAgency/agencyCode and/or agencyName>
5.4.2 Institution identifiers	<conventionDeclaration>
5.4.3 Rules and/or conventions	<maintenanceStatus>
5.4.4 Status	<localControl>
5.4.5 Level of detail	<maintenanceEvent>/<eventDateTime>
5.4.6 Dates of creation, revision or deletion	<languageDeclaration>
5.4.7 Languages and scripts	<sources>
5.4.8 Sources	<maintenanceEvent>/<maintenanceDescription>
5.4.9 Maintenance notes	<resourceRelation>
6. Relating corporate bodies, persons, and families to archival materials and other resources	<objectXMLWrap> or <objectBinWrap> or <relationEntry> <resourceRelation xlink:role="[value]">
6.1 Identifiers and titles of related resources	<resourceRelation resourceRelationType="[value]"> <resourceRelation>/<date> or <dateRange> or <dateSet>
6.2 Types of related resources	
6.3 Nature of relationships	
6.4 Dates of related resources and/or relationships	

*출처: Encoded Archival Context—Corporate Bodies, Persons, and Families (EAC-CPF) Tag Library 〈http://www3.iath.virginia.edu/eac/cpf/tagLibrary/cpfTagLibrary.html〉

4. 차세대 다차원 보존기록 기술 표준 RiC

■ RiC(Record in Context)의 개요

2012년, ICA 프로그램 위원회에서는 '기록물의 기술 표준 개발을 위한 전문가 그룹'(EGAD, Expert Group on Archival Description)을 구성하고 기록물의 기술 표준을 개발하도록 하였다. 그동안 ICA에서 제정해왔던 4가지 기술 표준인 ISAD(G), ISAAR(CPF), ISDF, ISDIAH를 조정·통합 구축하여 포괄적인 기술 표준을 개발하는 것이 이들의 가장 큰 목표였다. 이 목표를 구현하기 위해서 EGAD에서는 새로운 기술표준인 'Record in Context'(RiC)을 개발하기 시작하였다(Gueguen et al., 2013, p. 567). EGAD의 주요 임무는 시간차를 두고 개별적으로 개발된 4개의 기술 표준을 합치는 것 외에 정보환경의 발전을 반영하고, 문화유산관리기관을 중심으로 구성되는 협력체계에 기록관리 분야의 위치를 명확히 하려는 것이었다(ICA EGAD, 2016; 박지영, 2017, p. 94 재인용).

EGAD의 RiC은 개방과 협력을 강조하며, 기록관리 전문가와 유관 기관의 전문가와의 협력뿐 아니라, 기록의 생산과 관리 체계를 확립하기 위해 레코드 매니저와 아키비스트의 협력체계 강화도 중시한다. 또한 데이터의 개방 추세와 관련하여 기록의 이용자들은 자신들이 이용하는 기록이 어느 기관의 소유인지에 관심을 두지 않는다는 점도 인식하고 있었다. RiC 모형이 ISO 15489와 ISO 23081과의 연계를 고려하였기 때문에, 전체적인 개체의 구성은 ISO 23081의 개체와 연계될 수 있다(Popovici, 2016; ICA EGAD, 2016; 박지영, 2017, pp. 95-96 재인용).

EGAD에서는 RiC을 2개의 파트로 나뉜 표준으로 구상하였다. 하나는 영구기록물 기술을 위한 개념 모델(RiC-CM)이고, 다른 하나는 개념 모델을 기반으로 만든 온톨로지(RiC-O)이다. RiC-CM을 바탕으로 온톨로지인 RiC-O가 구축되는데, 기본적으로 개체-관계 기반의 RiC-CM과 클래스-속성 기반의 RiC-O는 유사한 내용을 표현하는 방식과 공유 가능성 차원에서 차이점을 지닌다. 개체-관계 모형은 개별 분야의 규칙을 적용하여 데이터를 구조화하기에는 적합하지만, 서로 다른 분야 간에 데이터를 교환하거나 웹 환경에 적하도록 데이터를 발행하는 데에는 한계를 지니기 때문이다. 또한 ICA EGAD에서도 RiC-O 온톨로지는 타 분야와의 연계를 위한 도구임을 밝히고 있다(McCarthy & Pitti, 2014). RiC-O는 RiC-CM을 표현하기 위해 모든 종류의 보존기록자원을 일관된 방식으로 설명하는 RDF 데이터 세트를 생성(또는 기존 보관 메타 데이터에서 생성)하기 위한 일반적인 어휘 및 공식 규칙을 제공하며, RDF 데이터 세트를 Linked Data로 공개하고, SPARQL을 사용하여 질의하고, 온톨로지의 논리를 사용하여 추론할 수 있다(ICA RiC-O, v.0.1 2019, p. 1).

RDF

RDF는 웹을 데이터베이스처럼 활용하고 기계적인 처리가 가능하도록 하는 핵심 기술요소이며, 데이터의 가장 높은 활용성을 보장하는 Linked Data의 핵심 기술요소임

ο RDF는 웹상의 자원(Resource)을 기술하기 위한 W3C 표준으로, 사람이 쉽게 읽고 이해할 수 있을 뿐만 아니라 기계적인 처리가 용이하여, 의미 손실 없이 응용프로그램 간 정보교환 가능하며, 웹에 표현된 정보들을 처리하기 용이함

ο RDF 규격으로 구조화된 데이터를 발행하고 상호 간의 연결을 확보하면 현재 Linked Data로 공개되어 있는 모든 데이터셋을 활용할 수 있음

ο 특정적으로 여러 웹사이트에 RDF로 기술된 사람들의 정보를 연결함으로 분산 소셜 네트워크를 구축할 수 있음

ο 데이터베이스 간에 데이터 교환을 위한 표준 방법론을 제시함

ο RDF를 사용함으로써 조직 안의 다양한 데이터셋을 연결하고 SPARQL을 사용하여 데이터셋 간 질의(query) 처리가 가능하게 함

(출처: 한국정보화진흥원, 2014, 데이터베이스 활용 기술 전망 보고서. 보도자료)

■ RiC-CM의 구조적 특징

RiC-CM의 또 다른 특징은 기존의 다계층 기술(multilevel description)에서 다차원 기술(multidimensional description)로의 변화를 추구한다는 것이다. ISAD(G)의 다계층 기술에서는 기록물 기술은 퐁 전체에 대한 설명에서부터 시작된다. 그 다음에

야 기록물 기술은 퐁의 일부분으로 점차 진행되며, 모든 하위 요소는 특정한 단일 계층구조에 속해 있다. 반면에 RiC-CM의 다차원 기술에서는 단일계층구조보다는 기술 내용이 그래프나 네트워크 방식으로 구조화된다. RiC-CM을 통해 ISAD(G)와 같은 단일 계층구조를 표현할 수도 있다. 그러나 RiC-CM은 기록물 기술을 위해 더 많은 측면을 고려한 복합적인 계층구조도 표현할 수 있도록 확장할 수 있다. 다차원 기술체계에서는 기록물과 기록물 집합 간의 연관관계나 상이한 기록물 집합 간의 연관관계, 기록물과 행위자, 기능, 활동, 규범과의 연관관계 등을 표현하기 용이하다(ICA EGAD, 2016; 박지영, 2017, p. 100).

즉, 출처에 대한 폭넓은 이해를 위해, 다른 퐁과 관계지어 더 넓은 맥락 속에 존재하는 퐁을 볼 수 있도록 하였다. 그럼으로써 개별 퐁이 위치한 다른 개체와의 상호 관계를 네트워크로 표현할 수 있으며, 복잡한 여러 상황을 함께 고려할 수 있다는 것이다. 이 모델은, 퐁 존중의 원칙을 충족시키며, 동시에, 예를 들어, 다른 행위자(agent)들에 의해 잇달아 연속적으로 수행되는 하나의 기능(function)을 기록화하는 하나의 기록 계열(series)과 같은 복잡한 출처를 가진 다른 종류의 기록물 집합을 다룰 수 있는 기술이 가능해지게 한다.

특히, 기록물집합과 그 집합에 포함된 개별 기록을 구별하는 것에 주의를 기울였다. 예를 들어 기록물 집합은 고유의 출처가 있는데, 그에 속한 기록물들의 출처는 완전히 다를 수도 있다. 즉 기록물 집합의 생산자와 그에 속한 기록물의 생산자는 같은 경우도 있지만, 기록물을 생산하는 행위는 기록물 집합을 생산하는 행위는 완전히 다른 것이다. 따라서 기록물 집합에 속하는 개별 기록물에 대한 기술 요소는 그에 속하는 기록물에 대한 요약적 기술과, 기록물집합의 한 구성 요소로서 지정되는 기록물들의 공유 속성이나 관계에 대한(예를 들면 모든 기록이 같은 기능을 기록화했거나, 모두 같은 기록물 형태를 공유하는 등) 기술로 구분된다(ICA/EGAD, 2016, pp. 10-11).

■ RiC-CM의 개체 (RiC-CM v0.2 중심)

ICA는 2016년 RiC-CM v.0.1을 발표하고, 2019년 말에는 개정된 RiC-CM v0.2를 발표하였다. RiC-CM v0.2를 중심으로 제시된 개체에 대해 상세히 알아보면 다음과 같다.

RiC-CM의 경우, 영구기록물의 기술을 위해 상위 핵심 개념을 개체로 정의하고, 이들에 대한 속성(properties)과 관계(relation)를 식별하고 정의한다. RiC-CM은 기존 ICA의 4가지 기술표준을 광범위하게 분석하고, 상호 통합하고 연결하여, 표준 4개의 'Control' 부분을 제외한 필수내용을 모두 포함하였다. RiC-CM v.0.1은 동일한 수준의 주요 기술 개체 14개를 제시하였는데, RiC-CM v.0.2에서는 최상위 계층으로 Thing(RiC-E01)을 선언하고, 네 단계의 계층으로 제시하였으며, 개체의 수는 22개로 증가하였다(〈그림 32〉 참조).

〈그림 32〉 RiC-CM v.0.2 개체의 계층구조

RiC Entities Hierarchy			
First Level	**Second Level**	**Third Level**	**Fourth Level**
RiC-E01 Thing	**RiC-E02 Record Resource**	RiC-E03 Record Set	
		RiC-E04 Record	
		RiC-E05 Record Part	
	RiC-E06 Instantiation		
	RiC-E07 Agent	RiC-E08 Person	
		RiC-E09 Group	RiC-E10 Family
			RiC-E11 Corporate Body
		RiC-E12 Position	
		RiC-E13 Mechanism	
	RiC-E14 Event	**RiC-E15 Activity**	
	RiC-E16 Rule	RiC-E17 Mandate	
	RiC-E18 Date	RiC-E19 Single Date	
		RiC-E20 Date Range	
		RiC-E21 Date Set	
	RiC-E22 Place		

*출처: RiC-CM. v.0.2, 2.1.2.

즉 기존 v.0.1의 Record Set(기록물 집합), Record(기록물), 기록물 요소(Record Component)의 세 개 개체는 v.0.2에서는 Record Resource(기록물자원, RiC-E02)를 상위계층으로 하여 세 개의 하위계층(RiC-E03 Record Set(기록물 집합), E04 Record(기록물), E05 Record Part(기록물 부분))으로 제시되었다. 또 Agent(행위자, RiC-E07) 개체는 v.0.2에서는 하위계층에 Person(개인, RiC-E08), Group(그룹, RiC-E09), Position(지위, RiC-E12), Mechanism(매커니즘, RiC-E13)이 제시되었고, 그 중 Group(RiC-E09)은 그 하위계층에 Family(가족, RiC-E10), Corporate Body(단체, RiC-E11)가 정의되었다. 또한 Date(날짜, RiC-E18) 개체도 Single Date(단일 날짜, RiC-E19), Date Range(날짜 범위, RiC-E20), Date Set(날짜 집합, RiC-E21)의 하위계층을 제시하였으며, Instantiation(사본, RiC-E06) 개체가 새로 제시되었다(ICA EGAD, 2019). Instantiation은 시간과 공간을 통해 정보를 전달하는 수단으로 행위자가 영구적이고 복구 가능한 형태로 물리적 캐리어에 정보를 표시하는 행위이다(ICA EGAD, 2019). Instantiation(RiC-E06) 개체는 정보통신의 발달로 기록이 전자형태로 생성되거나 디지털화 된 후 기록 관리 환경을 반영한 것이다(전예지·이혜원, 2020, p. 147).

전자기록의 사본 생성이 보편화됨에 따라 사본의 진본성을 확인할 수 있는 장치에 대한 논의도 활발히 진행되었다. 이러한 움직임은 선행연구에서 살펴본 전자기록의 중요성을 확인하는 것으로, 전자기록의 특징 중에 하나인 사본 생성을 보존기록물 관리체계인 RiC-CM의 추상적인 개체로 표현하였다.

그러나 기존의 Occupation(직업)은 개체에서 속성 Occupation type(RiC-A30)으로 정의되었고, Documentary Form(문서 형식) 개체도 속성 Documentary Form Type (RiC-A17)으로 변경되었다. Function(기능)과 Function(Abstract)(기능/추상) 개체는 삭제되고 정확하게 동일한 개체는 아니지만 일정 부분 그 의미를 공유하는 Activity(RiC-E15)로 흡수되었다. 이 주요 기술 개체와 이들의 계층구조는 v.01과 비교하여 〈그림 33〉과 같이 제시할 수 있다(전예지·이혜원, 2020, p. 145).

〈그림 33〉 RiC-CM v.0.1과 v.0.2 개체 비교

v0.1	v0.2			
RiC-E14 Concept/Thing(개념/대상)	RiC-E01 Thing(대상)	-	-	-
RiC-E3 Record Set(기록물 집합)	RiC-E02 Record Resource (기록물 자원)	RiC-E03 Record Set(기록물 집합)		
RiC-E1 Record(기록물)		RiC-E04 Record(기록물)		
RiC-E2 Record Component(기록물 부분)		RiC-E05 Record Part(기록물 부분)	-	
	RiC-E06 Instantiation(사본)	-	-	
RiC-E4 Agent(행위자)	RiC-E07 Agent(행위자)	RiC-E08 Person(사람)	-	
		RiC-E09 Group(집단)	RiC-E10 Family(가족)	
			RiC-11 Corporate Body(단체)	
RiC-E6 Position(지위)		RiC-E12 Position(지위)	-	
		RiC-E13 Mechanism(메커니즘)	-	
RiC-E9 Activity(행동)	RiC-E14 Event(사건)	RiC-E15 Activity(행동)		
RiC-E10 Mandate(법규)	RiC-E16 Rule(규칙)	RiC-E17 Mandate(법규)		
RiC-E12 Date(날짜)	RiC-E18 Date(날짜)	RiC-E19 Single Date(단일 날짜)	-	
		RiC-E20 Date Range(날짜 범위)		
		RiC-E21 Date Set(날짜 집합)		
RiC-E13 Place(장소)	RiC-E22 Place(장소)	-		
RiC-E5 Occupation(직업)	-			
RiC-E7 Function(기능)	-			
RiC-E8 Function(Abstract)(기능/추상)	-	-	-	
RiC-E11 Documentary Form(문서 형식)	-	-	-	

*출처: 전예지 · 이혜원, 2020, p. 144.

■ RiC-CM의 속성(Attribute)

속성 부분의 경우, v.0.1에서는 모든 개체에서 공유할 수 있는 속성과 개별 개체의 속성으로 구분하여 제시하고, RiC-CM의 공통 속성은 ICA EGAD가 기존의 4가지 표준을 통합하면서, 공통으로 묶을 수 있는 속성을 별도로 분리한 것이었다. 기록 구성요소의 개체는 별도로 정의하지 않고, 필요한 경우 기록 개체의 속성을 공유하도록 제안하였다(박지영, 2017, pp. 98-99).

RiC-CM v0.2의 속성(Attributes)은 총 41개이고, 각 개체별 속성은 〈그림 34〉와 같다. 모든 개체에 적용되는 속성은 Descriptive Note(RiC-A16), Identifier(RiC-A22), Name (RiC-A28)이며, 동시에 개체 Thing(RiC-E01)의 속성이다. 개체의 계층 구조에 따라 속성은 상위 개체에서 하위 개체에 그대로 상속된다. 예를 들면, 개체 Agent(RiC-E07)의 속성은 하위 개체 Person(RiC-E08), Group(RiC-E09), Family(RiC-E10), Corporate Body(RiC-E11), Position(RiC-E12), Mechanism(RiC-E13) 등에도 모두 적용된다(전예지·이혜원, 2020, p. 148).

〈그림 34〉 RiC-CM v.0.2 개체별 속성

개체	속성
RiC-E01 Thing	Descriptive Note(기술 주기), Identifier(식별자), Name(이름)
└RiC-E02 Record Resource	Authenticity Note(진본성 주기), Classification(분류 체계), Conditions of Access(접근 조건), Conditions of Use(사용 조건), Content Type(내용 형태), History(역사), Integrity(무결성), Language(언어), Record Resource Extent(기록물 자원 크기), Scope and content(범위와 내용), State(상태), structure(구조), Legal Status(법적신분)
└ └RiC-E03 Record Set	Accrual(추가수집), Record Set type(기록물 집합 형태)
└ └RiC-E04 Record	Documentary Form Type(문서 형태)
└ └RiC-E05 Record Part	Documentary Form Type(문서 형태)
└RiC-E06 Instantiation	Authenticity Note(진본성 주기), Carrier Extent(매체 크기), Carrier Type(매체 형식), Conditions of Access(접근 조건), Conditions of Use(사용 조건), History(역사), Instatiation Extent(사본 크기), Integrity(무결성), Physical Characteristics물리적 특성), Production Technique(생산 기술), Quality of Representation(표현 질정도), Representation Type(표현 형태), Structure(구조)
└RiC-E07 Agent	History(역사), Language(언어), Legal Status(법적 신분)
└ └RiC-E08 Person	Demographic Group(인구통계학적 집단), Occupation Type(직업 형태)
└ └RiC-E09 Group	-
└ └ └RiC-E10 Family	Family Type(가족 형태)
└ └ └RiC-E11 Corporate Body	Corporate Body Type(단체 형태)
└ └RiC-E12 Position	-
└ └RiC-E13 Mechanism	Technical Characteristics(기술적 특성)
└RiC-E14 Event	Certainty(확실성), Event Type(사건 형태), History(역사)
└ └RiC-E15 Activity	Activity Type(행동 형태)
└RiC-E16 Rule	History(역사)
└ └RiC-E17 Mandate	
└RiC-E18 Date	Certainty(확실성), Date Qualifier(날짜 한정어), Date Standard(날짜 표준), Expressed Date(날짜 표기), Normalized Date(표준화된 날짜 표기)
└ └RiC-E19 Single Date	-
└ └RiC-E20 Date Range	-
└ └RiC-E21 Date Set	-
└RiC-E22 Place	Coordinates(좌표), History(역사), Location(위치), Place Type(장소 형태)

*출처: 전예지·이혜원, 2020, p. 149.

v.0.1에서 v.0.2로 변화된 속성의 차이점은 다음과 같다. 먼저 Accrual Note, Accrual Status로 두 개이던 추가수집에 관한 속성이 버전 0.2에서 Accrual(추가수집, RiC-A01) 하나로 통합되었다. 둘째, 진본성과 무결성을 기술하는 속성인 Authenticity and Integrity Note는 버전 0.2에서 Authenticity Note(진본성 주기, RiC-A03)와 Integrity (무결성, RiC-A24)로 구분되었다. 기록이 전자적으로 생산되는 환경을 반영하고, 기록 본연의 속성인 진본성과 무결성을 강조하는 것이다. 셋째, 개인의 성별을 나타내는 Gender 속성이 삭제되고, 버전 0.2에서는 Demographic Group(인구통계학적 집단, RiC-A15) 속성을 통해 개인의 나이, 교육정도, 국적, 민족 및 문화적인식별, 종교 등과 같은 사회경제적 특성을 보다 자세하게 제시하였다. 넷째, 버전 0.1에서 동일한 명칭으로 중복해 존재하던 Type은 버전 0.2에서 다양하게 활용되었는데, 그 중 가장 큰 특징은 도메인(특정 속성의 대상이 되는 개체)과 결합되어 기록에 대한 설명을 구체화하였고 동시에 속성명에 해당 도메인 즉 개체의 정보를 추가하였다. 예를 들면 버전 0.1에서는 Record Set 개체의 Type(RiC-P23)으로 지정하였지만 버전 0.2에서는 속성명에 도메인을 정확하게 표현한 Record Set Type (RiC-A36)으로 정의하였다. 다섯째, 적용 범위의 확장이다. 버전 0.1에서 반복적으로 사용된 Description 속성은 버전 0.2에서 Descriptive Note(기술주기, RiC-A16) 하나로 정리되면서 모든 개체 Thing(RiC-E01)에 적용되었다(전예지 · 이혜원, 2020, p. 149).

■ RiC-CM의 관계

기록물 자원을 이해하고 기술하기 위해서는 시간과 공간을 통해 생성, 축적, 관리되는 모든 맥락을 기록에 추가하여 문서화하는 것이 필수적이다. RiC-CM에서 관계의 역할은 기록물 작성과 유지에 기여하는 개체들을 연결하고 보존 기록의 이력을 모으며 관리에 필요한 중요한 특성들을 표현하는 것이다(ICA EGAD, 2019, p. 51).

  v.0.1에서는 관계는 14개의 개체 간에 나타날 수 있는 여러 가지 관계를 설정하여 관계 고유속성을 총 792개로 제시하였었으나, v.0.2에서는 개체들 간의 연계(connections)를 설명과 함께 78개로 제시하였다.

  관계는 13개의 개념적 범주나 종류에 부합하게 되며, 이 종류는 기술시스템이나 실무에서의 관계의 역할을 명확하게 해줄 수 있다. 13개 관계의 범주는 다음과 같다(RiC-CM, 2019 v.0.2, 5.2).

- 전체와 부분 관계(Whole-part relations),
- 순차적 관계(Sequential relations),
- 주제 관계(Subject relations),
- 기록자원과 사본의 관계(Record Resource to Record Resource relations),
- 기록자원과 행위자의 관계(Record Resource to Instantiation relations,
- 출처 관계(Provenance relations),
- 사본과 사본의 관계(Instantiation to Instantiation relations),
- 관리관계(Management relations),
- 행위자와 행위자의 관계(Agent to Agent relations),
- 사건관계(Event relations),
- 규칙 관계(Rule relations),
- 날짜 관계(Date relations),
- 공간적 관계(Spatial relations)

  전반적으로 개체들의 13가지 관계가 RiC-R001부터 RiC-R078까지로 RiC-CM, 2019 v.0.2의 5.3과 5.4에 기술되었다. 5.3에는 제시된 관계들이 차트로 제시되었는데, 〈그림 35〉에서 앞에 제시된 일부 관계를 확인할 수 있다. 5.4에는 이들의 78가지 관계 각각에 대해 정의와 용례 등을 제시하였는데, 〈그림 36〉에 제시된 예에서 RiC-R002 'has part' 관계에 대해 내용 설명과 상하 관계 용어를 보여주고 있다.

〈그림 35〉 RiC-CM v.0.2 관계 (일부)

Top Level	Second Level	Third Level	Fourth Level	Fifth Level
RiC-R001: Thing *is related to* Thing	Type: <u>whole/part relations</u> RiC-R002: Thing *has part* Thing	RiC-R003: Record *has constituent* Record Part (see also below) RiC-R004: Instantiation *has component* Instantiation (see also below) RiC-R005: Group *has subdivision* Group (see also below) RiC-R006: Event *has subevent* Event (see also below) RiC-R007: Place *contains* Place (see also below)		
	Type: <u>sequential relations</u> RiC-R008: Thing *precedes* Thing	RiC-R009: Thing *precedes in time* Thing	RiC-R010: Record *is original of* Record RiC-R011: Record *is draft of* Record RiC-R012: Record Resource *has copy* Record Resource (see also below) RiC-R013: Record Resource *is replied to by* Record Resource (see also below) RiC-R014: Instantiation *has derived instantiation* Instantiation (see also below)	RiC-R015: Instantiation *is migrated into instantiation* Instantiation

*출처: RiC-CM, v.0.2, 5.3.

〈그림 36〉 RiC-CM v.0.2 관계 중 R-002(has part) 예

ID	RiC-R002	
Name	*has part*	Inverse relation: *is part of*
Domain/Range	Thing	Thing
Cardinality	1 to M	
Definition	Connects a Thing to a constitutive or component part of that Thing.	
Scope Notes	Can be used for connecting a Record and a Record Part, a Corporate Body and a subdivision or unit, an Activity and an Activity that constitute it, an Event and an Event components, a Place (as a geographical or administrative area) and a specific region within that Place. The end of existence of a whole/part relation may affect the integrity or nature of the domain entity.	
Examples		
Relation types	Whole/part relations	
Broader relations	RiC-R001 'is related to'	
Narrower relations	RiC-R003 'has constituent' RiC-R004 'has component' RiC-R005 'has subdivision' RiC-R006 'has subevent' RiC-R007 'contains'	

*출처: RiC-CM. v.0.2, 5.4.

    그러나 단지 두 개의 개체를 연결하는 관계 표현만으로는 충분한 정보를 제공하지 못하므로, 특별히 관계에 대한 속성을 5가지로 제시하였으며 이는 〈그림 37〉에 보여진다. 버전 0.2에서는 관계 고유속성의 요소들에 'Attributes of Relations'의 의미로 'RA' 두음자를 접두사로 사용하고 다음엔 아라비아 숫자를 부가하였다. 그 고유속성 중 Date에만 식별자 'RiC-A01'을 지정하였는데, 'RiC-A01'는 속성 Accrual(RiC-A01)의 식별자와 겹치게 되는 문제점이 있다.

    〈그림 37〉에 나타난 Identifier(RiC-RA01)는 특정 관계의 개별 개체(individuals)를 고유하게 식별·참조하는데 사용되는 단어, 숫자, 문자, 기호 또는 이들의 조합이다. Description(RiC-RA02)은 추가적인 정보를 제공하는 속성이며, Date(RiC-RA03)는 관계가 일어난 날짜와 날짜의 범위를 알려주는 속성이다. Certainty(RiC-RA05)는 관계의 정확도를 검증하는 속성이다. 따라서 '확실' '확실하지 않음' '알려지지 않음' 등으로 표현된다. Source(RiC-RA06)는 관계를 식별하고 설명하는 데 사용되는 정보

의 출처이다. 버전 0.2에서는 개체 간의 단순한 연결이, 관련된 기록의 맥락을 충분히 제시할 수 없다는 것을 인정하였으며, 개별 개체들의 관계에 대한 정보를 추가하는 장치를 제안하였다.

〈그림 37〉 RiC-CM v.0.2 관계의 고유속성

식별자	속성명
RiC-RA01	Identifier
RiC-RA02	Description
RiC-RA03(RiC-A01)	Date
RiC-RA05	Certainty
RiC-RA06	Source

*출처: 전예지 · 이혜원, 2020, p. 149.

〈그림 38〉은 RiC-CM v0.2의 관계를 개체별로 정리하였다. 계층 수준을 고려하지 않고 빈도만을 고려하면, Agent가 32개로 가장 많은 관계를 가지고 있으며, 26개의 Thing, 24개의 Record Resources, 23개의 Person 순이다(전예지, 이혜원, 2020, p. 150).

〈그림 38〉 RiC-CM v.0.2 관계별 개체 수

개체	관계 빈도	개체	관계 빈도
Thing	26	Group	8
Record Resource	24	Position	5
Record Set	3	Event	6
Record	6	Activity	3
Record Part	1	Rule	5
Instantiation	22	Mandate	1
Agent	32	Date	6
Person	23	Place	7
합계			178

*출처: 전예지 · 이혜원, 2020, p. 149.

〈그림 39〉는 RiC-CM v. 0.1에서 제시되었던 기록과 관련 기록, 기록생산자 및 소장처 등의 정보가 서로 연결되는 관계를 보여준다. RiC이 제시하고자 하는 개체의 관계들을 잘 제시해주고 있다.

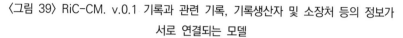

〈그림 39〉 RiC-CM. v.0.1 기록과 관련 기록, 기록생산자 및 소장처 등의 정보가
서로 연결되는 모델

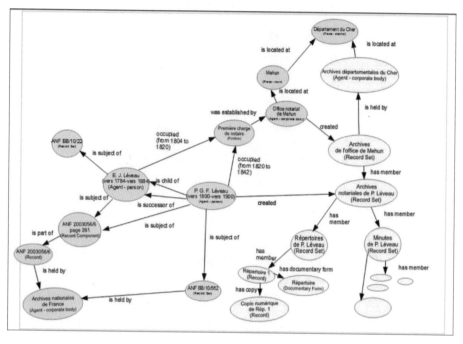

This example shows some information about P.G.F. Léveau, a French public notary in the 19th century including:
- data from the Archives nationales de France (ANF) (in blue); and
- data from a local archival institution, the Archives départementales du Cher (in yellow).

*출처: RiC-CM. v.0.1, 부록.

　이러한 RiC-CM의 요소들은 Ontology 구성 요소로 전환이 가능한데, 이는 〈그림 40〉과 같이 나타낼 수 있다. 또한 이러한 내용은 RiC-O(Ontoloty)에 제시된다. 다음에서 RiC-O에 대해 설명을 한다. 2020년 7월까지 Draft가 나온 상태이다.

〈그림 40〉 RiC-CM 요소와 Ontology 요소

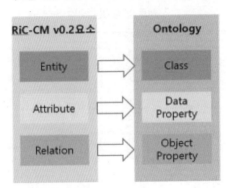

*출처: 전예지, 이혜원, 2020, p. 150.

■ RiC-O (Records in Contexts-Ontology)

RiC-O는 보존기록 자원에 대해 설명하기 위한 OWL 온톨로지로, RiC 표준의 두 번째 파트로서 RiC-CM의 공식적인 재현방법을 제시한다. 모든 종류의 보존기록 자원을 일관된 방식으로 설명하는 RDF 데이터 세트를 생성(또는 기존의 보존 메타데이터에서 생성)하기 위한 일반적인 어휘 및 공식 규칙을 제공한다. RDF 데이터 세트를 링크드 데이터(Linked Data)로 공개하고, SPARQL을 사용하여 질의하고, 온톨로지의 논리를 사용하여 추론 할 수 있도록 한다.

RiC-O는 또한 기록관리기관과 엔지니어가 기록자원과 맥락들을 표현하는 RiC-CM의 다른 기술적인 실행을 설계하고 개발할 수 있도록 도와줄 수 있다. RiC-O는 융통성 있는 프레임워크를 제공해야 하며, 유용하고, 확장되어야 한다는 원칙하에 개발되었다(RiC-O, 2019).

〈그림 41〉은 RiC-O에서 제시된 예를 보여준다. 개체에 대해 Ontology가 제시된 주소, 상위 관계 개체, 정의, 범주 노트, CiC-CM 0.2의 개체와의 매핑, 가질 수 있는 속성에 대한 링크를 제시하고 있다.

〈그림 41〉 RiC-O에서 제시된 Agent의 Ontology 예

Class: rico:Agent

IRI: https://www.ica.org/standards/RiC/ontology#Agent

Direct subclass of: rico:Thing

Label (rdfs:label):

　　Agent

Definition (rdfs:comment)

　　A Person, or Group, or an entity created by a Person or Group (Delegate Agent), or a Position, that acts in the world.

Scope note (skos:scopeNote)

　　An Agent may have one or more identities; an identity is a constellation of properties or relations that together "identify" the Agent. A Person or Group commonly has one identity, though each also may have one or more alternative identities. Such alternative identities may be shared by more than one Person or Group. Alternative identities include but are not limited to pseudonyms, heteronyms, DBA (Doing Business As), and trade identities. An alternative identity should not be confused with a Position in a Group, for example, presidents, prime ministers, governors, popes, royalty, or bishops. Nor should an alternative identity be confused with a variant name or identifier of the same identity. Agent also includes entities created by a Person or Group that act on behalf of the creating Agent in an autonomous or semi-autonomous manner. Examples of such Mechanisms are software agents, robots, and space and underwater probes that generate data (records) in the course of Activity assigned to and in conformance with the instructions given to them by the creating Person or Group.

Mapping to RiC-CM v0.2

　　Corresponds to RiC-E07 (Agent entity)

Instances of this class **may have the following properties** (apart from the properties possibly inherited from the superclasses):

- rico:accumulates
- rico:agentHasWorkRelation
- rico:agentIsConnectedToAgentRelation
- rico:agentIsSourceOfAgentControlRelation

3장_ 검색도구와
기록의 통제

개 요

　기록관리의 목표는 이용자들이 가깝거나 먼 미래의 어느 시점에서 필요할 때에 원하는 기록을 찾아서 잘 이해하고 목적에 맞게 잘 활용하도록 하는 것이다. 그렇게 하도록 하기 위해서 다양한 검색도구가 만들어지게 되는데 앞에서 살펴본 기록물의 기술도 대표적인 검색도구이며, 정리 및 관리 과정에서 만들어지고 활용되는 다양한 목록 등도 주요한 검색도구로 활용될 수 있다. 여기서는 검색도구의 종류와 발전과정을 살펴보고, 각국의 국립보존기록관의 검색도구들의 특징을 살펴본다.

　한편 검색의 효율성 향상을 위해서는 기록에서 사용되는 용어와 비사용 용어들을 연결해주며 관련어들을 제시해주는 일반 시소러스와 기능 시소러스의 역할도 매우 중요하다. 이들이 시스템의 뒷단에서 작동을 한다면 이용자들이 찾는 기록에서 사용되는 용어와 일반적으로 사용되는 용어 사이의 괴리에서 오는 검색의 장벽을 쉽게 뛰어넘을 수 있을 것이다. 이의의 역할과 활용에 대해 알아본다.

　또한 분류 외에 MoReq2010에서 제시된 다양한 집합체에 기록을 할당하는 방법은 검색도구의 효율성을 올리는데 매우 중요하다. 이러한 집합체를 설정할 수 있는 기준이 되는 기록의 다양한 패싯을 설정하는 것은 기관마다 차이가 있을 수밖에 없다. 패싯의 의미와 역할, 각 기관에서 고유의 기록과 이용자의 요구를 반영하여 패싯을 설정하는 방법을 알아본다.

　또한 Web 2.0의 보편화로 이용자 참여가 많은 웹사이트에서 활용되고 있다. 그 중에서도 이용자들이 제시하는 태그(Tag)를 이용하는 또 다른 분류체계인 폭소노미의 의미와 그 활용과 관리에 대해서도 알아본다.

마지막으로 기록분류 기술 관련하여 시스템 기능표준에서 제시된 메타데이터와 분류 및 기록관리 기준 관리에 대해 시스템에서 어떤 요건들을 제공하고 활용할 수 있는 지에 대해 아는 것도 중요하다. 이들을 확인해보며, 또한 접근권한 및 감사증적 관리가 메타데이터를 통해 설정되고 관리되므로 이에 대해서도 알아보는 것이 필요하다. 이에 대해 시스템 기능 요건들을 확인해본다.

■ 검색도구의 개념과 유형 및 활용 예들에 대해 알아본다.

■ 일반 시소러스와 기능 시소러스의 개념과 역할 등에 대해 살펴본다.

■ 기록의 다양한 패싯을 설정하는 의의와 방법을 알아보며, 이용자들이 제시하는 태그(Tag)를 이용하는 폭소노미의 활용과 관리에 대해서도 알아본다.

■ 기록분류 기술 관련하여 시스템 기능표준에서 제시된 메타데이터 생성 및 관리와 분류 체계 관련 기능요건들도 확인해본다. 또한 기록관리 기준 관리의 요건도 같이 알아본다.

■ 기록관리 시스템의 접근을 통제할 수 있는 기능 요건과 기록관리 업무 수행 이력을 감사증적으로 남길 수 있도록 하는 요건을 확인해본다.

1. 검색도구의 개념과 종류

▣ 검색도구의 개념

검색도구(finding aid)는 소장 기록을 검색할 수 있도록 해주는 도구로서 이용자가 원하는 기록을 찾아내고 기록을 잘 이해할 수 있도록 지원한다. 한편, 기록관은 검색도구를 이용하여 기록을 물리적 · 지적으로 통제할 수 있다. 대표적인 검색도구로는 가이드, 소장 목록, 캘린더, 리스트, 색인, 인벤토리, 등록부(register) 등이 있다(기록학용어사전, 2008).

기록은 본질적으로 활동의 결과이자 증거이기 때문에 기록의 이해를 도우려면 검색도구는 기록이 가진 이러한 속성을 반영해야 한다. 기록 검색도구에는 기록을 직접 보지 않아도 기록의 내용을 짐작할 수 있는 정보가 담겨야 함은 물론 기록 특유의 계층 구조와 기록이 생산된 맥락에 관한 정보가 담겨야 한다. 다시 말해 그 기록을 "누가, 어떤 일과 관련하여, 어떤 순서로 만들었는지"까지 이해할 수 있도록 해야 한다. 이에 따라 기술(Descriptioin)은 검색도구를 생산하는 과정 혹은 그 결과물을 의미한다. 아키비스트는 출처 및 원질서 원칙에 따라 계층적이고 집합적으로 기술하게 되며, 이러한 작업의 결과물이 곧 검색도구가 된다. 그러나 검색도구는 기록을 찾을 수 있도록 도와주는 도구 전체를 의미한다. 따라서 기술을 계층적 구조를 갖는 검색도구로 볼 경우, 기술은 검색도구의 한 유형이라고 볼 수 있다(설문원, 2010b, p. 8).

이러한 검색도구는 처음에는 종이를 기반으로 하였고, 계층적 기술을 하였으나 다면적인 확인이 어려웠을 뿐 더러, 검색의 효율성이 매우 낮았다. 컴퓨터와 인터넷이 등장하고 이들이 결합하여 기록관에서 온라인 검색도구를 제공하게 되면서 기존의 종이기반 검색도구에서 가지고 있던 많은 문제들이 해결되었다. 즉, 계층성을 이해하기 어려운 이용자들도 쉽게 이용할 수 있도록 하는 주제 기반 검색 등 다양한 기능들이 도입되었다. 원격으로 접속할 수 있으며 일부는 원문까지도 확인할 수 있는 '온라인 서비스'가 가능해지면서 기록관의 장벽은 낮아지게 되었고, 많은 이용자들이 기록관과의 물리적인 거리와 상관없이 컴퓨터나 모바일을 통해 기록관을 이용할 수 있게 되었다(이윤령, 이해영, 2014).

　좋은 검색서비스를 위해서는 기록의 특성에 맞는 검색도구를 제공해야 한다. 보존기록관(archives)에서의 검색이 대체로 어렵고 효율성이 낮은 것은 기록이라는 개체가 매우 다양한 형식과 복잡한 구조를 가지고 있기 때문이다. 출처별로 묶인 기록물 집합체 안에는 매우 다양한 내용과 유형의 기록이 혼재되어 있어서 계층적 정리기술만으로는 주제별 접근에 어려움이 있다. 또한 등록부나 케이스 파일과 같이 기록물 건이나 철목록 외에 인명이나 지명, 사번, 군번 등과 같은 접근점(access point)을 제공하는 특수 검색도구가 필요한 기록도 많다. 이렇게 복잡한 구조와 형식, 방대한 기록의 규모 때문에 도서관에서와 같은 키워드 검색으로 원하는 기록을 찾기는 극히 어렵다. 기록 검색도구를 설계할 때 특히 중요한 것은 기록이 이용자에게 '발견될 수 있도록(findable)' 하는 것이다. '아는 기록(known item)'을 찾거나 기록 제목을 알고 검색하는 이용자는 드물다. 생산되는 기록의 양이 워낙 많고, 생산자도 자신이 생산한 기록의 제목을 정확하게 기억하기 어려울 뿐만 아니라, 책이나 논문기사 등과 달리 기록의 내용을 지시하거나 함축하는 제목을 가진 경우가 많지 않기 때문이다. 아예 제목이 없어서 기록관리자가 제목을 부여하는 경우도 있다. 탐색(search)이라는 단어가 "사용자가 어떤 의도를 가지고 행하는 능동적인 행위"를 말한다면 발견(find)은 "의도를 가지고 찾았다기보다는 우연히 눈에 띄었거나 어떤 것이 스스로 나를 찾아왔다는 의미"를 내포한다(Morbille, 2006, 설문원, 2015 재인용). 즉, 검색도구는 기록이 잘 발견되도록 설계되는 것이 중요하다.

■ 검색도구의 종류

다양한 형태의 검색도구는 지적통제라는 본질적인 기능 이외에, 기록물에 대한 물리적, 행정적인 통제를 가능하도록 만들어준다. 기록관 내 · 외부의 기술도구들은 특정 기록물을 깊이 있게, 또는 전체 컬렉션이나 기록군들을 간결하게 요약해준다. 이러한 보존소의 기술도구들은 서로 조화를 이루고, 통합 시스템 내에서 불필요하게 중복되거나 비슷한 것이 나타나지 않도록 서로 보완해주는 형태를 갖추어야 한다. 검색도구는 한 기록관 내에서 사용되는 이관기록 리스트, 인벤토리/등록부, 색인/목록 등이 포함된 내부검색도구와 기록관별 가이드나 주제별 가이드, 국가차원의 종합목록 등 출판을 통해 외부에서도 접근 가능한 외부 검색도구로 구분할 수 있다(Miller, 1990/2002, p. 139).

가이드(guide)는 하나 혹은 다수의 보존 기록관이 소장한 기록의 일부나 전부를 총괄적으로 기술한 검색도구로서, 대체로 기록군이나 기록계열 정도의 계층으로 분류 · 기술된다. 특정한 주제나 시기, 지역별로 가이드를 발간하는 경우도 있다. 일반적으로 소장 기관에 대해서 주소, 전화번호, 전자 메일 주소, 운영 시간, 웹 사이트 주소 등 기본 연락처 정보는 물론, 소장 기록 영역에 대한 설명과 접근 조건 등을 제시한다. 컬렉션을 개괄적으로 보기 위해 요약가이드를 생산하기도 하는데, 수집 정책, 전체 컬렉션의 이력, 소장품의 범위, 기관에서 생산된 보유목록과 시리즈의 제목과 날짜 범위, 기록과 검색도구를 사용하는 방법을 제시하고, 컬렉션의 전체 지도를 제공한다(Darnell 2008, pp. 384-385).

최근 주목을 받고 있는 검색가이드(research guide)는 특정 주제에 대한 기록이나 다양한 검색도구와 관련 정보자원을 모으고 각각의 의미와 특징, 이용방법 등을 제공하는 도구로, 이용자가 기록을 쉽게 '발견'하고, 기록의 의미와 맥락을 이해할 수 있도록 지원하는 역할을 한다(설문원, 2015). 특정 주제에 대하여 다양한 정보자원을 연계하여 제공한다는 점에서 도서관의 주제가이드와 유사한 역할을 한다고 볼 수 있다. 이러한 검색가이드의 뿌리는 가이드(guide)이나, 새로운 환경에서 가이드는 '온라인 가이드로 재설계되었고, 기록을 안내하는 중요한 도구로, 다양한 검색도구와 기록물을 연계하는 기능이 강화되었다(설문원, 2015). 검색가이드 역할을 정리하면, 첫째, 기록물관리기관 내외의 다양한 정보원을 주제별로 모아줌으로써 특정 기록에 대한 '의도적 검색' 없이도 기록을 발견할 수 있도록 한다. 둘째, 검색도구에 대한 검색도구, 즉 메타 검색도구로서의 역할을 수행한다. 특정 주제와 관련된 기록검색도구와 이용법을 설명하고 해당 검색도구와 연계해 준다. 셋째, 주제와 관련된 특정 기록유형이 어떤 역사적 배경 속에서 만들어진 것인지, 기록에 포함된 정보의 의미는 무엇인지 등 생산 배경을 설명하고, 배경과 기록과의 관계를 설명함으로써 기록의 의미를 이해할 수 있도록 한다(설문원, 2015, p. 60).

인벤토리(inventory)는 정리와 기술의 결과 목록으로, 각 기관이나 인물에 의해 생성되었거나 혹은 특정한 기능이나 활동의 결과로 생성된 기록 시리즈의 목록, 또는 각 시리즈에 속한 아이템의 목록 형식을 띈다. 인벤토리는 개체들에 대한 기본 정보(이름/제목/생산시기/통제번호/간단한 기술)를 포함하며, 종이기록 기반의 시스템에서는 인벤토리 안의 개체를 이용해 다른 관련 기술이나 인벤토리로 연결하여 이용자에게 아이템을 찾는 것을 안내해 주며, 전자시스템은 하이퍼링크를 사용하여 정보를 제공한다. 자동화된 컬렉션 매니지먼트 시스템에서는 인벤토리의 생산이 자동적으로 이루어지게 된다. 인벤토리를 출판하게 되면, 이는 보통 서문이나 초록, 생산자 이력이나 생산 기관의 연혁, 생산시기, 분량, 내용, 매체, 배열, 기록 시리즈별 기술, 각 기록 시리즈에 속한 기록철 리스트, 색인으로 구성된다. 그러나 인벤토리는 기록관리 기관마다 형식이 다양하며, 검색도구라기보다 책자 형태 검색도구에 적합한 형식을 지니고 있다. 인벤토리는 보유기록조사나 보유 기록 조사 목록의 의미로도 사용된다(Darnell, 2008, pp. 386-388).

등록부(register)는 기록생산자에 의해 준비된 관리통제 기록으로, 기록에 대한 간략한 서지 정보가 일람표 형태로 기재된다. 서양에서 등록부는 등록실(소)을 통해 오고가는 모든 공문서의 배포 및 이관 단계를 통제하기 위한 것이었으며, 등록부에는 보통 문서번호, 작성일자, 접수일자, 전송자명 및 직함, 전송자 코드, 문서의 성격, 첨부물 및 첨부물 형태에 관한 사항, 다시 부여한 분류번호, 담당 부서 등이 포함된다. 이는 그 자체가 보존 기록이며 검색도구가 된다(Darnell, 2008, p. 390). 우리나라 기록물관리법에서는 기록건이나 기록철에 대한 목록을 '기록물 등록대장' '기록물철 등록부'로 칭한다.

캘린더(calendar, 일지형 목록)는 하나의 기록군이나 컬렉션에 속한 기록건을 연대순으로 수록한 검색도구로, 기록군에 속한 기록건을 선별적으로 수록하게 된다. 기술 요소는 대개 작성자, 수신자, 날짜, 장소, 내용요약, 문서유형, 쪽수 등이다 (기록학 용어 사전, 2008, p. 183).

색인(index)은 소장 기록에 포함되어 있는 정보를 검색할 수 있도록 추출한 용어 리스트를 뜻한다. 색인의 유형은 통제 색인과 자연어 색인으로 나눌 수 있다. 통제 색인은 텍스트에 나타난 개념을 통제된 어휘로 변환하여 색인어를 부여하는 방식이고, 자연어 색인은 텍스트에 표현된 용어를 그대로 색인어로 추출하는 방식이다. 색인은 기계가 자동으로 추출하는 방식과 전문가가 부여하는 방식으로 나눌 수 있다. 색인 항목은 기록 생산자의 이름, 컬렉션의 제목, 시리즈와 아이템에 대한 기술, 관리 이력 정보 등에서 추출되며, 주제 기술어가 포함되기도 한다. 대개 알파벳순으로 정리되는 것은 물론, 컬렉션의 맥락에서 볼 수 있도록 관련 아이템으로 연결이 가능하게 만든다. 색인 편집 규정들도 다양하게 있는데, 이는 알파벳 자순 배열 또는 어순 배열, 약어나 기호의 처리 방법, 날짜 및 숫자 처리순서, 인명이나 기관명, 상호참조의 구조와 종류 등에 대한 규정을 포함한다. 특별 컬렉션에 대해서는 그와 관련된 특별 색인을 제작하기도 하는데, 예를 들면 사망자 이름 색인, 식민지 명칭 등등이 포함될 수 있다. 또 5~10년 단위의 연대표 색인도 연구에 유용한 도구가 될 수 있다(Darnell, 2008, pp. 391-393).

한편 검색도구는 수직 모형과 수평 모형으로 구분할 수도 있는데, 수직 모형은 컬렉션 계층에서부터 건 계층까지 하나의 컬렉션을 계층별로 기술하는데, 맥락을 중시하는 '출처' 기반 접근법이며 대표적인 사례는 인벤토리(inventory)이다. 수평 모형은 주제의 적절성(pertinence)을 중시하는 '주제' 기반 접근법으로, 특정 주제 기록을 위한 가이드, 주제 색인이나 이름 색인, 목록 등이 포함되는데, 출처를 넘나들며 동일한 주제를 가진 기록들을 모아서 제시하는 역할을 한다. 수평형 검색도구는 자동색인 등의 기법을 이용하여 다양한 접근점을 제공하는 방향으로 발전하고 있는 반면, 수직형 검색도구는 전자화 되면서 다양한 모형으로 구현되고 있으며, 하이퍼링크를 이용하여 입체적인 모형으로 발전해 나가고 있다(설문원, 2010b, p. 11).

2. 검색도구의 발전과정과 개발

■ 검색도구의 발전과정

기록을 계층별로 기술한 수직형 검색도구의 진화 과정을 3단계로 구분해 보면, 제1기는 전통적 검색도구를 그대로 전자화한 단계로 출처와 원질서 존중의 원칙에 충실하고 "나무보다 숲을 먼저 보여주는" 집합적 기술을 강조한다. 제2기는 기록과 생산자를 분리하여 기술하는 단계로, 기존의 검색도구에서는 생산자 연혁에 대한 내용이 더 많은 부분을 차지하였다. 그러나 이러한 기술방식은 출처가 복합적인(multi-provenance) 기록군을 기술하는 데 있어서 문제점을 드러냈고, 생산자 기술의 재활용 측면에서도 어려움을 야기하였다. 이를 해결하기 위해 기록 자체에 대한 기술(내용, 구조)과 생산자에 대한 기술(맥락)을 분리하는 방식이 등장하게 된다. 즉, 전거레코드를 만들어 생산자를 체계적이고 상세하게 기술하는 것이다. 제3기는 기능 엔티티를 별도로 기술하는 단계이다. 생산자를 위한 전거레코드에서 특히 기능 부분을 분리하여 기술한 후 이를 기록 기술 레코드 및 전거레코드와 링크하는 방식이다. 기능 출처주의(functional provenance) 개념이 대두되면서 기록을 산출한 업무나 기능을 강조하는 경향은 분류체계는 물론 검색도구에도 영향을 미쳤다. 조직 기반의 분류체계를 기능 기반으로 전환하는 계기가 되었지만, 과거 기록물이나 생산자 기술요소의 하나로 기입되던 '기능'을 별도 엔티티로 분리하여 기술하는 사례가 생겨났다. 이러한 경향은 보존 기록 검색도구 영역에서는 호주 뉴사우스 웨일즈 주립기록관에서 찾아볼 수 있다(설문원, 2010b, pp. 12-14).

수직형 검색도구는 이용자 입장에서 몇 가지 문제점이 있다. 첫째, 사용이 어렵다는 점으로, 현재의 수직형 검색도구는 아키비스트 중심으로 이루어져 있어 많은 이용자들에게 수직형 검색도구는 이해하기 어렵고 복잡한 구조를 가지고 있다. 둘째, 공급자 중심이라는 점으로, 아키비스트는 출처와 맥락을 중시하여 이를 통한 검색을 강조하지만, 기술의 우선순위가 이용자의 요구와 다를 수가 있다. 셋째, 검색 대상이 협소하다는 점으로, 많은 기록 검색도구들이 '특정 기관의 소장 기록'에 국한하여 검색서비스를 제공하고 있다. 넷째, 구체성이 부족하다는 점으로, 디지털 원문 제공과 함께 건(item)기술의 중요도가 증가하고 있으나, 건이나 철과 같은 하위계층을 기술하는 데에는 많은 비용이 소요되어 대체로 건 계층까지 기술해주지 못하고 있는 실정이다(설문원, 2010b, pp. 20-21).

이에 따라 새로운 흐름이 나타나고 있는데, 이를 유형화하면, 복합화, 통합화, 개방화로 정리할 수 있다. 첫째, 복합화는 연구자뿐 아니라 일반 대중 및 특정 이용자층을 고려한, 기록생산·검색·활용 등의 기능이 결합된 대중성 있는 검색도구가 출현(영국 TNA의 Research Guides A-Z, 국가기록원의 분야별 주제 검색 등)한 것으로부터 비롯된다. 둘째, 통합화는 특정 매체나 주제별로 여러 기관 소장 기록의 통합검색을 제공하며, 도서관, 기록관, 박물관, 미술관 등 문화유산기관 간 통합검색을 제공하는 것에서 찾아볼 수 있다(EU의 Europeana 등). 셋째, 개방화는 웹2.0 환경에서 이용자가 주제해설, 메타데이터 생산, 오류 수정 등 다양한 방식으로 검색도구 개발에 참여하는 것이다(설문원, 2010b, p. 22).

■ 검색도구의 개발 방향

검색도구는 기록관리시스템의 설계와 프로세스 설계 모든 단계에서 고려되어야 하며, 검색 기능이 통합된 접근 방식을 제공해야 한다. 검색도구가 더 좋아지려면 이용자의 자율성을 더 많이 허용해야 하며, 이제는 웹을 사용하여 제작되는 방향으로 계획되어야 한다. 이는 추후에 덧붙이는 방식으로 시행되어서는 안 되며, 주요 사용자 그룹의 흥미와 특성을 고려하여 설계되어야 한다. 또한 초보 사용자를 끌어들일 수 있도록 포괄적인 검색도구가 설계되는 것 역시 필요하다. 검색도구 설계에 있어서는, 직원의 수와 역량, 이용 가능한 재정 자원, 검색도구 제작을 위해 사용할 수 있는 시간, 생산 비용, IT 인프라, 비용 대비 혜택, 장래 직원의 시간 절감 등이 중요하게 고려되어야 한다.

또한 프라이버시나 비밀에 관련된 경우에는 공개 검색도구에 정보를 포함할 수 없는 경우가 발생할 수도 있음은 물론 문화적 민감성 또한 고려되어야 한다. 또 공공 접근이 가능하지 않다면 검색도구에 포함하지 않는 것이 좋으나, 그렇다고 해도 해당 시리즈에 대한 기술은 포함되어야 할 것이다. 기관 안에서 정리와 기술 단계부터의 표준화는 당연히 반영되어야 할 것이며, 데이터 요소와 용어를 표준화하는 것 역시 유용하다. 검색도구의 생산은 기록관리 절차의 모든 단계에 있어서 고려되어야 한다(Darnell, 2008, pp. 396-399).

3. 보존기록관리기관의 검색도구 특징

■ 호주 NAA(National Archives of Australia)의 검색도구

호주 NAA의 CRS(Commonwealth Record Series) 시스템은 시리즈를 중심으로 하여 동적 기술(dynamic description)에 기반을 둔 기술체계를 사용하여 왔다. 이는

기록에 대한 기술과 생산주체에 대한 기술을 구분하여 관리하는 방식으로, 조직
및 기능의 빈번한 변경과 기록의 생산 조직이 복수인 다 출처(multiple-provenance)
문제에 유연하게 대처하기 위한 방안이었다. 이 시스템은 생산자와 기록물에 대
한 기술이 별도로 작성되어 서로 연결이 되는 구조로, 생산자 정보에서는 상위조
직, 실무조직, 개인을 통제의 기본단위 구조로 하고, 기록 정보에서는 시리즈, 아
이템(건)을 통제의 기본단위로 하는 시리즈 기반 시스템이다. CRS는 기록의 생산
및 관리주체(agency), 기록을 산출해낸 기능과 업무, 그리고 이에 대한 포괄적인
맥락을 메타데이터로 관리하는 구조를 갖추고 있다(〈그림 42〉 참조)(설문원, 2010b,
16).

〈그림 42〉 호주 NAA의 CRS 시스템 구조

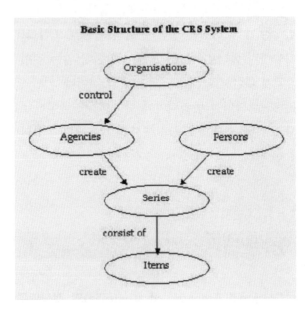

*출처: The CRS Manual, 2004.

CRS 시스템의 생산자 중 실무조직(agency)은 CRS 시스템에서 출처에 관한 다양한 정보를 제공하고, 기록물과의 맥락을 가장 포괄적으로 제공하는 기본 단위로, 이를 기반으로 여러 기술요소들이 연결되어 있다. 실무조직(agency) 외에 주요 생산자인 조직(organization)은 실무조직과 연계되고, 개인(person)은 관련 있는 실무조직(agency)과 연계되어 기술된다. 이러한 호주의 시리즈 중심의 접근법이 생산시점에서 기록물을 시리즈 단위로 파악하여 별도로 기술되는 생산자와 연결되는 분리형이라면, 미국에서 사용하는 기록군(record group)은 그 안에 생산자(출처정보)를 포함하고 있는 혼합형이라고 할 수 있다(설문원, 2010b, p. 16). 호주 NAA의 웹 검색도구는 실제 이용자들이 이러한 시리즈 중심 접근으로 기록을 검색하도록 하고 있다(〈그림 43〉 참조).[1]

〈그림 43〉 호주 NAA의 웹 검색도구 - CRS System

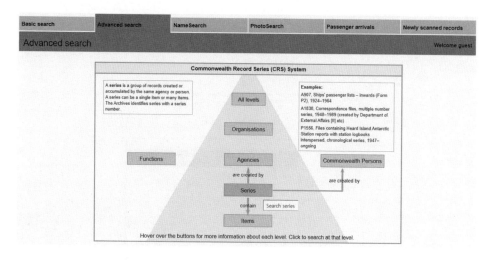

1) National Archives of Australia.
RecordSearch. https://recordsearch.naa.gov.au/SearchNRetrieve/Interface/SearchScreens/BasicSearch.aspx

호주 NAA의 웹 검색도구에서는 고급검색(Advanced search)은 CRS 시스템으로 연결되고, 이름 검색을 할 수 있는 메뉴와 연도별 검색 기능이 있는 사진검색 메뉴, 도착 승객 메뉴 및 새로 스캔된 기록 메뉴가 있다. 시리즈 검색 화면에서는 다양한 옵션이 주어지는데, 키워드 및 시리즈 번호, 년도 범주, 물리적 포맷, 기록 소장 장소, 조직이나 인물 번호 등에 의한 검색이 가능하다. 물리적 포맷에는 종이 파일과 문서, 색인카드, 제본 볼륨, 지도와 차트 등 지도제작 관련 기록, 사진, 마이크로폼, 시청각기록물, 음향기록, 전자기록, 3차원기록, 과학표본, 직물 등의 종류가 제시되어 있다.

〈그림 44〉 호주 NAA의 웹 검색도구 - 고급검색: 시리즈

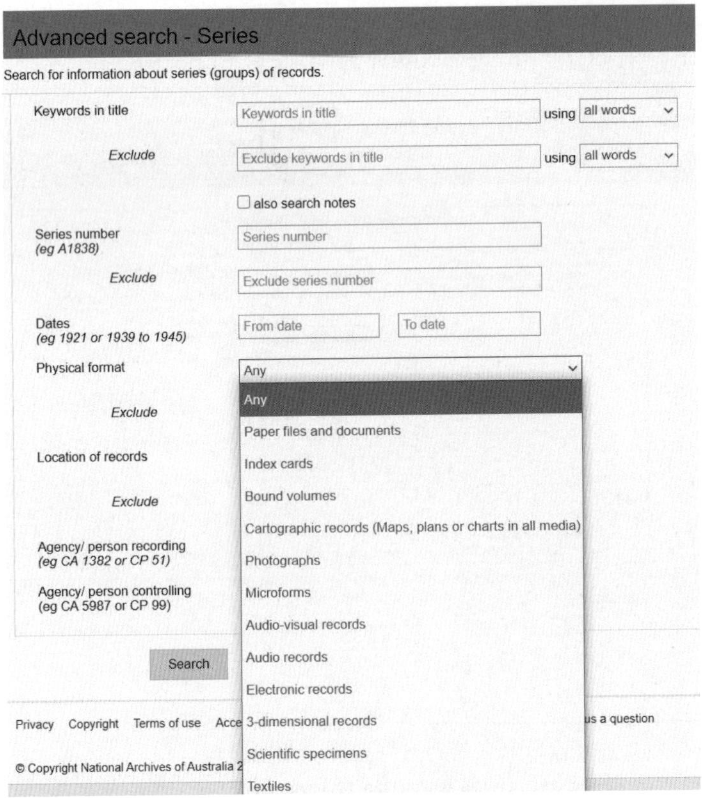

■ 미국 NARA(National Archives and Records Administration)의 검색도구

NARA는 대통령과 그 참모, 의회, 연방 정부 기관의 직원, 연방 법원이 공무 수행 중에 작성하거나 접수한 역사적인 미국 정부 문서(연방, 의회, 대통령 기록)를 소장하고 있다. 미국 NARA의 보존 기록 검색도구인 National Archives Catalog는 워싱턴 DC 지역과 지방 기록관리기관 및 대통령 기록관의 전국적인 지역 시설; 그리고 대통령 도서관의 전국적인 소장 기록에 대한 기술을 포함하고 있다. Catalog는 계속 작업이 진행 중이며, 현재 시리즈 수준에서 기술되며, 전체 기록의 95%에 대한 기술을 포함하고 있다. 기술에서는 기록의 크기, 위치 등 기록에 대한 기본 정보를 찾을 수 있으며, 다수의 디지털 파일이 포함되어 있다.

NARA의 검색도구였던 The Archival Research Catalog(ARC)는 2013년 Online Public Access(OPA) prototype으로 대체되었다가, 현재는 National Archives Catalog라는 버전으로 대체되어 사용 중이다.[2] 웹의 고급검색(Advanced Search) 기능에는 매우 다양한 검색옵션이 제공되는데, 먼저 검색을 기록기술, 온라인 보존기록자료, 전거레코드, 웹페이지로 한정할 수 있다. 실제 검색 화면에서는 검색어 입력, 기록그룹이나 컬렉션 ID 혹은 개인이나 조직명, Tag로 검색이 가능하며, 날짜 범주로 한정할 수도 있다(〈그림 45〉 참조).

기록의 종류는 설계 및 공학도면, 실물, 데이터파일, 지도와 차트, 동영상, 사진 및 그래픽자료, 음향기록, 문자기록 및 웹페이지 등이 있고, 기술계층은 기록 그룹, 컬렉션, 시리즈, 파일, 아이템으로 나누어져 있다. 파일포맷은 MP4, AVI, GIF, JPG, MS 엑셀, 워드, 파워포인트, PDF 등 17가지가 선택 가능하다. 기록의 소장처로 대통령기록관들과 여러 도시에 있는 국가기록보존소에서 선택이 가능하며, 그 외에 제목, 지역, 생산자, 기술 ID 등으로 검색도 가능하다.

---

2) National Archives Catalog. https://www.archives.gov/research/catalog

〈그림 45〉 미국 NARA의 웹 검색도구 - 고급 검색

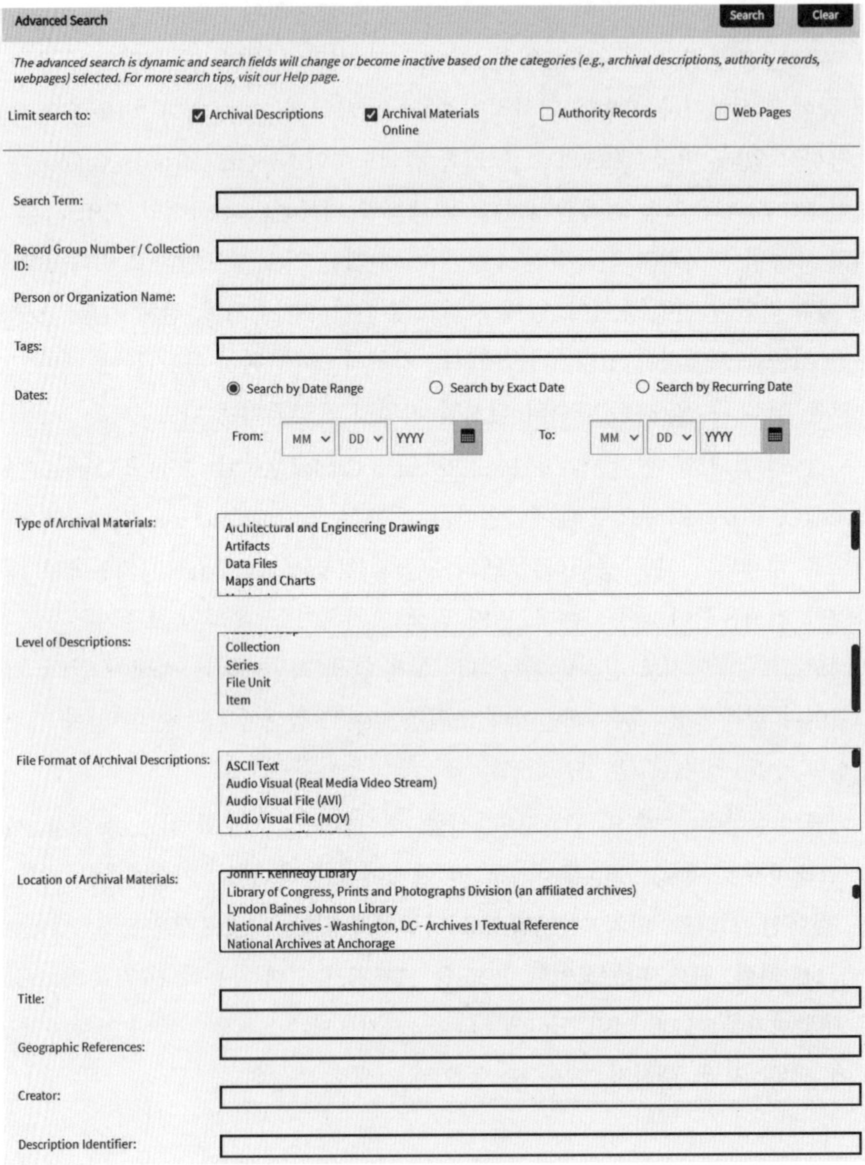

■ 영국 TNA(The National Archives)의 검색도구

TNA의 기록 계층은 미국의 NARA와 비슷한 구조로, 부처(department), 부서 (division), 시리즈(series), 서브시리즈(subseries), 서브서브시리즈(subsubseries), 피스 (piece), 건(item)으로 구성된다. 부처(department)는 기록의 생산부처, 단체 기록에 대한 정보로 필수 기술계층이다. 부서(division)는 부처 하부 조직에 대한 것으로 선택 기술 가능하다. 시리즈는 기능 또는 주제별로 기록을 나누는 단위로 필수계 층이다. 그 아래 서브시리즈나 서브서브시리즈가 선택적으로 사용될 수 있다. 피스 (piece)는 기록철이나 권(volume), 또는 보고서 단위에 따라 기록을 나누는 단위이다. 또한 가장 하위 계층은 건(item)으로 선택 기술 가능하다(설문원, 2010a, p. 165).

영국 TNA 웹 사이트는 2013년에 홈페이지를 개정한 뒤 2017년 8월 이용자들로 부터의 피드백을 받아 베타버전이 공개되었고, 이를 체험한 이용자들에게 실시한 설문을 바탕으로 2017년, 새로운 화면의 홈페이지가 완성되었다(백진이·이해영, 2018).[3] Discovery는 목록(catalog)을 탐색하는 검색도구로, 고급검색(Advanced search)은 기록과 기록 생산자에 대해 따로 이뤄지도록 구성되었다. 기록에 대한 검색 옵션으로는 모든 입력 단어를 포함하는 검색, 특정 단어나 구절 검색, 어떤 용어든 포함하는 검색 등으로 입력을 할 수 있으며, 제외 용어도 설정할 수 있고, 참고자료 안에서 검색을 할 수도 있다. 날짜 검색은 1000년 전이 하나의 옵션이고, 그 이후는 100년 단위의 기간을 선택할 수 있으며, 1900년대는 25년 단위와 50년 단위로 나눠 검색을 하도록 되어있다(1900 - 1924; 1925 - 1949; 1950+). TNA와 다 른 기록관의 소장 자료를 같이 혹은 따로 선택하여 검색할 수 있도록 하였다. NARA에 비해 검색 옵션은 매우 적다(〈그림 46〉 참조). 기록생산자 검색도 용어 검 색 옵션과 날짜 검색 옵션은 같으며, 다만 생산자 유형을 업무(Business), 일기, 가 족, 영지(Manor), 조직, 개인 등으로 나누고 있다(〈그림 47〉 참조).

---

3) The National Archives. Discovery. http://discovery.nationalarchives.gov.uk/

〈그림 46〉 영국 TNA의 웹 검색도구 - 고급 검색: 기록

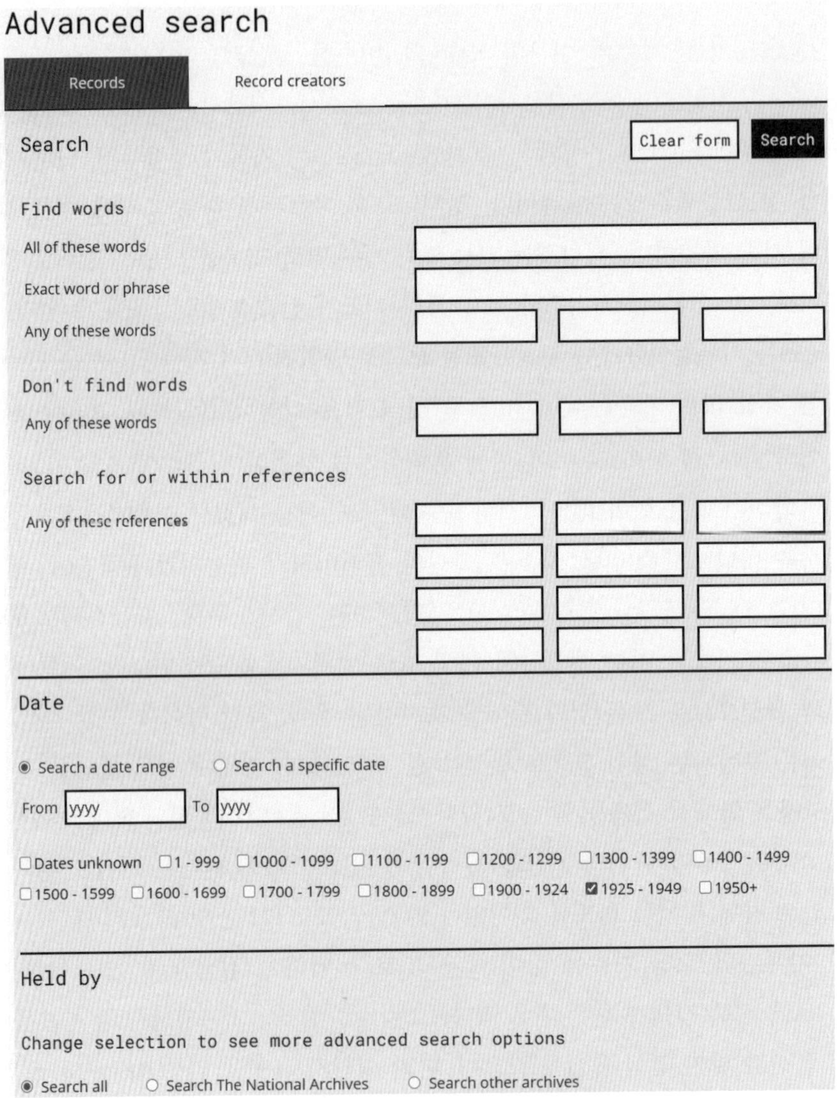

〈그림 47〉 영국 TNA의 웹 검색도구 - 고급 검색: 기록생산자

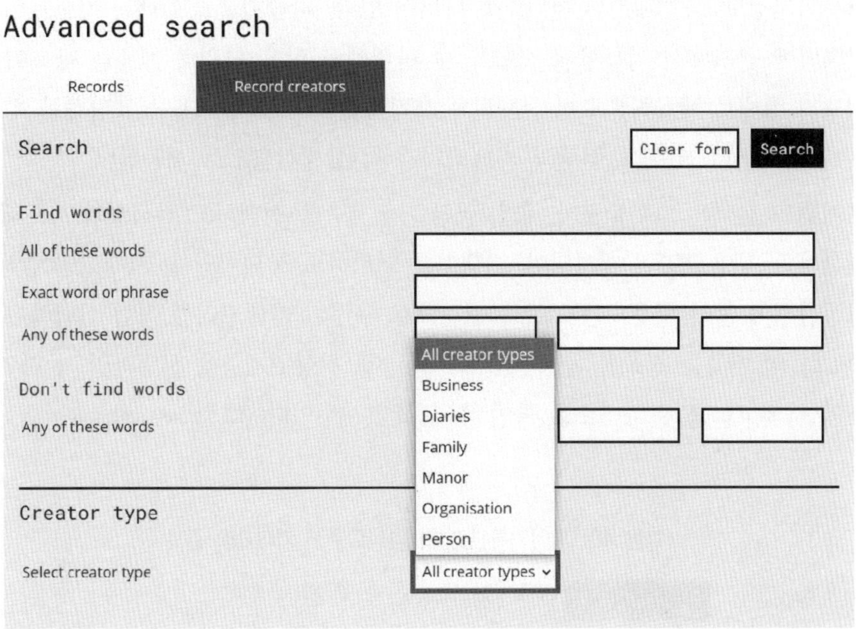

■ 국가기록원의 검색도구

국가기록원은 출처주의나 집합적 기술의 개념 없이, 기록의 소재를 안내하는 수단으로서 기록철, 기록건의 목록을 만들어 오다가 2006년부터 집합적 기술을 시도하였고, 2007년 계층체계를 정비하면서 본격적인 기술을 실시하였다. 기록군-기록 하위군-기록 계열-기록 하위 계열-기록철-기록건의 계층 구조를 채택하였으며, 기록군, 기록 계열, 기록철, 기록건을 필수 계층으로 설정하였다. ISAD(G)를 토대로 영구기록물 기술규칙을 만들고 이 규칙에 따라 집합적 기술을 작성하고 있다.

국가기록원의 웹사이트에서 기록물검색 메뉴는 기록정보서비스의 하위 메뉴로 구성되며, 여기엔 기록정보콘텐츠와 전시콘텐츠 및 이용안내가 포함되어있다.4)

기록물검색은 기술계층별 검색과 국정분야주제별검색 및 정부수립이전기관, 생산기관변천정보, 공개재분류 서비스로 나뉘어 있다. 기술계층별 검색은 기록물의 생산맥락에 근거해서 기록물의 집합을 큰 단위에서 작은 단위로 계층을 나누어 디렉토리 형태로 제공함으로써 전제적으로 기록물의 구조와 내용을 조망해볼 수 있는 검색도구로, 키워드 검색과 카테고리검색, 상세검색으로 제공된다.

키워드 검색은 기록물군과 계열, 철의 기술계층을 선택하고 검색항목으로 제목, 생산기관, 내용요약이 제시되며, 검색어를 입력하도록 되어있다. 카테고리 검색은 기록검색에 많이 활용되는 그룹을 기준으로 구성된 카테고리를 직접 선택하여 해당 그룹의 기록물 정보를 볼 수 있도록 했는데, 최상위계층을 선택하면 각 하위계층의 카테고리를 순차적으로 확인 후 검색할 수 있다(〈그림 48〉 참조).

〈그림 48〉 국가기록원의 웹 검색도구 - 카테고리 검색

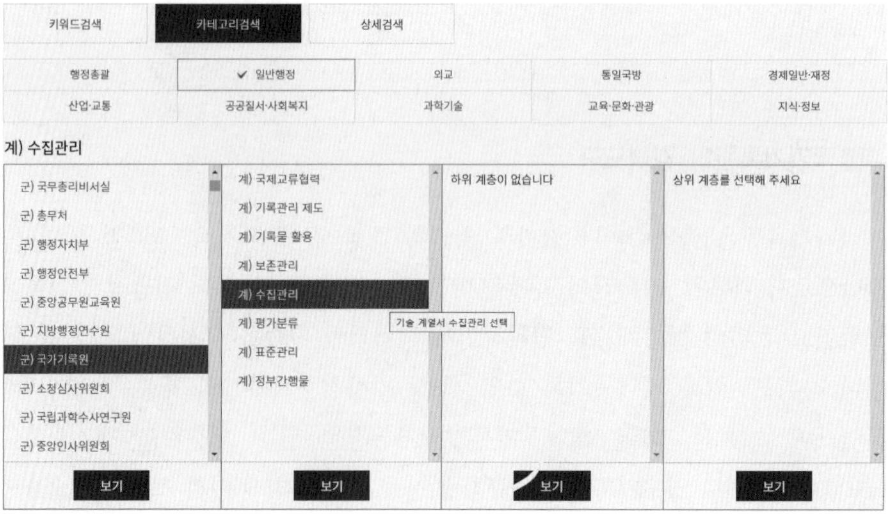

---

4) 국가기록원. 기록물 검색.
   http://www.archives.go.kr/next/search/viewDescClassMain.do

상세검색은 기술계층, 키워드, 생산기관, 관리번호, 생산연도, 기록물구분, 기록물형태, 공개구분 및 원문서비스로 제공 등의 검색 옵션 선택이 가능하다. 특히 기록물구분은 〈그림 49〉에 제시된 것과 같이 일반기록물, 역사기록, 총독부기록, 해외기록, 민간기록, 시청각기록, 정부간행물, 행정박물 등에서 선택이 가능하다. 한편 기록물 형태는 〈그림 50〉에 제시된 바와 같이 관인류, 견본류, 선물류, 상장류, 기념류, 상훈장류, 사물집기류, 기타, 일반문서류, 도면류, 사진.필름류, 녹음.동영상류, 카드류, 대장류, 국무회의록, 지도, 대통령전자문서, 정부간행물, 일반도서, 총독부간행물, 간행물 중에서 선택이 가능하다.

〈그림 49〉 국가기록원의 웹 검색도구 – 상세검색: 기록물구분

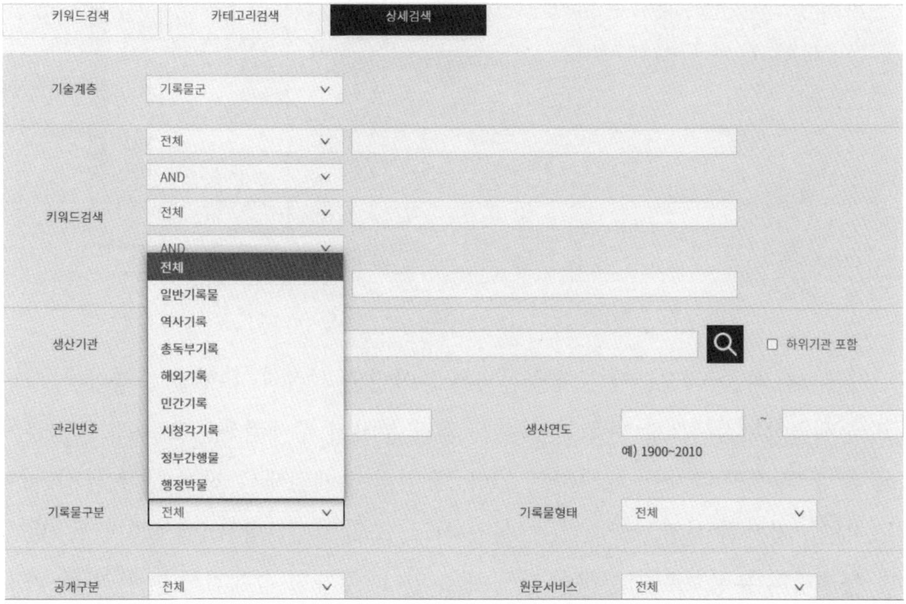

한편 기록물 형태는 〈그림 50〉에 제시된 바와 같이 관인류, 견본류, 선물류, 상장류, 기념류, 상훈장류, 사물집기류, 기타, 일반문서류, 도면류, 사진 · 필름류, 녹

음.동영상류, 카드류, 대장류, 국무회의록, 지도, 대통령전자문서, 정부간행물, 일반도서, 총독부간행물, 간행물 중에서 선택이 가능하다.

〈그림 50〉 국가기록원의 웹 검색도구 – 상세검색: 기록물형태

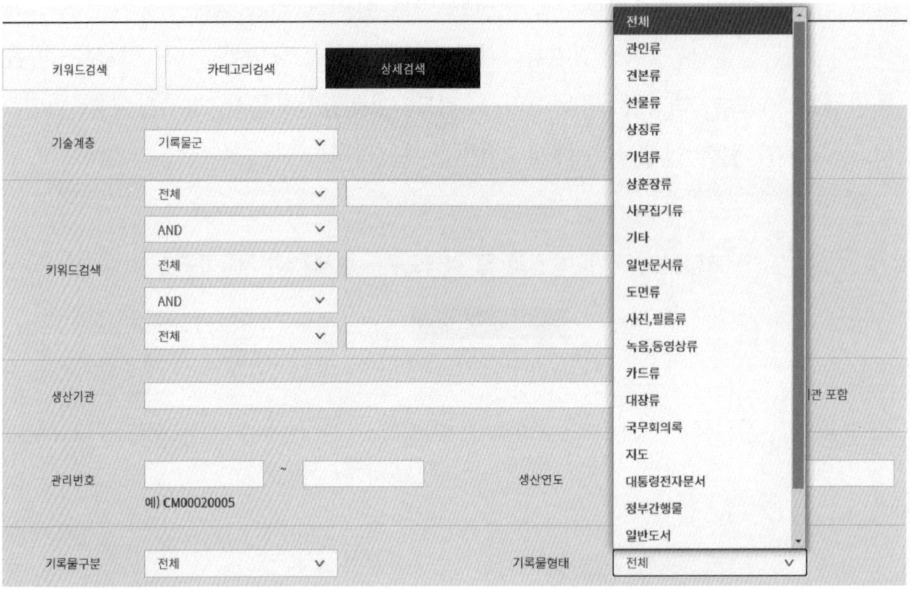

기록물검색 중 국정분야 주제별검색은 분야별 주제검색, 유형별 주제검색, 그리고 주제별상세검색으로 나누어지는데, 먼저 분야별 주제검색은 28개의 국정분야에 총 5,779개의 주제를 제시하고 있다. 유형별 주제검색은 28개 분야를 정책/제도, 사업, 역사적 사건, 조직/기구, 사건/사고, 조약/회담, 회의, 행사/이벤트 및 기타 등 9개의 유형으로 구분하여 제공하고 있다. 주제별 상세검색은 위의 두 가지 분야별, 유형별 분야에 대해 선택을 하고 키워드 검색을 하도록 되어 있다(〈그림 51〉 참조).

〈그림 51〉 국가기록원의 웹 검색도구 – 주제별 상세검색

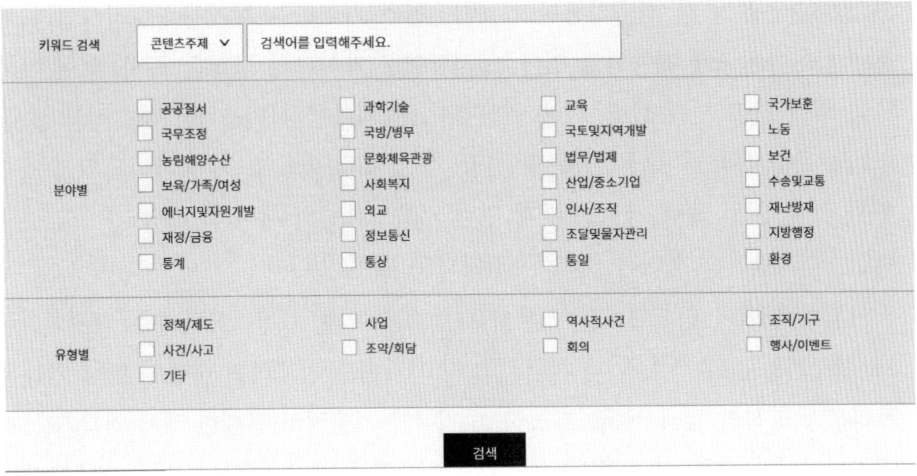

키워드 검색	콘텐츠주제 ∨	검색어를 입력해주세요.		
분야별	☐ 공공질서 ☐ 국무조정 ☐ 농림해양수산 ☐ 보육/가족/여성 ☐ 에너지및자원개발 ☐ 재정/금융 ☐ 통계	☐ 과학기술 ☐ 국방/병무 ☐ 문화체육관광 ☐ 사회복지 ☐ 외교 ☐ 정보통신 ☐ 통상	☐ 교육 ☐ 국토및지역개발 ☐ 법무/법제 ☐ 산업/중소기업 ☐ 인사/조직 ☐ 조달및물자관리 ☐ 통일	☐ 국가보훈 ☐ 노동 ☐ 보건 ☐ 수송및교통 ☐ 재난방재 ☐ 지방행정 ☐ 환경
유형별	☐ 정책/제도 ☐ 사건/사고 ☐ 기타	☐ 사업 ☐ 조약/회담	☐ 역사적사건 ☐ 회의	☐ 조직/기구 ☐ 행사/이벤트

검색

정부수립 이전기관에 대한 검색도구는 키워드 입력을 통해 기록물철, 기록물건 검색결과를 보여주며, 관리번호, 제목, 생산기관, 생산연도, 기록물 형태를 기본 검색결과로 제공한다. 생산기관 변천정보는 이 책 앞의 2장 3절 전거레코드의 국 가기록원 전거레코드 지침 부분에 설명되어있으며, 〈그림 21〉과 〈그림 22〉에 화 면이 제시되어 있다.

■ 서울기록원의 검색도구

서울기록원은 웹 사이트에서 기록검색을 위해 기록찾기 메뉴에서 조사·연구 가이드(Research Guide), 키워드 검색, 탐색(Browse), 컬렉션(collection)을 제공하고 있다.5)

조사·연구 가이드는 소장기록의 검색과 활용을 보다 촉진하기 위해 소장기록 에 대한 주제별, 소장기록 유형별, 이용자유형별 가이드 형식으로 제공되는 온라

---

5) 서울기록원. 기록찾기. https://archives.seoul.go.kr/catalog

인 콘텐츠의 일종이고, 이는 모든 기술정보 유형과 긴밀하게 연계되어있다. 그리고 2020년 5월 현재 서울기록원의 조사 · 연구 가이드는 토지구획정리사업 기록 등 7개의 가이드가 제공되고 있다. 조사 · 연구 가이드의 구성은 목적, 해당 가이드의 주제 관련 개관 설명, 서울기록원의 소장기록물 시리즈 및 파일 정보, 소장 기록물 주요 내용, 기록물 원문 및 설명, 각 탐색(browse)별 해당 가이드의 주제기록물 검색 방법, 해당 가이드 주제 관련 서울기록원의 서비스, 해당 가이드 주제 관련 타 기관의 소장기록 소개, 추가자료로 되어 있다.

키워드 검색의 검색결과는 기본적으로 제목, 기술 내용, 상위계층, 생산자, 주제, 업무기능, 고유번호가 제공된다. 그리고 키워드 검색화면 하단의 탐색 기능은 브라우징 방식의 검색기능을 제공하고, 기록물 기술정보에 대한 검색(기록기술)과 전거데이터에 대한 검색(주제, 조직과 단체, 인물, 지역, 업무기능)을 지원한다.

두 검색시스템(키워드 검색, 탐색)의 검색 옵션은 탐색의 6가지 정보 유형이 가장 기본적인 기능으로 제공되고, 이용자가 선택한 정보 유형에 따라 〈표 43〉과 같이 다른 세부 검색 옵션이 제공된다. 기록물 원문 제공유무 확인기능은 정보 유형의 '기록기술'을 선택하면 나타난다.

〈표 43〉 서울기록원 키워드 검색의 검색 옵션별 제공기능

기록기술	기록계층, 기록 유형, 파일포맷, 생산자, 생산날짜, 컬렉션, 관련 주제, 관련 조직/단체, 관련 인물, 관련 공간/지역. 관련 업무기능
조직/단체	기관 유형, 존속기간, 관련 조직/단체, 관련 인물
업무기능	관련 주제, 관련 공간/지역
공간/지역	기간, 관련 주제, 관련 공간/지역, 관련 업무기능
인물	인물 유형, 출생연도, 관련 조직/단체
주제	기간, 관련 주제, 관련 공간/지역, 관련 업무기능

조직과 단체, 인물은 기록의 생산·축적·관리와 관련된 주요한 행위자 정보를 담고 있으며, 기록의 생산자, 기여자, 수집/이관기관 등으로 연계되고, 업무기능은 기록의 생산과 관련된 맥락정보로서 기록의 연관정보로 연계되며, 공간/지역과 주제는 기록의 내용 및 활용과 관련된 맥락정보로서 역시 기록의 연관정보로 연계된다.

2020년 7월 현재, 서울기록원은 193,521개의 기록기술 정보와 11,097개의 조직/단체 정보, 113개의 업무기능 정보, 732개의 공간/지역 정보, 165명의 인물 정보, 그리고 320개의 주제 정보를 전거데이터로 제공하고 있고, LOD 기술을 활용하여 〈그림 52〉와 같이 기록기술과 전거데이터 간의 연결뿐만이 아니라 전거데이터와 전거데이터 간의 연결도 제공하고 있다.

〈그림 52〉 서울기록원 기술정보 연계 구조도

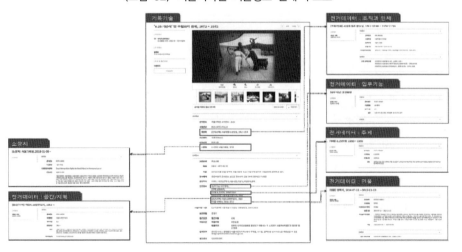

탐색 또는 키워드 검색을 통해 확인할 수 있는 기록기술과 전거데이터의 상세 기술정보는 기본정보, 상세정보, 기록 매체정보, 관련 정보로 구성되어 있다(〈표 44〉 참조).

〈표 44〉 서울기록원의 상세 기술정보

	기본정보	관리번호, 식별번호, 생산자, 기술계층, 법적 지위, 소장처
기록기술	상세정보	기록포맷, 일자, 기술, 정리체계, 공통주기, 연관정보, 수집/이관 기관, 언어, 보존유형, 접근조건(접근유형), 이용조건(이용유형, 이용주기), 검색도구, 참조번호
	기록매체정보	기록 매체, 관리유형, 기록포맷, 보관시설, 규모, 크기, 저장 매체 형태
	관련정보	계층정보, 분류정보, 이용 및 접근환경
조직/단체	기본정보	관리번호, 기관명칭, 법적 지위, 존립기간, 주요업무 및 활동
	상세정보	관련 조직/단체
	관련정보	생산한 기록
업무기능	기본정보	관리번호, 기관명칭, 업무 구분
	상세정보	관련 업무기능
	관련정보	관련된 기록
공간/지역	기본정보	관리번호, 지명명칭, 지역 구분, 설명, 지리 좌표계
	관련정보	관련된 기록
인물	기본정보	관리번호, 기관명칭, 기관명칭(비채택), 생존 기간, 주요 업무 및 활동, 직업
	상세정보	관련 조직/단체
	관련정보	관련된 기록
주제	기본정보	관리번호, 기관명칭, 주제 구분, 설명
	관련정보	관련된 기록

컬렉션은 서울기록원이 수집 및 기록화, 재구성한 소장기록물의 집합으로서, 2020년 현재 5개의 컬렉션이 서비스되고 있다. 각 컬렉션의 기본정보로는 관리번호, 표제, 설명, 활용조건(저작권), 관계정보가 제공되고, 관계정보의 관련 기록을 통해 해당 컬렉션의 하위 기록계층에 속한 여러 기록물을 확인할 수 있다.

■ 경상남도 기록원의 검색도구

경상남도 기록원의 검색도구는 기록물검색과 기록정보콘텐츠로 구성되어 있다. 기록물검색은 소장기록물 목록 검색과 국가기록원 이관 기록물검색으로 구분되어 있는데, 우선 소장기록물 목록 검색은 기록물철 또는 기록물건의 기록물 제목, 생산기관, 생산연도, 기록물 구분, 기록물 형태, 보존 기간과 같은 기본정보를 목록 형태로 제공하고 있으며, 이용자에게 제목, 생산기관명 입력 기능 이외에 다른

검색 옵션을 제공하지 않는다.[6]

국가기록원 이관 기록물검색은 국가기록원으로 이관된 경상남도 관련 기록물을 검색할 수 있는 검색도구로서 기록물 제목, 생산기관, 생산연도, 공개 여부, 기록물 구분, 기록물 형태, 온라인 열람 가능 유무를 제공하고 있다. 그리고 기록물 제목을 선택할 경우, 〈그림 53〉과 같이 해당 기록물 정보가 기술된 국가기록원 홈페이지로 연결된다.

한편, 이 검색도구에서 검색한 기록물 열람을 위해서는 국가기록원으로 정보공개청구를 진행해야 하며, 일부 기록물에 한하여 온라인 열람을 제공하고 있다. 기록정보콘텐츠는 경상남도청 및 18개 시/군에서 생산하고 경상남도 기록원이 소장하는 여러 기록물을 콘텐츠로서 제공하고 있는데, 기록물 제목, 생산기관, 생산연도, 기록물 구분, 기록물 유형, 소장처, (간략)정보를 제공하고 있다.

〈그림 53〉 경남기록원 '국가기록원 기록물검색'의 검색어 "올림픽"에 대한 검색결과

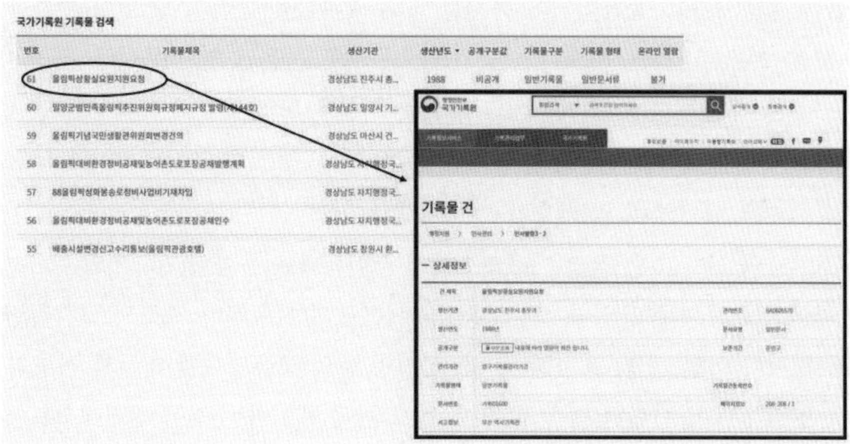

---

6) 경상남도기록원. 소장기록물 검색. https://archives.gyeongnam.go.kr/

2절 시소러스(Thesaurus)

1. 일반 시소러스

■ 시소러스의 개념

시소러스란 동의어 · 반의어 및 용어의 계층 관계, 종속 관계, 기타 관계 등을 보여주는 통제되고 구조화된 어휘집이며, 자연어를 통제된 언어로 변환하기 위한 어휘 통제 도구라고 할 수 있다. 시소러스를 통해 상이한 용어로 동일한 개념을 표현하고 있는 기록이나 정보, 문헌을 함께 검색할 수 있다. 이를 통해 검색의 재현율을 향상시키고, 동음이의어 통제를 통해 정확률을 높일 수도 있다(기록학 용어 사전, 2008, p. 153). 시소러스는 주제어 등으로 사용된 일반 용어(보통 명사와 기능어 등)에 대해 상하위 계층의 다양한 용어들을 파악할 수 있도록 해줄뿐더러, 동일한 개념의 상이하게 표현된 용어들을 파악하고 통일된 용어로 안내하도록 해주어 기록의 검색에 있어 재현율과 정확률을 향상시킨다.

〈표 45〉와 〈표 46〉은 각각 시소러스에서 쓰이는 약어들과 전거제어와 시소러스의 차이점을 보여주고 있다. 즉 보통 명사를 통제하는 것이 시소러스인데 반해, 보통 명사가 아닌 성명, 조직명, 지명, 사건명 등의 고유명사에 대해서 이형의 표현을 연결해주고, 관련된 맥락 및 연혁 정보 등을 제시하는 것이 전거레코드이다.

〈표 45〉 시소러스에서 쓰이는 약어

약 어	정 의
BT(Broader Term)	·다른 개념에 대한 광의의 개념 지시
NT(Narrower Term)	·다른 개념에 대한 협의의 특수 의미 지시
RT(Related Term)	·동의어나 유사어로서, 광의어나 협의어 개념이 아닌 상관관계에 있는 다른 용어 제시
UF(Used For)	·비우선어. 즉 우선어의 약어나 동의어 등 제시
SN(Scope Note)	·필요한 경우, 채택된 용어에 대한 설명 제시

〈표 46〉 전거제어와 시소러스의 차이점

전거제어	시소러스
·이용자가 검색을 하는 경우의 대표 표현(전거형)과 상이한 표현(이형)을 선정한 다음, 양자를 상호 참조로 링크	·용어의 구조화로 연결관계 형성
·우선적으로 검색을 위함	·재현율과 정확율을 위함
·고유명사를 제어	·주제어를 제어통제
·기록관리에서는 맥락과 연혁 등 정보를 제공하는 역할이 중요	·주제를 잘 표현할 수 있도록 주제어 상하위의 계층적인 구조 표현가능

2. 기능 시소러스

■ 기능 시소러스의 역할

기능 시소러스는 기록물을 생산한 기관 또는 단체가 수행하는 최소 업무를 표현한 용어로 구성한 기능어 사전이다. 기능 시소러스는 기록물 생산기관(처리과)의 전거레코드나 기록물 철 및 계열(Series)과 연계하여 업무 기능별 검색에 활용한다. 기능 시소러스를 구성하는 기능어(업무명)는 유형별로 처리과 및 기관의 공통기능을 대표하는 공통기능어와 기관의 고유기능을 대표하는 고유기능어로 구별된다(국가기록원, 2020a).

기능 시소러스는 기록을 산출한 기능이나 활동을 표현하는 어구(語句)를 계층적으로 구조화한 시소러스이다. 업무 활동에 대한 분석을 담은 업무 분류표를 참고하여 작성한다. 기능 시소러스에서 표현하는 관계로는 업무 및 기능을 표현하는 유사 용어들을 통제하는 유사어 관계, 관련 용어들을 안내해주는 관련어 관계 등이 있다. 대표적인 공통 기능 시소러스로는 호주의 Keyword AAA가 있다(기록학 용어 사전, 2008, p. 45).

기능 시소러스는 전거레코드와 함께 기록물의 기술과 밀접한 관계가 있다. 즉 기술의 배경영역에서 행정연혁/개인이력은 전거레코드에서 내용을 제공하게 되거나, 혹은 분리 기술된 정보를 링크로 연결하여 제공하게 되며, 최근에는 기능요소명을 기능 시소러스에 의해 통제하고 이를 기술 및 전거레코드와 링크하여 제공하는 방식으로 활용되고 있다.

■ 국가기록원 기능 시소러스

국가기록원은 2008년부터 본격적으로 계층정리기술체제로 방향을 전환하면서 소장 기록을 출처중심(기록물 생산기관)으로 세분화 및 계층화(기록군－기록 계열－기록철－기록건)하였지만, 이는 순수한 업무기능에 의한 기록 분류도구로는 부적합하였다. 기록군(생산기관) 아래 기록을 생산한 업무기능이나 특정 주제에 의해 소장 기록을 그룹핑하고 계층화한 것으로, 계층기술은 생산기관(기록군)이 달라질 경우, 동일한 업무기능에서 생산한 기록이라도 종종 다른 기록군 아래 묶이게 되기도 하며, 다른 업무기능과 통합하여 기록 묶음을 이룰 수도 있어, 군마다 조금씩 다른 계열명(시리즈명)이 생성될 가능성도 있고, 업무의 기능이 아닌 특정 주제에 의해(예를 들면 역사적 사건명) 기록 묶음을 이룰 수도 있다. 따라서 기록물생산기관 연혁정보 및 기록 계층기술의 부분적인 취약점을 보완하는 동시에 조직변천의 영향을 받지 않고 순수한 업무기능에 따라 기록을 묶어 관리하고 검색하는 도구로서 2008년 대표어 2만 6천 개 규모의 기능 시소러스를 개발하게 되었다. 이는 폐지기관의 생산기록을 포함한 전체 소장 기록을 기능에 의해 통합

관리하는 도구를 지향한다(박부숙 2009, 48-49).

정부 부처의 업무와 단위 과제를 분석하여 구축된 기능 시소러스 데이터베이스는 생산기관 연혁 DB와 함께 기록 기술 DB와 연계되는 구조의 검색도구를 염두에 둔 것이다. 기록철 기술레코드와 관련 하위조직(과) 기술레코드, 기능어(우선어)가 연계되어, 이용자는 검색도구를 통해 기록, 조직, 기능어 중 어떤 항목으로 검색해도 연계 구조를 이용하여 쉽게 찾아볼 수 있도록 추진하였다(설문원, 2010b, p. 18).

좀 더 상세히 알아보면, 기능 시소러스는 그리고 개별 용어들 간의 동등 관계에 대해서 관련어 관계는 행위와 결과의 관계, 전체와 부분의 관계, 사례관계, 유사관계, 대칭관계에 있는 기능어들 간에 부여하였다. 〈표 47〉은 국가기록원의 기능 시소러스에서 사용되는 용어관계 지시기호를 제시하고 있다(박부숙, 2009, pp. 48-49).

〈표 47〉 국가기록원 기능 시소러스 용어관계 지시기호

항목명			관계기호	확 장	비 고	적용여부
용어 관계	동등 관계	대표어	USE		~를 사용	○
		비대표어	UF(Used For)	○	~대신 사용	○
	계층 관계	상위어	BT(Broader Term)	○	RT로 보완	보류
		하위어	NT(Narrower Term)	○	RT로 보완	보류
	관련어		RT(Related Term)	○		○
	후보어		CT(Candidate Term			
범위주기			SN(Scope Note)		업무기능 설명	○
관련분류코드			BRC	○	분류기준표 분류코드 및 기능유형	
			GRC	○	기록관리기준표 분류코드 및 기능유형	○
			ZCC	○	기타 분류코드	

*출처: 박부숙 2009, 50. 국가기록원 시소러스 지침 2020 재구성.

한편 국가기록원 시소러스 지침(2020)에 의하면 시소러스의 용어(기능어)는 명사와 명사구 형태를 중심으로 구성하여야 한다. 의존명사는 단독으로 사용할 수 없고 기능어의 구성요소로만 사용하여야 한다고 하였다. 기능어는 기록물 생산

기관의 기능에 따라 수행하는 업무활동을 명확히 표현한 명사나 명사구 형태의 업무명을 대표어(대표 기능어)로 한다고 하고, 기록관리기준표와 분류기준표 등 기록관리용 분류표에 명시된 업무명을 우선 대표어로 한다고 하였다. 다만, 기록 관리용 분류표에 명시된 업무명 중 동일한 업무를 표현한 용어가 두 가지 이상일 경우는 법률 및 공공업무에 통용되는 용어를 대표어로 한다고 하고 있다. 기록관 리용 분류표에 명시된 업무명이 해당 업무내용을 대표하기에 미흡할 경우 이를 보완하고, 업무명이 2가지 이상의 단위업무(단위과제)를 포함할 경우 적절한 기능 명으로 분리하되 보완 · 분리된 기능명을 대표어로 채택한다.

또한 업무명은 동일하나 업무 설명이 다를 경우 업무명을 상세화하거나 한정어 를 부기하여 용어를 구분지어야 하는데, 용어 자체를 상세화하도록 권한다. 업무 결과로 생산된 기록물명이 단위과제명을 명시된 경우 업무결과물명을 대표어로 한다(예를 들면 인사기록대장을 인사기록대장관리 대신 채택한다).

기능명을 구성하고 있는 사건명, 행사명, 기관/단체명 등 고유명사는 정식명칭 을 대표어로 채택한다. 단 약어명이 보편적으로 통용될 경우 대표어를 사용하여 도 되며, 이때 정식명칭은 유의어로 추가하는 것을 권한다(아시아 태평양 경제협 력체 과학기술 협력은 APEC 과학기술 협력으로 한다)(국가기록원, 2020a). 기능어 는 단일한 업무기능 단위로 된 용어이므로 2개 이상의 업무를 하나의 용어로 구성 하여서는 안 된다. 단, 보편적으로 단일한 업무나 과제로 수행되고 있는 업무인 경우 2개 이상의 업무명을 하나의 용어로 구성하여도 된다.

■ Keyword AAA

호주의 공통 기능어 시소러스인 Keyword AAA는 여러 기관이 공통으로 수행하 는 기능을 대상으로 작성된 시소러스이다. 호주 NAA(National Archives of Australia) 가 호주 연방 기구에서 이용할 수 있도록 채택한 이 시소러스는 기록의 제목과 분 류명을 통일성 있게 부여하고, 분류체계를 관리하고 검색하는 것을 지원하기 위한 도구이다(기록학 용어 사전, 2008, p. 295).

　Keyword AAA는 호주 뉴사우스웨일스 주립기록관이 1995년 11월에 1판을, 1998년 6월에 2판을 발행한 것을 호주 전자 사무국(Office for Government Online)에서 모든 호주 연방 기구에서 이용할 수 있도록 1998년 판권을 구입하였고 이에 따라 2001년 호주 연방 정부를 위한 Keyword AAA가 발간되었다(기록학 용어 사전, 2008, p. 295).

　구성을 살펴보면, 호주 기능분류체계 3단계에 따라서 기능을 대표하는 키워드 17개, 기능 내의 활동을 반영하는 Activity Descriptors 106개 그리고 그 Activity Descriptors의 협의 개념인 활동별 주제영역(Subject Descriptors), 범위 주기(Scope Notes), 광의어, 협의어, 비우선어, 상관어 등으로 이루어져 있다.

　이 시소러스가 지원하는 사항으로는 첫째, 기관별 고유기능을 나타내는 기능 시소러스와 통합되어 각 기관의 전체적 기능을 분류, 구조화시키는 기관별 업무 분류표를 창출할 수 있도록 한다. 둘째, 기관 간의 공통기능에 대한 분류 및 용어 표준화 지침을 제공한다. 그리고 셋째, 기관 고유의 기능 시소러스와 통합되어 기관 전체의 기능구조 및 기능 간 연계성을 창출하고, 넷째, 공통기능에 관련된 기록물의 표제 및 스펠링, 기타 어휘상의 통제 및 검색 효율성을 높여주며 또한 기관별 DIRKS(Designing and Implementing Recordkeeping Systems) 수행을 위한 표준 모델을 제시하는 기능을 가지고 있다. 마지막으로 AGLS(Australian Government Locator Service) 및 호주 기술표준규칙을 위한 메타데이터 정보를 제공하는 기능도 가지고 있다.

　Keyword AAA를 기관에 맞게 병합해서 사용할 때에는 세 번째 단계인 주제기술자에만 변화를 주어야 한다. 그래야만 Keyword AAA와 기능 시소러스가 일관성을 유지하게 된다. 기관별 기능 시소러스 구축과정을 단계별로 개괄하면 〈표 48〉과 같다(강혜선, 2006, pp. 59-60).

〈표 48〉 기능 시소러스 구축과정

단계	설명
Step 1	- 분류기준표(BCS)로부터 추출한 주요 기능어를 부여한다. - 보충(부가적인) 용어를 넣는다. - 범위주기(Scope Note)에는 용어에 대한 정확한 용례나 정의 등을 기재한다. - 조직의 세부적 분류 체계 등 용어의 출처에 대해서 확인한다. - 용어를 알파벳순으로 정렬한다.
Step 2	- BCS로부터 추출한 활동 용어(Activity terms)를 부여한다. - 이용자 요구 등을 수용한 부수적 활동에 대한 용어를 부여한다. - 활동용어 다음에 범위주기를 삽입한다. - 용어의 출처를 확인한다(Keyword AAA에서 추출하였는지, 조직의 세부적 업무분류표로부터 추출되었는지). - 용어를 알파벳순으로 정렬한다.
Step 3	- 분류의 세 번째 단계에 해당하는 용어를 배정한다. 이 주제용어(Topic Term)는 사무처리(Transaction)의 그룹과 연관되어 주제개념, 레코드 형태, 조직에서 사용하는 부록 등을 포함한다. 이 용어는 두 단어 이상으로 기술되지 않도록 한다. - 이 용어들은 디스크립터로 사용된다. - 만약 용어를 설명하기 위한 범위주기가 필요하면 옆에 기재한다. - 용어의 출처를 확인한다. - 용어를 알파벳순으로 배열한다.
Step 4	- 용어 간의 계층관계를 설정한다. - 어떤 기능용어(Function Term)가 활동용어의 BT로 설정되어 있다면 그 활동은 그 기능을 구성한다. - NT는 하위관계를 나타낸다.
Step 5	- 연관관계를 설정하기 위해 RT를 사용한다. 기능어는 다른 기능용어와 RT관계를 형성하고, 활동용어는 다른 활동용어와 RT관계가 형성되며 주제 용어는 다른 주제용어와 연관관계를 갖는다. - 동의관계는 대부분의 시소러스에서 설정하고 있다.
Step 6	- 비디스크립터를 넣는다. 기능, 활동, 주제를 기술하는데 사용되는 고어, 다양한 철자법 등으로 기술되는 용어에 대해서는 시소러스에는 포함 시키지만 시소러스 용어로서 사용하지는 않는다.
Step 7	- 디스크립터에 비디스크립터를 부여한다. - 비디스크립터를 위해 "Use For"를 사용한다.
Step 8	- 비논리적인 연관관계가 설정되지는 않았는지 리스트를 확인한다.

*출처: 강혜선, 2006, pp. 59-60.

■ AGIFT(Australian Government's Interactive Functions Thesaurus)

앞의 표에서 제시된 기능 시소러스 구축단계를 거쳐 생성된 대표적인 예로 호주 정부 기능 시소러스 「AGIFT(Australian Government's Interactive Functions Thesaurus)」가 있다. AGIFT는 NAA(National Archives of Australia)에서 개발된 웹 기반 시소러스로서 세 개의 계층으로 제시되는 온라인 정부자료 검색도구이다. 3개의 계층은 정부 기관에서 수행하는 업무의 가장 넓은 단위인 기능(Function) 아래에 각 기능 내에서 수행되는 주요 업무나 서비스 영역인 Level 2가 있고, 그 활동 안에서 시행되는 토픽들인 Level 3이 있다.

그 목적은 첫째, 정부기관에서 사용하는 AGLS(Australian Government Locator Service) 메타데이터 요소 세트의 기능 요소에 사용할 표준 용어들을 제공한다. 둘째, 이용자들이 정부의 기능에 대한 용어를 확실하게 모를 때 정부기능에 대한 검색을 용이하도록 도와준다. 셋째, 정부기관들이 각 기관에 맞는 분류를 위해 보다 세부적인 해당 기관 기반의 기능 시소러스를 개발하고자 할 때 구조적인 틀을 제공한다. 현재는 NAA 내부 소장데이터베이스에 대한 메타데이터 검색에만 사용되고 있다.

AGIFT는 단일 언어 시소러스 표준인 ISO 2788-1986과 미국 시소러스 구축과 사용 기준인 ANSI Z39.19-1980을 따랐다.

최근에는 링크드 데이터(linked data) 플랫폼으로, AGIFT의 용어는 정부 기능의 분류(Classification of the Functions of Government: COFOG) 용어와 동의어로 연결된다. 또한 세부적인 기능 수준에서 더 좁은 주제나 정부 부처에서 유지되는 시소러스 등의 분야별로 조정되는 용어로 연결될 수도 있다(Australian Governments' Interactive Functions Thesaurus: AGIFT).

각 단계를 클릭하면 용어에 대한 범위주기가 자세히 기재되어 있으며, 그 아래로 계층관계나 비우선어에 대한 정보가 제공되며 링크를 통해 이동하게 된다. 예를 들면 Health Care라는 기능의 하위 레벨 용어인 Hospital services의 HTML 용어

(그림 왼쪽)와 Visual 도표(그림 오른쪽)로 제시한 것은 〈그림 54〉와 같다.

〈그림 54〉 호주 정부 기능 시소러스 AGIFT의 예

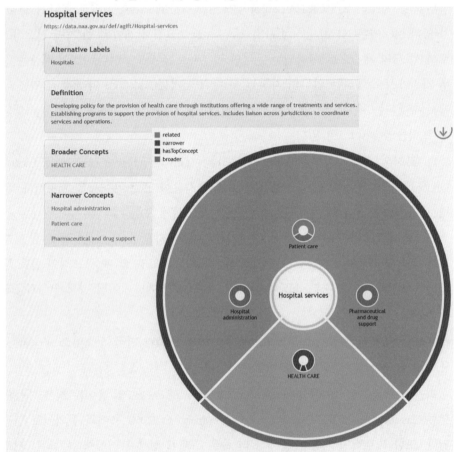

*출처: http://data.naa.gov.au/def/agift.html

또한 행정 기능 처분 지침인 AFDA(Administrative Functions Disposal Authority) Express Version 2는 2019년에 최신화 되었는데, 앞에서 설명한 일반 용어(general terms) 시소러스인 Keyword AAA에 기반하여 만들어져 활용되고 있다.

3절 기록의 패싯과 태그(Tag) 활용

1. 패싯 분류체계 활용과 관리

■ 패싯의 의미

기록관 검색도구는 기록의 정리 원칙을 반영함과 동시에 이용자 친화적인 검색도 고려해야 한다. 최근에 정보서비스 관련 기술의 발전에 따라 이용자의 의도를 반영한 검색이 가능하도록 하는 의미기반의 시멘틱 웹으로 발전해감에 따라, 기록관에서도 앞으로 이용자들의 의도를 반영할 수 있도록 다양한 옵션들을 제공해야 할 것이다. 이를 구성할 수 있도록 요소들을 그룹핑하거나 분류하는 개념을 패싯(facet)이라고 한다(성효주·이해영, 2017).

사전적으로 패싯이란 어떤 요소의 측면을 의미하는데, 넓은 의미에서는 개념적인 범주화를 나타내며, 좁은 의미에서는 특정 영역에서 유사하지 않은 개념들을 서로 구분하고 유사한 개념들을 그룹화시켜 일반적인 용어를 대표어로 하여 계층구조를 가지고 범주화하는 것을 의미한다(황순희·정한민·성원경, 2006). 패싯구조는 서로 연관되어 있지 않거나 유사하지 않은 개념들을 서로 구분하고, 관련되어 있거나 유사한 개념들은 그룹화시킴으로써 개별단위적인 계층 구조로 개념들을 조직할 수 있는 체계를 제공해 준다. 이러한 과정을 통해서 특정 도메인에서 사용되는 용어가 명확하게 구분되고 상호배타적인 패싯으로 구분될 수 있다(이승민, 2010).

패싯 내비게이션은 검색 결과 순위화와 함께 자원 발견 인터페이스의 가장 주요한 특성으로, 1960년에 랑가나단이 소개한 패싯 분석을 검색결과에 적용하여 이용자에게 제공하는 것을 말한다. 패싯 내비게이션은 상업적인 웹 사이트에서 폭넓게 활용되어 왔다. 그 이유는 패싯이 인간이 개념이나 대상을 분류하는 보편적인 방식이기 때문이다(유영준, 2011). 패싯을 기반으로 하는 검색 방식은 규모가큰 대단위 데이터베이스도 신속하게 검색할 수 있으며, 보다 나은 자원 발견을 가능하게 한다. 즉 이용자는 키워드로 검색한 초기 검색 결과 화면에서 검색 결과를한정하거나 정련하여 자신이 원하는 정보를 확인하고 이용한다. 즉 이용자의 요구에 적합한 패싯을 제시함으로써, 인터페이스는 지나치게 많은 검색 결과에서점진적으로 이용자가 원하는 특정 패싯 내의 더 적은 수의 결과로 이용자를 안내한다(Breeding, 2010, 유영준 2011, 재인용).

그러므로 이러한 패싯은 기록의 발견을 위한 검색도구의 효율성을 향상시키기위해 주요한 역할을 할 수 있다.

따라서 기록의 다양한 측면들을 옵션으로 제공함으로써 기록을 더 세부적으로검색하게 도와줄 수 있는 패싯을 검색도구에 도입하는 것이 바람직하다. 패싯은기록의 다양한 측면들을 보다 더 세세하게 특정하여 표현할 수 있다는 장점이 있으며, 이용자가 원하는 정보를 찾을 수 있도록 네비게이션 역할을 수행하여 검색에 있어서 다양한 측면에서의 접근을 가능하게 해준다. 또한 방대한 양의 검색에있어서 신속하게 이용자의 요구에 적합한 정보를 선별하도록 하여 검색결과를 제한해 준다(성효주 · 이해영, 2017).

이용자들이 원하는 기록 검색의 결과는 구체적이고 정확한 기록건이며, 이러한검색 결과를 제공받기 위해서는 보다 전문적이고 상세한 검색이 가능해야 한다.하지만 대부분의 기록관은 다양한 옵션을 제공하지 못하고 있으며, 이용자들은기본검색을 통한 검색만 하게 되는 것이 현실이다. 기록관들은 검색도구의 제공에 있어 다양한 검색옵션을 제공하여 이용자들이 찾고자 의도했던 기록으로 안내해줄 수 있는 네비게이션의 역할 하는 패싯을 고려해볼 수 있을 것이다(성효주 ·이해영, 2017).

■ 패싯의 설정과 기록 검색도구에의 적용

패싯을 적용하려는 기관의 특성에 따라 제시하는 패싯 요소는 다르게 설정되는 것이 합당할 것이다. 예를 들어 무역 분야의 기록검색도구를 위한 패싯을 구성한다면 지리나 법률적인 측면이 중요할 것이며, 문학 분야 기록검색도구의 패싯을 구성한다면 문학의 형식이나 시대적인 측면이 중요할 것이다. 이와 같이 각 기관별 특성에 따라 달라지는 검색 측면의 요소들을 설정하여 패싯으로 구성하는 데 있어, 기술이나 메타데이터 표준 외에, 관련 기관의 검색 옵션들이나, 기관이 보유하고 있는 기록들의 기록 건명, 이용자 로그 및 정보공개 청구 용어 등의 이용자의 사용용어 분석 작업을 통해 해당 기관만의 특징을 반영하는 적절한 패싯을 활용한 검색옵션을 제공할 수 있을 것이다(성효주·이해영, 2017).

대통령기록의 검색 성능 향상을 위해 기록의 다양한 패싯을 활용할 수 있도록 가능한 패싯 요소들을 도출하여 제시한 연구를 상세히 살펴보면, 우선 선진적이라고 평가될 수 있는 미국의 NARA, 영국의 TNA, 호주의 NAA를 중심으로 검색도구 및 검색옵션을 살펴보고, 각 국가별 대통령(수상)기록관에서 검색옵션으로 제공되고 있는 요소들에 대한 현황을 파악하였다. 이와 더불어 우리나라 대통령기록의 기록명, 이용자 검색 용어, 정보공개청구 용어의 형태소 및 기술요소와 메타데이터 요소를 분석하고, 대통령기록관 포털의 검색 옵션들을 분석하여 패싯으로 구성 가능한 요소들을 도출해 보았다.

연구를 통해 대통령의 업무에 관한 패싯, 대통령기록물의 성격에 따른 패싯, 가족, 참모 등의 주변인물에 관한 패싯, 사건, 생산기관, 국제기구, 단체, 행사, 조약, 협정/협약, 지역 등의 패싯, 물리적 형태나 포맷(format)에 관한 패싯, 보존기간이나 공개여부에 관한 패싯을 고려해 볼 수 있음을 알 수 있었다(〈표 49〉 참조)(성효주·이해영, 2017). 이와 같이 다양한 데이터와 자료의 분석을 통해 도출된 요소들을 종합하여 각 기록관리기관에 적합한 패싯을 설정해볼 수 있다.

〈표 49〉 패싯 구성안

패싯요소(전체)	하위 패싯요소		도출 근거
대통령 이름	각 대통령 이름		E, G
대통령 업무	공약, 국정과제, 연설, 지시사항, 정책, 행사, 해외순방, 일정 등		A, E, G
생산기관	대통령, 대통령 보좌기관, 대통령 자문기관, 대통령 경호기관, 대통령직 인수기관		F
기록물 성격	공적기록	공약, 연설(취임사, 신년사, 환영사, 시정연설 등), 회의록, 지시사항	B, C, F
	개인기록	대통령일기·일지, 휘호	
대통령 가족	배우자, 형제, 자녀		제안사항
대통령 참모(staff)	선거활동 기간, 재임기간, 퇴임 후		G
대통령 배경정보 : 생애사적 관점	대통령이 되기 전의 이력, 선거활동 기간 재임기간, 퇴임 후		G
대통령 생가	대통령별 제시		E
시기	대통령별 재임기간과 함께 제공		E, G
일정	대통령 일정별 타임라인 제시		
지역	광주, 대구, 미국, 독일 등(대통령순방 관련 지역 등)		A, B, C, E, G
사건	금융실명제, 태안유류유출사고 등		A, B, C, G
행사	3·1절, 취임식, ASEM 등		
국제기구	IOC, 유네스코, G20, APEC 등		
조약/협정·협약	한미 FTA, 기후변화협약 등		
기록 계층	레코드 그룹/컬렉션, 서브 레코드 그룹/서브 컬렉션 시리즈/서브 시리즈, 파일, 철, 건		D, E, G
매체 유형	문서, 간행물, 도면, 사진, 동영상, 음성, 스틸필름, 마이크로필름, 웹기록, 데이터세트 등		C, D, E, G
행정박물	사무집기류, 기념품류, 대통령상징물 등		B, C, D, E, F, G
대통령선물	식기류, 공예품류(화병, 모형), 의복·잡화류, 책자, 예술품류(그림, 조각), 보석류 등		B, C, D, E, F, G
보존기간	영구, 준영구, 30년, 10년, 5년, 3년, 1년		D, E, G
열람조건	공개, 비공개, 부분공개, 재분류		D, E, G
언어	한국어, 영어, 중국어, 일본어 등		D, E, G
소장처	국가기록원, 대통령기록관 등		D, E, G

*도출근거. A: 대통령기록 건명 분석, B: 이용자 용어분석, C: 정보공개청구용어분석, D: 대통령기록 기술요소·메타데이터요소 분석, E: 대통령기록관 포털 분석, F:「대통령기록물 관리에 관한 법률」, G: 외국사례 분석
*출처: 성효주·이해영, 2017, p. 183.

패싯 분류체계는 분석-합성식 분류시스템으로 패싯을 이용한 상향식 체계가 그 근간이 되는데 분석적으로 하나의 주제를 개별 개념으로 나누고, 이 개념들을 표

목들로 두어 해당 합성 주제를 구성하는 소개념으로 사용하는 규칙을 제공하는
시스템이다. 패싯 분류체계는 택소노미처럼 이용자에게 어떤 카테고리를 이용할
수 있을지에 대해서 안내하는 역할을 하지만, 분류체계와는 달리 하위카테고리의
구조가 고정되어 있지 않아, 이용자는 원하는 하위카테고리에 바로 접근할 수 있다.

웹 정보는 점차 그 양이 방대해지고 수시로 변화하기 때문에, 계층적 구조인 택
소노미로는 이러한 변화를 즉각적으로 반영할 수 없으며, 방대한 정보에 대한 모
든 패싯을 전문가가 식별해 낸다는 것은 현실적으로 불가능하기 때문에 패싯 분
류체계는 이용자의 요구와 동떨어진 분류가 이루어질 개연성이 존재한다. 따라서
아래에서 살펴보는 태그를 활용한 폭소노미는 이용자에 의해 자발적으로 구축된
다는 특성에 따라 구축에 소요되는 비용이 상대적으로 절감되며, 이용자의 정신
상태나 어휘 사용 형태와 유착되어 분류시스템을 확장·축소하기가 용이하여, 기
존의 분류체계를 보완하기 위한 새로운 방안으로 고려되고 있다(이정미, 2007).

2. 기록의 태그(Tag)와 폭소노미의 활용과 관리

■ 태그(tag)와 폭소노미(Folksonomy)

태그(tag)는 어떤 정보에 메타데이터로 부여된 키워드 또는 분류이다. 일반적인
분류 체계와는 다른 어느 하나의 정보에는 여러 개의 태그가 붙어 그 정보를 다양
한 면에서 연관성을 보여 줄 수 있으며 이렇게 제공된 정보나 자료는 접근이 쉽게
해주어 손쉽게 그 정보를 검색하고 노출시키고 분류하거나 다른 자료와 엮어 네
트워크로 만드는 일을 쉽게 해 준다. 태그는 보통 그 자료를 만든 사람이나 자료
를 이해하거나 찾은 사람이 붙일 수 있다. 그래서 태그는 정식의 분류의 용어와
체계를 가지지 않고 비교적 자유로운 형태나 주관적인 관점에서 기록될 수 있다.
태그로 쓰인 키워드는 그 본문 안의 정보에는 기록되지 않을 수 있으며 음악, 그

림과 같이 문자로 그 내용이 기록되지 않아 검색이 어려운 인터넷의 정보 객체들도 문자를 입력함으로써 검색할 수 있게 한다. 보통 태그는 한 낱말로 많이 이뤄져 있지만, 여러 개의 낱말이 하나의 개념을 나타내어 입력되기도 한다. 특히 방대한 정보가 생성, 교환, 공유되는 인터넷에서는 어떤 데이터를 찾기 위해 태그를 사용함으로써 원하는 정보에 매우 쉽게 접근할 수 있게 하는 검색성을 갖게 한다. 태그는 웹 2.0 서비스를 가능하게 하는 핵심적인 내용 중 하나이다. 웹 사이트들에서 전통적인 분류 방식인 택소노미(Taxonomy)와는 차별화된 사회적 집단적 차원의 지식을 공유하고자 하는 이상을 가진 폭소노미(Folksonomy)를 실현한다(위키백과, 태그(정보)).

폭소노미(Folksonomy)라는 개념은 2004년 Thomas Vander Wal이 처음 대중을 의미하는 "folks"와 "택소노미(taxonomy)"란 용어를 합성하여 제안한 용어로서, 일반적으로 '협력 분류(collaborative categorization)', '소셜태깅(social tagging)' 등으로 불린다. 이는 자유롭게 선택한 키워드(태그)로 개개의 이용자들이 자유롭게 참여하여 모아진 정보가 여러 사람에 의해 수정, 추가되는 과정을 거쳐 가치가 있는 정보가 되는 폭소노미의 구조를 일컫는 것이다(박희진, 2011).

폭소노미는 전통적 분류체계와 같이 소수의 전문가 집단에 의해 논리적으로, 모든 주제를 포괄하기 위해 고안된 것은 아니지만, 웹 2.0 환경에서 더욱 동적이고 유연하게 대응할 수 있다. 또한, 폭소노미는 하나의 콘텐츠에 여러 개의 태그를 붙일 수 있으며 시간의 흐름에 따라 관련 콘텐츠 간의 연관 관계가 항상 변화될 수 있는 구조를 가진다. 협력태깅은 이러한 폭소노미를 대표하는 시스템이라고 할 수 있는데, 이는 이용자 스스로 탐색 가능한 키워드를 가지고 디지털 정보 각각을 태깅하므로써 이용자 생성메타데이터가 늘어가는 현상을 일컫는다. 태그는 특정 정보에 대해 이용자가 직접 의미를 부여하고 기술하는 이용자 기반 메타데이터(user-generated metadata)이며, 1:n 구조로서 다른 사람과 생각을 공유할 수 있는 키워드 개념과 매우 유사하다. 이미지나 해당하는 정보 등에 주제나 카테고리의 형태로 키워드 처리를 함으로써, 기존의 태그를 보면서 참여자들 간 연관된 정보를 부여하여 그 정보가 무엇인지를 알 수 있도록 하는 수단으로 활용된다(김성희·이형미, 2009).

폭소노미를 이용하는 이용자 등록 태그의 장점은 첫째, 이용자가 자신의 배경지식에 바탕하여 스스로 자유롭게 선택한 주제어를 레이블링하며 정보를 분류하기 때문에 콘텐츠 공급자가 미처 생각하지 못했던 다양한 디렉토리가 생성되게 된다. 이렇게 생성된 태그들은 사회성을 반영하므로 사용자들이 원하는 정보를 보다 정확하게 제공할 수 있다. 둘째 자동 검색 엔진으로 구분하기에는 너무나 방대하고 급속히 변화하는 오늘날의 인터넷 정보들에게 폭소노미 태깅으로 누구나가 쉽고, 재미있고 신속하게 메타데이터를 할당할 수 있다. 반면, 폭소노미를 이용하는 태깅시스템의 단점으로는, 첫째 이가 수평적 분류이기 때문에 이용자가 선정한 용어들의 상위범주, 하위범주 등에 대한 개념과 구분이 불분명하다. 이에 따라 용어의 단수/복수, 대문자/소문자와 같이 형태에 따라 동일한 의미이지만 다르게 인식되는 문제가 생겨나며, 너무 일반적이거나 혹은 너무 구체적인 단어를 태깅에 사용하여 검색에서의 정확률을 떨어뜨리기도 한다. 둘째, 다양한 사용자 참여로 이루어진 태그들은 동적인 구조를 가짐으로써 소수의 전문가에 의한 체계적인 분류체계를 형성하는 것은 어렵다. 이 때문에 특정 태그에 대한 단편적인 관련 콘텐츠를 검색하기는 용이하지만 태그와 태그와의 연관성을 고려하여 정확한 결과를 검색하는 것이 어렵다(김운용·박석규 2007).

폭소노미에 따른 웹 분류는 이와 같은 한계점에도 불구하고 오늘날의 웹 환경에서 기존시스템의 정보조직과 검색을 보조할 수 있는 유용한 메타데이터로써 웹상의 특정 주제, 특정 형태의 정보 접근에 부분적으로 효과적인 것으로 평가되고 있다(이정미, 2007). 특히 디지털 이미지나 음악, 동영상 등의 멀티미디어 정보는 정확한 내용의 검색이 어렵기 때문에, 입력된 태그를 이용하면 이들의 분류를 보다 수월하게 해줄 수 있고, 검색 가능성을 향상시켜주는 기능을 한다(배주희·이경원 2009). '대중에 의한 분류'로 이해되는 폭소노미가 주는 용이하면서도 즉각적인 사회적 피드백으로 인해 최근 태깅시스템을 활용하고자 하는 노력들이 다수의 웹서비스 분야에서 활발하게 진행되고 있다. 이들의 가장 근본적인 목적은 좀 더 많은 다양한 이용자들의 활동을 끌어들이는 것이다. 폭소노미가 실제 웹 정보서비스에서 적용되는 사례들은 크게 웹 정보의 공유를 위한 소셜 북마킹형태와 이용자에 의해 생산된 사진, 동영상과 같은 콘텐츠의 공유를 위한 서비스에 적용되는 형태로 나눌 수 있다(유시내, 2007).

시각적 자료에 대한 접근 가능성을 높이고 이미지에 대한 설명을 폭넓게 제공하는 태그의 가치가 평가되면서 플리커와 같은 이미지 공유 사이트를 비롯하여 도서관, 미술관, 박물관 등에서도 이용자 태깅의 유용성을 적극적으로 연구하고 시스템에 적용하였다(이혜영 · 장윤금, 2018). 최근에는 딥러닝(deep learning)을 사용하여 이미지에 자동으로 태그를 붙임으로써 이미지 전체를 고려한 풍부한 내용의 태깅으로 발전해가고 있다.

이성숙(2009)의 도서관 폭소노미 태그의 패턴 분석에 관한 연구에 따르면 이용자집단이 생성한 태그가 기관에서 제공하는 기존의 전문가 메타데이터와는 일치하지 않지만, 유용한 내용을 이용자가 태깅한 경우, 이러한 태그는 기존 분류 체계를 보완하고 검색을 향상시킬 가능성이 있는 것으로 평가하였다. 김성희, 이형미(2009)는 박물관 유물 정보 검색서비스에 폭소노미를 이용한 태깅시스템이 도입되면 태그는 박물관 자체에서 제공하는 전문가 메타데이터와는 다른 측면에서 유물 정보를 설명해줌으로써 기존 메타데이터를 보완해 주는 역할과 함께 이용자들이 박물관 디지털 문화유산을 보다 쉽고 다양한 방법으로 검색할 수 있도록 해 줄 것이라고 보았다. 또한 박물관 측면에서는 이용자 생성 태그를 통해 제공 서비스에 대한 이용자의 요구사항 및 소장 자료에 대한 이용자의 인식수준을 파악할 수 있어서, 이를 바탕으로 한 서비스 개선과 박물관 이용자 교육에 기초자료로 활용할 수 있다는 이점이 있다고 판단하였다. 이에 따라 디지털 문화유산에 대한 이용자생성 태그와 박물관 메타데이터 내용을 서로 비교해보고 이용자생성 태그 중 박물관 메타데이터의 내용과 상이한 부분이 박물관 디지털 문화유산 검색에 도움을 줄 수 있을지, 그 활용가능성에 대해 살펴보았다.

그 결과 광범위하고 전반적인 내용을 범주화하는 태그가 빈번하게 사용되며, 매우 빈번하게 사용되는 소수의 태그들이 있으며, 그 외 대다수 태그는 매우 드물게 사용된다는 특성이 발견되었고, 이용자생성 태그 중 기존 박물관 메타데이터에는 존재하지 않는 태그이면서도 많은 이용자들에 의해 중복 사용된 태그가 의외로 많은 것으로 나타났다. 하지만 이러한 조건만 만족한다고 해서 실제 유물정보검색에서 활용될 가능성이 높은 유용한 태그라고 섣불리 판단하기는 힘들다. 박물관 메타데이터가 미처 기술하지 못한 박물관 컬렉션의 유형별 특성정보를 이용자생성 태그에서 잘 반영할 수 있도록 해준다면 박물관 디지털 문화유산 검색에서 유용한 역할을 할 수 있을 것으로 보았다(김성희·이형미, 2009).

4절 기록 분류 및 접근 관련 시스템 기능 요건

1. 메타데이터, 분류 및 기록관리기준 관리

■ 시스템 기능 요건

중앙행정기관, 지방자치단체, 교육청, 군기관 등 각 공공기관이 기록관리시스템을 구축·운영하는 경우 처리과로부터 기록물을 인수하여 관리, 활용하고 적절하게 처분하기까지 기록물관리 절차에 따라 구현되도록 하는 기능요건은 이를 준수함으로써 공공기록물 관리의 품질 수준을 향상시키고 기록물의 진본성·무결성·신뢰성·이용가능성을 보장하는 데 기여할 수 있다(기록관리시스템 기능 요건. NAK 6:2020(v1.3), 1). 특히 여기서는 메타데이터의 생성 및 관리와 분류체계 관리, 접근권한 관리 등에 대한 기록관리시스템의 기능 요건을 통해, 이 책에서 제시한 분류체계와 메타데이터 등이 실제 시스템에서 어떻게 구현되도록 하고 있는지 확인할 수 있다.

■ 메타데이터 생성 및 관리 관련 기능 요건

먼저 메타데이터 생성 및 관리와 관련해서는 다음 기능들을 제시하고 있다. 이 표준에서 반드시 적용이 필요한 기능은 "M"(필수요건), 기관의 선택에 따라 적용 가능한 요건은 "O"(선택요건)으로 표기하고 있다.

> 5.1.1 ""NAK 8 2016(v2.1) 기록관리 메타데이터 표준"(이하 "메타데이터 표준"이라 한다)에 따라 메타데이터 요소를 관리 및 활용할 수 있도록 하여야 한다(M).

5.1.2 각 기록관리 업무 단계에 적합한 메타데이터를 제공하고 관리할 수 있는 기능을 제공하여야 한다(M).

5.1.3 기록관리자 및 권한이 부여된 사용자에게만 기록관리 메타데이터를 수정 혹은 추가할 수 있도록 하여야 하며, 메타데이터 값의 변경사항을 이력정보(관리이력, 보존이력 등) 메타데이터로 관리할 수 있어야 한다.

※ **비고** 기록관리시스템에서 수정·추가가 가능한 메타데이터 요소는 메타데이터 표준의 "부속서 B (참고) 기록관리 메타데이터 요소의 획득 시점"에서 획득시점이 "기록관"인 요소를 참조한다.

5.1.4 기록물 인수, 보존관리, 처분 등 기록관리 업무 처리 시, 필수 메타데이터 요소가 누락되는 경우 다음 단계로 진행할 수 없어야 하며 사용자에게 경고할 수 있어야 한다(M).

5.1.5 미리 정의한 메타데이터의 데이터형식, 입력범위에 따라 메타데이터 값을 등록·관리하여야 하며, 입력범위 초과 등의 오류에 대해서는 사용자에게 경고하고 처리하지 않아야 한다(M).

※ **비고** 메타데이터 값은 최소한 다음의 기준으로 검증한다.
  - 메타데이터 값의 데이터형식이 맞는가?
  - 보기 날짜의 데이터형식이 "YYYY/MM/DD"가 맞는가?
  - 허용하는 값의 범위 내에 있는가?
  - 미리 정의된 선택값을 사용하였는가?

5.1.6 메타데이터 표준에서 선택값이 정의된 메타데이터 요소에 대해 목록에서 값을 선택하여 입력할 수 있도록 인터페이스를 제공할 수 있다(O).

※ **보기** 선택값이 정의된 메타데이터 요소는 공개구분, 보존기간, 기록 유형 등이 있다.

5.1.7 메타데이터, 분류체계, 기록관리기준 정보 등 기록물의 구조와 내용에 대한 정보를 축적하여 활용할 수 있어야 한다(M).

5.1.8 기록물 관리의 일관성 보장 및 업무의 효율성을 위해 상위계층의 메타데이터 값을 상속받아 재사용할 수 있어야 한다(M).

5.1.9 메타데이터 표준을 참조하여 메타데이터의 초기값을 설정할 수 있다(O).

■ 분류체계 관련 기능요건

6.1.1 외부시스템에서 기능분류체계를 들여오기(import)하거나 생성하는 등 분류체계 관리를 지원할 수 있어야 한다(M).

※ **비고** : 업무관리시스템에서 생산한 기록물을 인수받기 위해서는 기능분류시스템(BRMS)과 연계하여 분류체계 정보를 받을 수 있어야 한다.

6.1.2 분류체계를 현행화 할 수 있도록 분류체계의 정보를 지속적으로 갱신할 수 있어야 하며, 그 이력정보를 관리할 수 있어야 한다(M).

※ **비고:** 분류체계는 분류계층별로 분류단계, 분류명, 생성일, 폐지일, 설명 등과 같은 정보로 구성된다.

6.1.3 인가된 사용자에게만 분류체계를 통제 및 관리할 수 있도록 권한이 부여되어야 한다(M).

6.1.4 다계층으로 구성된 분류체계를 설정할 수 있어야 하며, 이 때 분류계층의 수가 제한되어서는 안 된다(M).

※ **비고** : 업무관리시스템에서는 6계층(정책분야-정책영역-대기능-중기능 -소기능 -단위과제)으로 구성된 기능분류체계를 쓰고 있으며, 전자문서시스템에서는 5계층으로 구성된 기록물분류기준표를 적용하고 있다.

6.1.5 분류체계의 각 계층별로 고유 식별자를 관리할 수 있어야 한다(M).

6.1.6 기관에서 기본으로 사용하는 분류체계 외에 업무 필요에 따라 다른 분류체계를 추가로 관리하여 기록물의 다중 분류가 가능하도록 지원할 수 있다(O).

6.1.7 사용자의 편의를 고려한 인터페이스로 분류체계를 표현할 수 있어야 하며, 분류체계를 이용한 다양한 기록물 검색이 가능하여야 한다. (M).

6.1.8 분류체계 상의 용어를 이용한 시소러스 구축 등에 분류체계를 활용할 수 있도록 용어통제 도구와 연계할 수 있다(O).

※ **비고** : 효율적인 기록물 검색 및 활용을 위해 분류체계에 사용된 용어를 기능 시소러스로 구축하여 색인어, 검색어로 활용할 수 있다.

6.1.9 분류체계는 인수, 처분, 접근관리, 검색, 보고서 관리 등의 기록관리 업무를 수행하는데 다양하게 활용될 수 있어야 한다(M).

6.1.10 분류체계 아래에 기록물 관리의 기본단위가 되는 기록물철을 둘 수 있어야 한다(M).

▣ 기록관리기준 관리

6.2.1 분류체계의 최하위계층인 단위과제나 단위업무의 기록관리기준 정보를 들여오기(import)할 수 있어야 한다(M).

※ **비고: 1** 정부기능분류체계를 사용하는 기관은 기능분류시스템으로부터 기록관리기준표의 단위과제 속성정보 및 관리항목 정보를 들여오기(import) 하며, 영구기록관리시스템과 연계하여 보존기간 값의 확정 · 변경 결과를 반영하여야 한다.

※ **비고: 2** 기록물분류기준표를 사용하는 기관은 전자문서시스템으로부터 기록물분류기준표의 단위업무 항목 정보를 들여오기(import) 하며, 영구기록관리시스템과 연계하여 해당 정보에 대한 확정 · 변경 결과를 반영하여야 한다.

6.2.2 기록관리기준 정보를 현행화하기 위해 최신 값으로 갱신할 수 있어야 하며, 해당 이력정보를 관리할 수 있어야 한다(M).

6.2.3 분류체계의 최하위계층인 단위과제나 단위업무별 업무설명, 보존기간 및 보존기간 책정사유, 비치기록물 여부, 보존장소, 보존방법 등의 기록관리기준 정보를 관리할 수 있어야 한다(M).

※ **비고:** 상세한 기록관리기준 정보는 「공공기록물 관리에 관한 법률」 및 동법 시행령, 메타데이터 표준을 참조한다.

6.2.4 기록관리기준 정보를 수정할 수 있는 권한이 기록관리자 또는 인가된 사용자에게 제공되어야 한다(M).

6.2.5 업무관리시스템 또는 전자문서시스템과 기록관리기준 정보를 연계할 수 있어야 하며 해당 정보를 주기적으로 동기화할 수 있어야 한다(M).

6.2.6 기록관리기준 정보를 기록물철 메타데이터로 상속받아 재사용할 수 있어야 한다(M).

※ **비고: 1** 기록물분류기준표 기준정보 중 단위업무의 보존기간 값을 상속받아 기록물철 보존기간에 적용할 수 있으며, 기록물철 보존기간 값을 달리 설정할 수 있다.

> ※ **비고: 2** 기록관리기준표의 단위과제 보존기간 값을 그대로 상속받아 기록물철에서 사용해야
>   한다.
> 6.2.7 기록관리기준 정보를 영구기록물관리기관으로부터 확정받기 위해 해당기준 정보를
>   보내기(export)하여 영구기록관리시스템과 직접 연계하거나 해당 파일을 다운로드 할 수
>   있어야 한다(M).
> ※ **비고:** 기록관리기준표는 보존기간 값을, 기록물분류기준표는 기록관리기준 정보를
>   영구기록물관리기관으로부터 확정 통보받아야 한다.
> 6.2.8 영구기록관리시스템에서 확정된 기록관리기준정보를 들여오기(import)하기 위해 직접
>   연계하거나 해당 파일을 등록할 수 있어야 한다(M).
> ※ **비고:** 「공공기록물 관리에 관한 법률」 시행령 제26조 제2항에 따라 영구기록물관리기관에서
>   정한 단위과제의 보존기간 값을 반영하여야 한다.
> 6.2.9 기록관리기준 정보의 변경 이력을 관리할 수 있어야 한다(M).
> 6.2.10 확정된 기록관리기준 정보를 보내기(export)하여 파일로 다운로드하거나 타시스템과 직접
>   연계할 수 있어야 한다(M).
> ※ **비고:** 매년 기록물 정리 후, 확정된 단위과제명, 단위과제 업무설명 및 단위과제별 보존기간
>   등을 관보 또는 기관의 홈페이지 등에 고시하여야 한다.

2. 접근 권한 및 감사증적 관리

  기록관리 시스템은 사용자, 기록물, 시스템 기능에 대한 접근권한과 접근범위를 설정하고 접근권한 관리에 따라 기록물과 시스템에 대한 접근을 통제할 수 있는 기능을 제공하여야 한다. 또한, 중요 기록관리 업무 수행 이력을 감사증적으로 남길 수 있어야 하며, 감사 증적의 내용을 임의로 변경하지 못하도록 하여야 한다 (기록관리시스템 기능 요건 NAK 6:2020(v1.3), 4.2).

■ 접근권한 관리

> 11.1.1 기록물을 포함하여 시스템 내의 모든 개체들에 대한 사용자의 접근을 통제하기 위한
>   수단으로 개별 사용자뿐만 아니라 사용자 그룹을 정의할 수 있어야 한다(M).
> ※ **보기** 사용자 그룹은 최소한의 검색 등만 가능한 일반사용자, 해당 처리과의 기록물에 대한
>   접근만 허용된 처리과담당자, 기록관의 기록관리 업무를 수행하기 위해 모든 기록물 및 접근
>   통제 등을 담당하는 기록관리자, 시스템을 운영하기 위한 시스템 운영자 등으로 구분할 수

있다.

11.1.2 개별 사용자나 사용자 그룹에 대하여 ID를 포함한 사용자 프로파일을 생성하고, 해당
프로파일을 삭제 또는 변경할 수 있어야 한다(M).

11.1.3 시스템 기능, 기록물, 사용자그룹 또는 개별 사용자에 대한 접근범위를 지정 · 변경할 수
있어야 하며, 접근범위 지정 권한은 기록관리자에게만 부여되어야 한다(M).

※ **비고**: 기록물 및 사용자를 기준으로 기록물 내용 및 목록정보로 구분하여 접근범위를
설정하여야 한다.

※ **보기**: 기록물의 접근 범위는 다음과 같이 부여할 수 있다.

- 기록물 내용과 메타데이터에 모두 접근이 가능하고 일부 메타데이터 수정 가능
- 기록물 내용과 메타데이터에 모두 접근 가능
- 기록물 내용은 접근이 제한되며, 기록물 제목 등 기록물의 일부 메타데이터만 접근 가능
- 기록물 내용과 메타데이터에 모두 접근 불가능

11.1.4 사용자 그룹별로 접근이 허용된 기능에 대해서만 사용이 가능하도록 하여야 하며, 접근
권한이 부여된 기록물에 대해서만 조회할 수 있도록 통제할 수 있어야 한다(M).

11.1.5 사용자 프로파일, 전자기록물을 포함한 시스템 내 모든 개체들에 대한 접근 통제
변경일자와 상세한 변경내역을 관리할 수 있어야 한다(M).

11.1.6 접근이 제한되지 않은 기록물의 접근을 모든 사용자에게 허용하여야 한다(M).

11.1.7 기존 사용자에 대한 접근권한 수정, 삭제, 추가 등의 변경이 가능해야 한다(M).

11.1.8 분류체계의 상위 계층에 적용된 접근 범위를 상속받아 하위 계층 기록물에 그대로 재사용할
수 있도록 기능을 제공할 수 있다(O).

※ **보기** : 단위과제 또는 기록물철의 접근 범위가 "모두 공개"인 경우, 동일한 유형의 기록물건에
대해 접근 범위를 그대로 상속받아 "모두 공개"로 설정한다.

11.1.9 사용자들의 접근을 통제하고 세션 시작 시 사용자의 신원을 확인하여 인증하는 수단과
절차를 제공하여야 한다(M).

※ **비고**: 사용자를 확인하기 위해 PKI(Public-Key Infrastructure) 인증서 로그인, 아이디/비밀번호
인증 방식 등을 선택적으로 적용할 수 있다.

11.1.10 한 번의 인증과정으로 포털 등의 통합 시스템에서 기록관리시스템으로 바로 접근할 수
있는 SSO 기능을 제공할 수 있다(O).

11.1.11 디지털저작권관리(DRM)등 별도의 통제 시스템이 있다면 기록관리시스템의 접근권한 통제
기능과 연계하여 일관되게 통제를 실시할 수 있도록 하여야 한다(M).

11.1.12 기관의 보안정책에 따라 사용자, 기록물, 시스템 기능에 대해 보안등급을 설정하고,
시스템관리자 또는 기록관리자가 보안등급을 정의하여 설정을 변경하는 기능을 제공할 수
있다(O).

■ 감사증적의 개념

감사증적(Audit trail)은 기록에 대한 모든 처리행위를 추적하여 그것이 정책과 표
준을 준수하여 이루어졌음을 확인할 수 있는 정보. 주로 처리행위의 시점, 처리행

위자 및 처리행위의 내용이 해당된다(기록관리시스템 기능 요건 NAK 6:2020(v1.3)).

11.2.1 시스템 기능과 기록물 접근에 대해 다음과 같은 감사증적을 남겨야 한다(M).
- 기록관리시스템에 로그인한 사용자 목록, 접근일자, 접속유지시간, 클라이언트 IP 주소
- 로그인을 시도하여 실패한 내역
- 기록물에 대한 접근을 시도하여 실패한 내역
- 시스템관리자 및 기록관리자에게만 허용된 기능에 대한 접근 시도

11.2.2 기록관리자가 정한 중요 기록관리 업무(인수, 처분, 공개재분류, 보존관리 등) 수행 이력에 대해 감사증적으로 관리할 수 있어야 하며, 관리내역을 조회할 수 있어야 한다(M).
- 업무 수행일시
- 수행 업무
- 수행 대상 객체
- 업무수행 담당자

11.2.3 다음과 같은 종류의 이벤트에 대해 감사증적을 자동으로 남길 수 있어야 한다(M).
- 신규 사용자 및 사용자 그룹의 생성·기록물의 등록
- 기록물, 사용자에 대한 접근권한 변경
- 메타데이터 값 변경
- 처분에 대한 검토와 결정
- 기록관리기준 값의 변경
- 폐기

11.2.4 기록관리자 및 시스템운영자에 의해 수행된 모든 기능 수행 내역을 감사증적으로 남겨야 하며, 감사증적 자체의 설정 이력에 대해서도 감사증적으로 남겨야 한다(M).11.2.5 기록관리자 및 시스템운영자를 포함한 어떤 사용자도 감사증적 내용을 임의로 변경하지 못하도록 해야 한다(M).

11.2.6 감사증적 정보를 다양한 방식으로 출력하고 파일로 다운로드할 수 있도록 기능을 제공하여야 하며, 기록관리자 및 시스템관리자에게만 해당 기능에 대한 권한이 부여되어야 한다(M)

참고문헌

강소연. (2003). EAD의 구조와 적용에 관한 연구. 기록학연구, 8, 181-211.

강혜선. (2006). 중앙행정기관 공통업무 시소러스 구축에 관한 연구. 석사학위논문. 이화여
　　　자대학교 정책과학대학원.

공공기록물관리에 관한 법률. [법률 제16661호. 2007년 제정. 일부개정 2019.12.3.]

공공기록물관리에 관한 법률 시행령. [대통령령 제30833호. 2007년 제정. 타법개정 2020.
　　　7.14.]

곽정. (2006). 행정기관의 기록관리시스템 개선모델 분석. 기록학연구, 14, 153-190.

교육과학기술부. (2010). 지방교육 기능분류체계 안내서. 서울: 교육과학기술부.

교육부. (2018). 2018년 대학 기록물 보존기간 책정기준 가이드. 세종: 교육부 운영지원과.

국가기록원. (2019). 기록물 관리지침 (공통매뉴얼). 대전: 국가기록원.

국가기록원. (2020a). 국가기록원 시소러스 지침. 대전: 국가기록원.

국가기록원. (2020b). 국가기록원 전거레코드 지침. 대전: 국가기록원.

국가기록원. 기록관리 업무안내.
　　　〈http://www.archives.go.kr/next/manager/archivesGuide.do〉

국가기록원. 기록관리 MDR 소개. 〈http://mdr.archives.go.kr/introduce/intro_01.htm〉

국가기록원. (2006). 기록물 기술규칙(안). 국가기록원 평가분류팀.

국가기록원. (2007). 단위과제 보존기간 책정·조정 지침. (구 NAK-P-2007-08)

국립중앙도서관, 주제정보. 시소러스. [online] [cited 2023. 3. 16]
　　　〈https://librarian.nl.go.kr/LI/contents/L20201000000.do?termId=19047〉

기록학 용어 사전. (2008). 한국기록학회 편. 서울: 역사비평사.

김성희. (2005). 기록물 생산자 전거제어를 통한 맥락정보의 구축 및 교환: ISAAR (CPF) 2판
　　　과 EAC를 중심으로. 한국비블리아학회지, 16(2), 61-88.

김성희, 이형미. (2009). 디지털화 문화유산 태그의 패턴 및 특성 분석. 한국비블리아학회지, 20(3), 171-185.

김세경. (2007). 우리나라 공공기록물 관리에 관한 법규의 변천. 한국기록관리학회지, 7(1), 5-38.

김명훈. (2008). 전자기록 환경에서의 기능평가 프로세스 분석. 정보관리연구. 39(4): 187-214.

김운용, 박석규. (2007). 웹2.0의 참여형 아키텍쳐 환경에서 그래픽 기반 포크소노미 태그 연관 검색의 설계 및 구현. 인터넷정보학회논문지, 8(5), 1-10.

김익한. (2003). DIRKS-Manual의 실용적 적용. 기록학연구, 8, 212-267.

김정현. (2011). 목록조직의 실제. 서울: 태일사.

김화경, 김은주. (2014). BRM 운영을 위한 단위과제 정비방안. 한국기록관리학회지, 14(4), 199-219.

박부숙. (2009). 국가기록원 기능시소러스 개별현황. 기록인, 6, 48-51.

박지영. (2017). ISAD(G)에서 RiC-CM으로의 전환에 관한 연구. 한국기록관리학회지, 17(1), 93-115.

박지영, 김태수. (2007). EAD를 이용한 기록정보의 기술 및 활용 -4월 혁명 연구반 컬렉션을 중심으로. 지식처리연구. 8(1/2): 17-57. [cited 2011. 10. 9]
⟨http://jkpm.yonsei.ac.kr/ fulltext/v8n1a2.pdf⟩

박희진. (2011). 폭소노미에 따른 웹 분류 연구. 한국문헌정보학회지, 45(1), 189-210.

배주희, 이경원, (2009). 소셜태깅에서 관심사로 바라본 태그특징, HCI 학술대회.

백두권. (2000). 데이터 표준화와 메타데이터 레지스트리. TTA 저널, 71, 120-127.

백진이, 이해영. (2018). 영국 국립기록보존소(TNA)의 교육용 기록정보콘텐츠 서비스. 한국기록관리학회지, 18(1), 49-77.

서울특별시. (2013). 서울시 기능분류모델(BRM) 및 기록관리기준표 정비사업 완료보고서. (김화경, 김은주. (2014) 재인용)

설문원. (2008). 기록의 분류 기술: 기록을 어떻게 조직할 것인가? 한국기록관리학회 (편), 기록관리론: 증거와 기억의 과학 (pp.102-168). 서울: 아세아문화사.

설문원. (2010a). 기록의 분류와 기술: 기록을 어떻게 조직할 것인가? 한국기록관리학회 (편), 기록관리론: 증거와 기억의 과학 (개정판) (pp.133-174). 서울: 아세아문화사.

설문원. (2010b). 기록 검색도구의 발전과 전망. 기록학연구, 23, 3-43.

설문원. (2013). 단위과제 기반 공공기록물 평가제도의 문제점과 개선방안. 한국기록관리학
회지. 13(3), 231-254.

설문원. (2017). 기록관리 원칙의 해석과 적용에 관한 담론 분석: 출처주의를 중심으로. 기
록학연구. (52), 60-119.

설문원. (2015). 기록의 발견과 이해를 위한 온라인 검색가이드 연구. 한국기록관리학회지,
15(1), 53-87.

설문원. (2018). 기록의 분류와 기술: 기록을 어떻게 조직할 것인가? 한국기록관리학회 (편),
기록관리의 이론과 실제 (pp.217-263). 서울: 조은글터.

설문원. (2019). 기록이란 무엇인가: 활동의 고정적 재현물로서의 개념 탐구, 기록학연구, 59,
5-46.

설문원, 이주연, 현문수, 유영산, 조은희, 류민주, 박선영. (2010). 기록관리 메타데이터 국가
표준화 연구용역 최종보고서. 대전 : 국가기록원.

성효주, 이해영. (2017). 기록물의 검색 향상을 위한 패싯 개발에 관한 연구-대통령기록물을
중심으로. 한국기록관리학회지, 17(2), 165-188.

왕호성. (2007). 상호운용성 확보를 위한 MDR 모형 설계. 석사학위논문. 명지대학교 기록과
학대학원, 기록관리학과.

위키백과. 태그(정보) [online] [cited 2020. 8. 1]
〈https://ko.wikipedia.org/wiki/%ED%83%9C%EA%B7%B8_(%EC%A0%95%EB%B3%B4)〉

유시내. (2007). 기록검색서비스 개선을 위한 폭소노미 도입에 관한 연구. 석사학위논문. 명
지대학교기록과학대학원, 기록관리학과.

유영준. (2011). 차세대 도서관 목록에서의 패싯 내비게이션에 관한 연구. 정보관리학회지,
28(3), 13-30.

이소연, 오명진. (2005). 기록관리를 위한 업무분석 방법론 연구: 호주표준 AS 5090을 중심으
로. 기록학연구, 12, 3-35.

이승민. (2010). 시소러스 통합을 위한 개념기반 패싯 프레임워크 구축. 한국도서관 · 정보학
회지, 41(3), 269-290.

이승일. (2007). 1960년대 초반 한국 국가기록관리체제의 수립과정과 제도적 특징. 한국기록
관리학회지, 7(2), 43-71.

이연창. (2018). 전자기록시스템: 기록시스템 개발과 운영에서 기록전문직의 역할은 무엇인

가? 한국기록관리학회 (편), 기록관리의 이론과 실제 (pp.409-460). 서울: 조은글터.

이영숙. (2005). 시민단체 기록 분류방안 연구: 환경연합을 중심으로. 한국기록관리학회지, 5(2), 73-101.

이원영. (2000). 기록물분류의 원리: 문헌분류와의 비교. 기록학연구, 2, 103-128.

이윤령, 이해영. (2014). 온라인 검색도구의 개선 방안에 관한 연구. 한국기록관리학회지, 14(1), 75-100.

이정미. (2007). 폭소노미의 개념적 접근과 웹 정보 서비스에의 적용. 한국비블리아학회지, 18(2), 141-159.

이젬마. (2011). 기록 분류 · 조직. 기록관리총서Ⅲ. 대전: 국가기록원.

이젬마. (2016). ISO 15489의 개정이 향후 기록관리에 미치는 영향. 기록인, 37, 46-55.

이혜영, 장윤금. (2018). 크라우드소싱 기반 이미지 태깅 시스템 구축 연구. 한국비블리아학회지, 29(3), 297-320.

장대환, 김익한. (2019). 기억, 기록, 아카이브 정의(正義). 기록학연구, 59, 277-320.

전예지, 이혜원. (2020). RiC-CM v0.2 분석을 통한 온톨로지 모델링에 관한 연구. 한국기록관리학회지, 20(1), 139-158.

정동열, 조찬식. (2004). 문헌정보학총론. 서울: 한국도서관협회.

한경신. (2003). 기록물 기술을 위한 MARC AMC에 관한 연구. 한국문헌정보학회지, 37(3), 157-176.

한국국가기록연구원. (2004). 전자기록관리의 이해. 서울: 한국국가기록연구원.

한국서지표준, 더블린 코어. [online] [cited 2020. 7. 15]
⟨https://www.nl.go.kr/standards/contents/contents0301.do⟩

한국정보화진흥원. (2014). 데이터베이스 활용 기술 전망 보고서. 보도자료.

현문수. (2018). 전자기록관리: 디지털 환경에서 전자기록을 어떻게 관리할 것인가, 한국기록관리학회 (편), 기록관리의 이론과 실제 (pp.353-408). 서울: 조은글터.

행정안전부. (2008). 정부기능분류시스템(BRM) 운영 지침(예규 제19호).

행정자치부. (2006a). 온라인 정부업무관리시스템 사용자 따라하기. 서울: 행정자치부.

행정자치부. (2006b). 정부기능분류모델(BRM) 교육자료. 서울: 행정자치부.

황순희, 정한민, 성원경 (2006). 패싯(facet)을 이용한 과학기술분야 시소러스 구축과 활용방안. 정보관리연구, 37(3), 6-84.

Bak, Greg. (2012). Continuous classification: Capturing dynamic relationships among information resources. Archival Science, 12(3), 287-318.

Bearman, D. (1994). Electronic evidence: Strategies for managing records in contemporary organizations. Pittsburgh: Archives & Museums Informatics.

Breeding, Marshall. (2010). Next-Gen Library Catalogs. New York: Neal-Schuman Publishers, Inc. (재인용. 유영준. (2011). 차세대 도서관 목록에서의 패싯 내비게이션에 관한 연구. 정보관리학회지, 28(3), 13-30).

Bureau of Canadian Archivists. (2008). Rules for Archival Description. Ottawa: Bureau of Canadian Archivists.

Caplan, Priscilla. (2004). Metadata Fundamentals for All Librarians. 오동근 역. 메타데이터의 이해. 대구: 태일사.

Cook, Michael. (1999). Managing Archives. Managing Public Sector Records: A Study Programme. ICA(International Council On Archives), IRMT(International Records Management Trust). 오항녕 역. (2002). 기록보존소의 기록관리. 기록학번역총서 1. 한국국가기록연구원. 서울: 진리탐구.

Cook, T. (1993). The concept of the archival fonds in the post-custodial era: Theory, problems and solutions. Archivaria, 35(spring), 24-37.

Darnell, Lisa. Finding Aids. Jackie Bettington, ed. (2008). Keeping Archives. (3rd ed). Chap. 12. Canberra: Australian Society of Archivists.

DIRKS(Designing and Implementing Recordkeeping Systems) Manual. 2003. National Archives of Australia.

Douglas, J. (2010). Origins: Evolving ideas about the principle of provenance. In Eastwood, Terry & MacNeil, Heather (Eds.), Currents of archival thinking. pp. 23-43. Santa Barbara, CA: Libraries Unlimited.

Dublin Core Metadata Initiative [online] [cited 2019. 4. 3.]
⟨http://dublincore.org/specifications/ dublin-core/dcmi-terms/2012-06-14/?v=elements⟩

Eastwood, T. (2000). Putting the parts of the whole together: Systematic arrangement of archives. Archivaria, 50(fall), 93-116.

Encoded Archival Context—Corporate Bodies, Persons, and Families (EAC-CPF) Tag Library.

Version 2010 Revised. Society of American Archivists. [online] [cited 2019. 10. 5.] 〈http://www3.iath.virginia.edu/eac/cpf/tagLibrary/cpfTagLibrary.html〉

Gueguen, Gretchen et al. (2013). Toward an International Conceptual Model for Archival Description: A Preliminary Report from the International Council on Archives' Experts Group on Archival Description. The American Archivist, 76(2), 566-583.

Miller, Fredric. M. (1990). Arranging and Describing Archives and Manuscripts, Archival Fundamentals Series, The Society of American Archivists. 조경구 역. (2002). 아카이브와 매뉴스크립트의 정리와 기술. SAA 기록학 기초 시리즈 2. 서울: 진리탐구.

Morbille, Peter. (2006). 검색 2.0: 발견의 진화. (YUNA 옮김). 서울: 한빛미디어. (재인용. 설 문원. (2015). 기록의 발견과 이해를 위한 온라인 검색가이드 연구. 한국기록관리학 회지, 15(1), 53-87).

National Archives of Australia. (2001). DIRKS(Designing and Implementing Recordkeeping Systems): A Manual for Commonwealth Agencies. 2001. Canberra: National Archives of Australia.

National Archives of Australia. Australian Governments' Interactive Functions Thesaurus (AGIFT). [online] [cited 2020. 7. 9] 〈http://data.naa.gov.au/def/agift.html〉

National Archives of Australia. (2003). Overview of Classification Tools for Records Management. [online] [cited 2020. 8. 3]
〈https://www.naa.gov.au/sites/default/files/2019-10/classifcation-tools.pdf〉

National Archives of Australia. (2004). The CRS Manual: Registration & description standards for the Commonwealth Record Series (CRS) System. Collection Preservation and Management. [online] [cited 2020. 8. 5]
〈https://recordsearch.naa.gov.au/manual/Common/Contents2.htm〉

Online Archive of California, EAD Web Templates. [online] [cited 2020. 8. 9]
〈https://help.oac.cdlib.org/support/solutions/articles/9000107790-ead-web-templates〉

Procter, M., & Cook, M. (2000). Manual of archival description (3rd ed.). Routledge.

Pugh, M. J. (2005). Providing reference services for archives and manuscripts.

Ranganathan, Shiyali Ramamrita. (1967). Prolegomena to library classification. New York : Asia Publishing House. (재인용. 이승민. (2010). 시소러스 통합을 위한 개념기반 패싯 프

레임워크 구축. 한국도서관·정보학회지, 41(3), 269-290).

Roe, Kathleen D. (2005). Arranging and Describing Archives and Manuscripts II. Chicago: The Society of American Archivists.

Schellenberg, T. R. (1956). Modern Archives: Principles and Techniques. Chicago: University of Chicago Press. 이원영 역. (2002). 현대기록학개론. 서울: 진리탐구.

Shepherd, E., & Yeo, G. (2003). Managing Records: a Handbook of Principles and Practice. London: Facet Publishing, Chapter 3. Classifying Records and Documenting their Context.

Smallwood, Robert F. (2014). Information governance: Concepts, strategies and best practice. Hoboken, NJ: Wiley. (재인용. 설문원. (2018). 기록의 분류와 기술: 기록을 어떻게 조직할 것인가? 한국기록관리학회 (편), 기록관리의 이론과 실제 pp. 217-263. 서울: 조은글터.)

Society of American Archivists. Glossary Terms. Arrangement. [online] [cited 2020. 8. 7]
⟨https://www2. archivists.org/glossary/terms/a/arrangement⟩

Society of American Archivists. (2015). Encoded Archival Description Tag Library Version EAD3. [online] [cited 2020. 8. 3]
⟨https://www2.archivists.org/sites/all/files/TagLibrary-VersionEAD3. pdf⟩

The National Archives. (2003). Business Classification Scheme Design. v. 1.0. [online] [cited 2020. 7. 9]
⟨https://www.yumpu.com/en/document/read/3155016/business-classification-scheme-design-the-national-archives⟩

The National Archives. (2019). Born-digital records and metadata,
⟨https://www.nationalarchives.gov.uk/information-management/manage-information/digital-records-transfer/what-are-born-digital-records/⟩

The U.S. National Archives and Records Administration, (2015). Bulletin 2015-04. Metadata Guidance for the Transfer of Permanent Electronic Records. [online] [cited 2019. 9. 30]
⟨https://www.archives.gov/records-mgmt/bulletins/2015/2015-04.html⟩

[법령, 표준]

공공기록물 관리에 관한 법률[시행 2020. 6. 4.] [법률 제16661호, 2019. 12. 3., 일부개정]

공공기록물 관리에 관한 법률 시행령 [시행 2020. 7. 15.] [대통령령 제30833호, 2020. 7. 14., 타법개정]

공공기록물 관리에 관한 법률 시행규칙 [시행 2020. 6. 4.] [행정안전부령 제180호, 2020. 6. 1., 일부개정]

교육부. 지방교육기능분류시스템 운영지침, 2014.
⟨http://www.law.go.kr/행정규칙/지방교육기능분류시스템운영지침/(11,20140401)⟩

국가기록원. NAK 3:2020(v2.3) 처리과 기록관리 업무처리 절차.

국가기록원. NAK 4:2021(v2.2) 기록관리기준표 작성 및 관리 절차.

국가기록원. NAK 6:2020(v1.3) 기록관리시스템 기능 요건.

국가기록원. NAK 8:2016(v2.1) 기록관리 메타데이터 표준.

국가기록원. NAK 13:2011(v2.0) 영구기록물 기술규칙.

국가기록원. NAK 17:2016(v1.2) 비밀기록물 관리.

국가기록원. NAK 29-3:2014(v2.1) 기록관리시스템 데이터연계 기술규격-제3부: 기능분류시스템과의 연계.

국가기술표준원. KS X ISO 15489-1:2016. 문헌정보 – 기록관리 – 제1부 : 개념과 원칙.

국가기술표준원. KS X ISO 15489-2:2007. 문헌정보 – 기록관리 – 제2부 : 지침.

국가기술표준원. KS X ISO 23081-1:2017. 문헌정보 – 기록관리과정 – 기록메타데이터 – 제1부: 원칙.

국가기술표준원. KS X ISO/TS 23081-2:2008/2010. 문헌정보 –기록관리과정 – 기록메타데이터 – 제2부: 개념과 실행 고려사항.

국가기술표준원. KS X ISO/TR 26122:2008. 문헌정보 – 기록을 위한 업무과정 분석.

DLM Forum Foundation (2011). MoReq2010(v1.1): Modular requirements for records systems.

ICA(International Council on Archives). (2000). ISAD(G): General International Standard Archival Description (2nd ed.).

ICA(International Council on Archives). (2004). ISAAR(CPF): International Standard Archival Authority Record for Corporate Bodies, Persons, and Families (2nd ed.).

ICA(International Council on Archives). (2007). ISDF: International Standard for Describing Functions.

ICA(International Council on Archives). (2008). ISDIAH: International Standard for Describing Institutions with Archival Holdings.

ICA EGAD(International Council on Archives Expert Group on Archival Description. (2016). Records in Contexts. A Conceptual Model for Archival Description. Draft v0.1. Paris: ICA(International Council on Archives). [online] [cited 2020. 8. 5]
⟨https://www.ica.org/ standards/RiC/RiC-O_v0-1.html⟩

ICA EGAD(International Council on Archives Expert Group on Archival Description). (2019). Records in Contexts: A Conceptual Model for Archival Description. Draft v0.2. Paris: ICA(International Council on Archives). [online] [cited 2020. 8. 5] ⟨https://www.ica.org/sites/default/files/ric-cm-0.2_preview.pdf⟩

National Archives of Australia. (2015). Australian Government RecordKeeping Metadata Standard (AGRkMS). Version 2.2. [online] [cited 2019. 9. 30]
⟨http://www.naa.gov.au/Images/AGRkMS-Version-2.2-June-2015_tcm16-47131.pdf⟩

Society of American Archivists. (2013). Describing Archives: A Content Standard (DACS) (2nd ed.). Chicago: Society of American Archivists.

The National Archives. (2002). Requirements for Electronic Records Management Systems. 2. Metadata Standard. [online] [cited 2019. 10. 9]
⟨http://webarchive.nationalarchives.gov.uk/+/http://www.nationalarchives.gov.uk/documents/metadatafinal.pdf⟩

찾아보기

저자소개

이해영 (hyrieh@gmail.com)

현 명지대학교 기록정보과학전문대학원 교수, 대학원장
    국회기록관리위원회 위원
    국회도서관발전자문위원회 위원
    한국기록관리학회 기획이사
    국가기술표준원 기록물관리전문위원회 위원

전 한국기록관리학회 회장, 부회장, 출판이사 외
    국가기록관리위원회 위원
    대통령기록관리전문위원회 위원

이화여자대학교 시청각교육과 학사
이화여자대학교 교육대학원 사서교육전공 석사
미국 Simmons University, Graduate School of Library and
    Information Science 이학석사, 문학박사